新时代高校学生美育工作研究

李燕 林帝浣 主编

新时代高校学生工作理论与实践系列丛书

钟一彪 丛书主编

中山大学出版社
·广州·

版权所有　翻印必究

图书在版编目（CIP）数据

新时代高校学生美育工作研究/李燕，林帝浣主编．—广州：中山大学出版社，2022.10

（新时代高校学生工作理论与实践系列丛书/钟一彪主编）

ISBN 978 – 7 – 306 – 07630 – 4

Ⅰ.①新…　Ⅱ.①李…②林…　Ⅲ.①高等学校—美育—工作—研究—中国　Ⅳ.①G40 – 014

中国版本图书馆 CIP 数据核字（2022）第 193129 号

XINSHIDAI GAOXIAO XUESHENG MEIYU GONGZUO YANJIU

出 版 人：	王天琪
策划编辑：	王旭红
责任编辑：	王旭红
封面题字：	林帝浣
封面设计：	林绵华
责任校对：	吕肖剑
责任技编：	靳晓虹
出版发行：	中山大学出版社
电　　话：	编辑部 020 – 84110283，84113349，84111997，84110779，84110776
	发行部 020 – 84111998，84111981，84111160
地　　址：	广州市新港西路 135 号
邮　　编：	510275　传　真：020 – 84036565
网　　址：	http://www.zsup.com.cn　E-mail：zdcbs@mail.sysu.edu.cn
印 刷 者：	佛山市浩文彩色印刷有限公司
规　　格：	787mm×1092mm　1/16　18.5 印张　313 千字
版次印次：	2022 年 10 月第 1 版　2022 年 10 月第 1 次印刷
定　　价：	76.00 元

如发现本书因印装质量影响阅读，请与出版社发行部联系调换

编 委 会

主　编：李　燕　林帝浣

编　委：罗妙琪　袁逸佳　徐　红　孔庆夫　卢斯佳
　　　　马　琳　姚友毅　杨华岳　张　鼎　张海庆
　　　　廖喜扬　郑梦婕　周焕彬　肖　驰　周　莉
　　　　王佳佳　刘芷逸　黄舒曼　朱　婷　刘逸佳
　　　　林绮雯　刘荣钰　柳醒龙　吴欣泽　孙雪柯
　　　　蒲诏帅　李文睿

李燕——中山大学舞蹈团学习、编导节目展示

《萱草花》

高高的青山上,萱草花开放,摘朵花瓣做翅膀,迎着风飞扬。

《银塑》

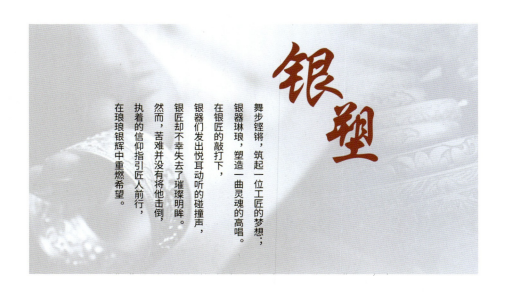

舞步铿锵，筑起一位工匠的梦想，银器琳琅，塑造一曲灵魂的高唱。在银匠的敲打下，银器们发出悦耳动听的碰撞声。然而，苦难并没有将他击倒，执着的信仰指引匠人前行，在琅琅银辉中重燃希望。

《渔光曲》

乘凉、生火、煲汤、绣花,女人的一颦一韵动人心神,举手投足皆绰约多姿。

《永恒的旗帜》

永恒的旗帜

在鲜红的旗帜下奋起,在硝烟战火中坚守,我们向往光明,我们走向未来!

《古彩神韵　扇舞丹青》

古彩神韵 扇舞丹青

以神领形、以形传神，远山叠画屏，一把纸扇聚山水，行云流水般的舞姿，唤起你我之共鸣。

《象山水月》

《风声》

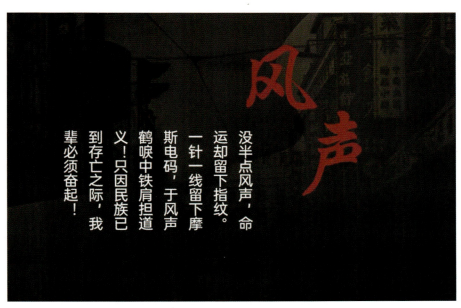

风声

没半点风声,命运却留下指纹。一针一线留下摩斯电码,于风声鹤唳中铁肩担道义!只因民族已到存亡之际,我辈必须奋起!

林帝浣——小林漫画作者
《二十四节气》部分国画展示

谷雨

立夏

小暑

秋分

寒露

大雪

《舌尖上的〈诗经〉》国画作品展示

桃

荇菜(xíng cài)
水荷叶

甘棠
棠梨

桑葚

荏菽（rěn shū）
扁豆

蒌
芦蒿

匏(páo)

芭瓜

谖(xuān)**草**

黄花菜

目 录

上编　美育工作理论

第一章　新时代学校美育工作理念 ·· 2
　　第一节　坚持立德树人是美育工作的根本任务 ······················ 2
　　第二节　弘扬社会主义核心价值观是美育工作的主旨 ············· 8
　　第三节　扎根时代生活是美育工作的方法路径 ······················ 15
　　第四节　遵循教书育人规律是美育工作的基本法则 ················ 20

第二章　新时代高校学生美育工作的理论基础 ························· 27
　　第一节　新时代高校学生美育工作的概况 ···························· 27
　　第二节　新时代高校学生美育工作的价值 ···························· 32
　　第三节　新时代高校学生美育工作的维度 ···························· 36

第三章　新时代高校学生美育工作的基本特征 ························· 41
　　第一节　新时代高校学生美育工作的文化育人属性 ················ 41
　　第二节　新时代高校学生美育工作的思政教育属性 ················ 43
　　第三节　新时代高校学生美育工作的课程育人属性 ················ 47
　　第四节　新时代高校学生美育工作的实践育人属性 ················ 50

第四章　新时代高校学生美育工作的现实维度 ························· 53
　　第一节　新时代高校学生美育工作的构型 ···························· 53
　　第二节　新时代高校学生美育工作的挑战 ···························· 56
　　第三节　新时代高校学生美育工作的机遇 ···························· 61

第五章　新时代高校学生美育工作的实施路径 ························· 66
　　第一节　第一课堂的教学活动 ·· 66

第二节　第二课堂的美育实践 …………………………………… 70
　　第三节　大力加强校园文化建设 ………………………………… 74

第六章　新时代高校学生美育工作的主要机制 …………………… 79
　　第一节　新时代高校学生美育工作的运行机制 ………………… 79
　　第二节　新时代高校学生美育工作的激励机制 ………………… 85
　　第三节　新时代高校学生美育工作的保障机制 ………………… 90
　　第四节　新时代高校学生美育工作的评价机制 ………………… 93

第七章　新时代高校学生美育工作的队伍建设 …………………… 97
　　第一节　高校学生美育工作的主客体分析 ……………………… 97
　　第二节　组织架构与人员构成 …………………………………… 102
　　第三节　职业发展与职业素养 …………………………………… 104
　　第四节　人员管理与持续发展 …………………………………… 106

第八章　新时代高校学生美育工作的评价体系 …………………… 110
　　第一节　树立科学化的高校美育评价理念 ……………………… 110
　　第二节　体现差异化的高校美育评价标准 ……………………… 113
　　第三节　坚持多样化的高校美育评价方法 ……………………… 116

第九章　新时代高校学生美育工作的创新发展 …………………… 120
　　第一节　课程思政与美育工作协同育人 ………………………… 120
　　第二节　基于第二课堂的美育工作创新 ………………………… 124
　　第三节　新媒体视域下的美育工作升维 ………………………… 127

下编　美育实践

第十章　艺韵撷英 …………………………………………………… 132
　　第一节　美育工作案例 …………………………………………… 132
　　第二节　实践参与感悟 …………………………………………… 162

第十一章　艺路同行 ………………………………………………… 179
　　第一节　文化建设服务校园 ……………………………………… 179

第二节　师生文化作品展示 …………………………… 211

第十二章　艺文荟萃 ……………………………………… 253
　　第一节　共赏艺海芳华 …………………………………… 253
　　第二节　美育浸润心灵 …………………………………… 258
　　第三节　启迪艺术人生 …………………………………… 263

上编

美育工作理论

第一章　新时代学校美育工作理念

第一节　坚持立德树人是美育工作的根本任务

一、立德树人是中华美育精神的优良传统

"美育"是近代兴起的一个语汇,在中国古代,与"美育"大体相当的词是"乐教"。我国自古十分重视乐教,早在《尚书·舜典》中就有用诗歌、音乐等艺术来教导人,以使人神相和的记载:"夔!命汝典乐,教胄子,直而温,宽而栗,刚而无虐,简而无傲。诗言志,歌永言,声依永,律和声。八音克谐,无相夺伦,神人以和。"其意思是,帝舜让夔掌管音乐,负责教导年轻人,使他们正直而温和、宽厚而庄重、刚毅而不粗暴、简约而不傲慢。诗是用来表达思想感情的,歌是唱出来的语言,五声是根据所唱而制定的,六律是和谐五声的。如果八类乐器声音能够调和,不使它们乱了次序,那么神和人都会因此而和谐。这段话简洁而清晰地表明,我国早在上古时期,在中华文明源头就已十分重视礼乐之教,重视以美育人。

从古至今,崇德尚美、为政以德在中华文化中源远流长。早在春秋战国时期,孔子等古代教育家就十分重视将思想道德教育和美育进行结合思考。比如,孔子把礼乐之教贯穿于教学的各个环节,开创性地将美育的育德作用进行了发展,既重视礼对人的道德影响,又重视乐对人的品质的影响。这具体体现于其"六艺"思想中,其中又以礼和乐最为重要,那时最好的音乐被称为"德音"。

孔子以《诗》《书》《礼》《乐》《易》《春秋》作为教材,要求学生"博学于文,约之以礼",认为对人的教育应"兴于诗,立于礼,成于乐",把礼作为人生的根本,把乐作为人生的完善。

子曰:"《诗》三百,一言以蔽之,曰:'思无邪'。"孔子重视并专注

于乐教，认为"韶"乐"尽美矣，又尽善也"。这里的美是道德范畴的美，是具有伦理道德意义的美，德由领略外在对象之美，而内化、升华为蕴美元素的道德伦理。可见，育人为本、德育为先、崇德尚美是中华文化的精髓之一，也是中华民族的优良传统。孔子教人"成仁""成人"，实际上就是引导人们将其潜在的德性经由礼的规范和约束，在实践中实现完美的人格。《论语·宪问》篇记载子路问孔子"成人"之道，孔子即回答说："若臧武仲之知，公绰之不欲，卞庄子之勇，冉求之艺，文之以礼乐，亦可以为成人矣。"像臧武仲那般的智、孟公绰那般的不欲、卞庄子那般的勇、冉求那般的才艺，再加上礼乐修养，就可算得上成人了。可见，"文之以礼乐"是任何人"成人"的必由之路，少了这一步，即使拥有"知""不欲""勇""艺"等优秀素质，也不可谓之"成人"。

可以看到，以孔子为代表的先秦儒家非常重视礼乐的教化、教育功能，强调用《诗》、《书》、礼乐进行教化，要求统治者以人情为美，以仁义为贵，形成以乐养性、安定祥和的人间气象。需要说明的是，乐教之乐，乃是和乐性情、提升修养之乐，而非一般纯粹满足感官享乐的音乐。因此，儒家提倡中正平和与"道"相应的音乐，认为有违中和、满足感官欲乐的音乐会让人"以欲忘道，则惑而不乐"，强调"以道制欲，则乐而不乱"。这种思想影响深远，三国时期阮籍的《乐论》也表达了这种观念："猗靡哀思之音发，愁怨偷薄之辞兴，则人后有纵欲奢侈之意，人后有内顾自奉之心"，强调"礼治其外，乐化其内。礼乐正而天下平"。

中国古代的"礼乐教化"作为美育的重要组成部分，不只对个人提出了极高的要求，还期望通过这种方式帮助人们更好地达到真、善、美统一的人生境界。更体现了在特定时代背景下思想政治教育与美育的高度融合。从一定程度上讲，它关乎着社会的风俗纯正、道德教化、政治清明。由此可知，中国古代的美育基本精神含有道德教育或思想政治教育的思想，同时，中国古代的思想道德教育和政治教育中也含有审美教化，二者是相辅相成的。

近代以来，王国维提出"完全之人物"的教育宗旨，强调德、智、体、美四育并重，首倡"美育"。梁启超则主张以人生关怀、人格美化为中心，充分发挥美育作为具有感性特征的情感教育的作用，以美"情"、美"趣"来进行人情的陶冶和人性的塑造，以此完善人格构建。

蔡元培作为中国美育理论及实践的开创者，对美育的发展起到了极为重要的推动作用。他将美育作为教育方针提出来，在中国教育史上第一次明确了美育在国民教育中的地位。他特别说明,将美育单独提出来,并不意味着割裂美育与德育,在教育实践中,美育与德育是不可分割的,美育与智育、体育也是不可分割的。蔡元培的教育观以培育健全的人格为中心,强调美育与智育相辅并行,以图德育之完成。正如他所言:"美育者,应用美学理论于教育,以陶养感情为目的者也。人生不外乎意志;人与人互相关系,莫大乎行为;故教育之目的,在使人人有适当之行为,即以德育为中心是也。""所以美育者,与智育相辅而行,以图德育之完成也。"①

总之,立德树人是中国美育精神的重要传统。中国古代行美育之实的乐教,根本在于"成人""育人",培养人民健全的人格,也就是立德树人。近代以来,无论是首倡美育的王国维,还是提出"以美育代宗教"的蔡元培,都把美育作为立德树人的重要方面。自古以来,中国美育精神传统源远流长,绵延至今。

因此,在当代自觉传承这一优良传统,符合新时代对高校思想政治教育提出的新要求,要坚持以明德、尚美等优良传统来引领时代风尚,寓教于礼、寓教于乐,充分发挥美育的教育感化作用,以美育德。

高校思想政治教育的加强以美育德就是要合美、融美于高校思想政治教育中,通过与美育的内容、方法等要素的艺术性相通融,即有效结合美育资源的审美功能,促进思想政治教育和美育两门学科间的互相辉映、共同施教;切实增强高校思想政治教育的时代性与实效性,让大学生在获得审美享受的同时,潜移默化地受到教育,从而有效培养大学生的良好思想道德与心理品质,并推动中华民族传统审美和道德风尚的承续。

二、立德树人是当代中国美育的核心

新中国成立后,德、智、体、美、劳相结合始终是学校教育的基本要求,特别是改革开放以来,美育在学校教育中的地位有了实质性的提升,美育与德智体的有机融合得到社会各界特别是教育界的高度重视,立德树人在当代中国美育中的核心地位也日渐显现。这体现在党和国家制定颁布的系列重要文件中。

2010年颁布的《国家中长期教育改革和发展规划纲要(2010—2020年)》强调,"全面加强和改进德育、智育、体育、美育……加强美育,

---

① 蔡元培:《蔡元培美学文选》,北京大学出版社1983年版,第174页。

培养学生良好的审美情趣和人文素养……促进德育、智育、体育、美育有机融合，提高学生综合素质，使学生成为德智体美全面发展的社会主义建设者和接班人"。在有关教育改革的重要文件中，美育作为教育的一个方面，与德育、智育、体育等具有同等重要的地位。

立德树人作为美育的根本任务在 2015 年《国务院办公厅关于全面加强和改进学校美育工作的意见》（国办发〔2015〕71 号）中首次得到了明确。该意见提出，"以立德树人为根本任务""把培育和践行社会主义核心价值观融入学校美育全过程，根植中华优秀传统文化深厚土壤，汲取人类文明优秀成果，引领学生树立正确的审美观念、陶冶高尚的道德情操、培育深厚的民族情感、激发想象力和创新意识、拥有开阔的眼光和宽广的胸怀，培养造就德智体美全面发展的社会主义建设者和接班人"。2019 年 4 月，《教育部关于切实加强新时代高等学校美育工作的意见》（教体艺〔2019〕2 号）再次强调："落实立德树人根本任务，引领学生树立正确的审美观念、陶冶高尚的道德情操、塑造美好心灵，切实改变高校美育的薄弱现状，遵循美育特点，弘扬中华美育精神，以美育人、以美化人、以美培元，培养德智体美劳全面发展的社会主义建设者和接班人。"这两份意见是党和国家直接针对美育工作做出的部署，对美育的功能、作用有了更充分的阐述，对美育的根本任务有了更明确的界定。

这一系列重要文件的颁布与党中央对美育与德育的高度重视密不可分。在我国革命、建设和改革的不同时期，党中央和国家领导人对思想政治教育和美育的重要作用始终高度关注，并以不同的形式推动着思想政治教育与美育的融合互鉴。

首先，在毛泽东有关"以美育德"的相关思想理论中，其文艺育德思想批判继承了古代"文以载道"的传统，并推动了马克思主义相关思想理论的丰富和发展。毛泽东的文艺育德思想论述了"一切文化或文学艺术都是属于一定的阶级，属于一定的政治路线的"，这表明了文艺具有一定的阶级属性和政治取向，它能给人提供审美愉悦，丰富人的思想道德认知等，也突出表现了文艺所具有的思想政治教育功能。其次，毛泽东的美育思想是在中国传统及革命实践的现实背景基础上形成和发展起来的具有中国特色的思想理论。其中，毛泽东提出的"五大美育理论"为以美育德所提供的理论基础尤为凸显。例如，毛泽东在早期就曾提出"非有奇杰不足以救济"，其美育的奇杰论主要包含勤奋精神、无私精神、爱国精神等八大精神内容，虽然其中未出现"美"的字眼，但这些奇杰形象、崇高的思想品质，足以将奇杰之美展现得淋漓尽致。这些都是当前高校思想政治教育中加强以美育德的目标之一。

邓小平的文艺育德思想、文艺美学思想，首先在结合我国当时的实际发展基础上，创造性地发展了毛泽东的相关思想理论，重新概括了文艺与政治的关系，进一步明确了文艺在丰富人民精神生活、培养时代新人等方面，负有不可替代的重要责任。其次，邓小平丰厚的文艺美学思想亦蕴含丰富的以美育德理论。例如，邓小平关于"造就具有社会主义觉悟的一代新人"的论述，就突出了其表现理想与反映现实相统一的文艺审美理想观。这表现了其文艺美学思想既具有浓厚的审美性，也具有鲜明的政治性。最后，邓小平的素质教育思想也蕴含丰富的以美育德理论，他强调要提高全国人民的包括审美素质在内的综合素质。为此，他进一步提出要把单一的、一维的教育变为复合的、多维的教育，并倡导教师要把教与学、教与乐结合起来，让学生主动、活泼、和谐地发展，在注重学生智育培养的同时，关注他们美育、德育、体育的协调发展。由此可见，邓小平的文艺育德思想、文艺美学思想和素质教育思想等的终极价值，在于塑造全面发展的人。这对我国高校思想政治教育中加强以美育德具有积极启示和深远意义。

江泽民和胡锦涛的相关教育论述，也为高校思想政治教育及以美育德提供了重要启示。20世纪90年代，江泽民强调文艺是建设精神文明的重要力量，因此高度重视文艺及其育人功能的发挥，高度关注文艺在社会主义新人培育中的重要作用。同时，江泽民还明确提出，要"以培养学生的创新精神和实践能力为重点，努力造就'有理想、有道德、有文化、有纪律'的德育、智育、体育、美育等全面发展的社会主义事业建设者和接班人"，把学生培养成为现代化大生产所需的复合型人才。此外，胡锦涛提出的科学发展观，在回答"怎样发展"的问题时，亦指出了在坚持"以人为本"的基础上，应该如何开展好文艺对人的教育、培养等。此后，胡锦涛还强调，文艺工作者要牢抓社会主义核心价值体系这一根本，将好的风气化为自身的良好习惯，并以积极的行动培养高尚的道德，以此推动社会主义先进文化的繁荣发展。

党的十八大以来，以习近平同志为核心的党中央高度重视艺术的重要价值，高度重视美育的立德树人功能。习近平总书记多次对文学艺术界发表讲话，对高校美育发表重要指示。

2014年，习近平总书记在文艺工作座谈会上的讲话中指出："文艺是铸造灵魂的工程，文艺工作者是灵魂的工程师。好的文艺作品就应该像蓝天上的阳光、春季里的清风一样，能够启迪思想、温润心灵、陶冶人生，能够扫除颓废萎靡之风。"① 习近平总书记的重要讲话是对马克思主义文艺理论的发展，对文艺在启迪人的思想、陶冶人的情感方面的重要作用进行了深刻的阐述，提出了中华美学精神的概念，为美育理论发展和美育实践指明了方向。

2016年12月7—8日，习近平总书记在全国高校思想政治工作会议上的讲话指出："高校立身之本在于立德树人……要坚持把立德树人作为中心环节，把思想政治工作贯穿教育教学全过程，实现全程育人、全方位育人，努力开创我国高等教育事业发展新局面。"② 2018年9月10日，习近平总书记在全国教育大会上指出："要努力构建德智体美劳全面培养的教育体系，形成更高水平的人才培养体系。要把立德树人融入思想道德教育、文化知识教育、社会实践教育各环节，贯穿基础教育、职业教育、高等教育各领域。"③ 针对美育，他特别指出："要全面加强和改进学校美育，坚持以美育人、以文化人，提高学生审美和人文素养。"④ 习近平总书记关于美育的论述高瞻远瞩、内涵深刻，指明了美育立德树人的根本宗旨，为美育实践提供了根本遵循。

可以说，"立德树人"一方面是为了解决当下一些社会问题所提出的文化对策，有着极强的现实针对性；另一方面它又是新时代中国高等教育的根本任务，是立足于民族复兴的时代要求。而思想政治教育与美育都是培养学生综合素养不可或缺的部分，二者皆是按美善相协的要求来塑造培养学生，且都具有意识形态属性。在这种情况下，将美育话语构建与立德树人联系起来，在立德树人教育理论的引领下营构中国美育话语的现代性形态，使其切合时代语境，努力培养德智体美劳全面发展的时代新人，是当今我国高校思想政治教育及其以美育德应承担的光荣使命。

深入推进这两门学科间的有机整合，不断深化立德树人在美育中的影

---

① 《习近平论社会主义核心价值体系（2014年）》，见学习强国网页（https：//www.xuexi.cn/lgpage/detail/index.html？id=7551238581303191513&amp；item_id=7551238581303191513）。
② 《习近平在全国高校思想政治工作会议上强调 把思想政治工作贯穿教育教学全过程 开创我国高等教育事业发展新局面》，载《人民日报》2016年12月9日，第1版。
③ 《习近平在全国教育大会上强调 坚持中国特色社会主义教育发展道路 培养德智体美劳全面发展的社会主义建设者和接班人》，载《人民日报》2018年9月11日，第1版。
④ 《习近平在全国教育大会上强调 坚持中国特色社会主义教育发展道路 培养德智体美劳全面发展的社会主义建设者和接班人》，载《人民日报》2018年9月11日，第1版。

响和地位，推动以美育德的有效开展，在继承和发展马克思主义及其中国化的文艺育德理论基础上，结合人们对精神文化的需求和美好生活向往的现实情况，开展高校思想政治教育和以美育德的教育教学活动，形成充满活力、规范协作、开放高效的学校思想政治教育新格局，有助于坚定个体理想信念，提升学生思想政治觉悟、道德品质和审美文明素养，培育个人之德，从而培养出一大批能立大志、明大德、成大才、担大任的堪当民族复兴重任的时代新人，弘扬民族之德，为实现民族复兴筑基铺路。

第二节 弘扬社会主义核心价值观是美育工作的主旨

一、弘扬中华美育精神是实现民族伟大复兴的战略选择

一个拥有悠久历史的国家必定有自己的根脉，一个拥有灿烂文化的民族必定有自己的灵魂。中华民族在五千年文明历史发展中，形成了崇尚天人合一的和谐之美、追求尽善尽美的崇高之美、重视礼乐教化的美的熏陶等美育传统。中国人民对美好生活的追求，滋润并推动中华文明向前发展，形成源远流长的中华美育精神，成为中华民族根脉的组成部分。

从根本上说，启蒙的现代性美育话语的最终指向也是民族。"中华民族要改变近代以来落后挨打的被动局面，自强于世界民族之林，就必须走现代化发展之路；而国家的现代化大业必须有现代化的人才来实现，现代化的人才又必须依靠现代的教育来培养。包括美育在内的中国现代教育就是在这样的历史规定性与认识逻辑的基础上孕育和发展起来的。"

1918年，蔡元培怀着"美育代宗教"理想倡导成立国立北京美术学校（即中央美术学院的前身）的时候，正是中华民族危机和中国人民苦难日益深重的年代，他倡导成立中国第一所官办的现代形态的美术专门学校，不只是为中国培养几个画家，而是要通过美育唤起民众的觉醒，挽救民族的危亡。

18世纪德国席勒提出"美育"这个概念的本义，也是对人的感性与完整性的倡导。他在《美育书简》中这样写道："有健康的教育，有审视力的教育，有道德的教育，也有趣味和美的教育。最后一种教育的意图是，在尽可能的和谐之中培养我们的感性和精神的整体。"20世纪初，蔡元培、王国维、梁启超等人引入"美育"概念，激活了中华美育传统，为

启蒙与救亡的近代中国注入了美的力量。中国第一所现代形态的美术专业学校高举美育的旗帜开创了中国现代美术教育的新纪元。

然而，美育的美好理想在帝国主义、封建主义、官僚资本主义压迫下的半殖民地半封建的旧中国是无法真正实现的。任何时代的美育总是与一定的社会基础和时代任务联系在一起的。马克思、恩格斯在《德意志意识形态》中写道："忧心忡忡的穷人甚至对最美丽的景色都没有什么感觉；贩卖矿物的商人只看到矿物的商业价值，而看不到矿物的美和特性；他没有矿物学的感觉。"马克思、恩格斯在这里明确提出了美育的两个必要条件：第一，人要获得生产力和生产关系的解放，要从贫穷、从压迫中解放出来；第二，人要获得功利性的超越，要从对物质财富无限攫取的私欲中超越出来。纵览历史，无论是五千年中华文明所积淀的优秀美育传统，还是现代"美育"概念引入后，一代先贤的积极倡导，都由于当时缺乏必要的社会基础而难以真正实现人的全面发展。

经过新中国70多年筚路蓝缕的伟大奋斗，特别是改革开放40多年来波澜壮阔的以经济建设为中心的社会主义现代化建设，我们的物质生产力水平获得极大提高，我们有条件实现美育理想，而且也有必要实现美育理想。弘扬中华美育精神对实现民族复兴具有重要意义。

进入21世纪以后，新时代民族观念的主要内容已不再是原来的民族独立、民族生存，而是转变为以民族自豪感与民族自信心的养成为主要任务的民族复兴，同时也融入了明确的国家建设的成分。加快现代化建设、维护社会稳定、提升人民生活水平、增强人民幸福感等更具现实性和实践性的思想理念也成为新时代民族主题的重要组成部分。

在纪念五四运动100周年大会上，习近平总书记寄希望于青年，强调青年一代要"树立远大理想""热爱伟大祖国""担当时代责任""勇于砥砺奋斗""练就过硬本领""锤炼品德修为"。在全国教育大会上，习近平总书记对青年提出更高要求，即在坚定理想信念上下功夫、在厚植爱国主义情怀上下功夫、在加强品德修养上下功夫、在培养奋斗精神上下功夫等一系列具体举措。① 这些重要论述体现了新时代中国青年所担负的历史责任，更渗透了民族精神对人超乎寻常的引领力、感染力。这是扎根国情、聚焦时代，以及不断赋予中华美育精神的历史内涵和精神特质。弘扬好中

---

① 参见《习近平在全国教育大会上强调　坚持中国特色社会主义教育发展道路　培养德智体美劳全面发展的社会主义建设者和接班人》，载《人民日报》2018年9月11日，第1版。

华美育精神、做好新阶段美育工作事关党的前途命运,事关民族的文化延续。

正因为此,以新时代民族观念为基点的美育话语现代性建构,有了一个基本的拓展维度,那就是新时代语境下民族精神空间的开拓维度。从内涵上看,这是指通过美育这种教育文化形式的实施与落实,丰富现代中国人的心灵世界,构建其灵魂世界,进而塑造其既有丰富内涵,又有独特旨归的民族精神品格。

在21世纪的今天,随着商品经济的发展,"物"的过度挤压所造成的人性扭曲与现代文明弊病在当代中国人的生存中逐渐成为突出的问题,市场化所导致的市场本位、金钱拜物,工业化所导致的工具理性膨胀,城市化所导致的精神疾患蔓延等影响国人心理健康和民族精神健康的问题日渐显现。在现代人的生存困境凸显的情境下,恰当的、符合时代需求的、立足于民族审美特性的基础上的美育教育能够充分彰显其抚慰人心的人文精神关怀作用,充分发挥"审美"这一文化之维在现代信仰重构和价值重塑中的意义。从个体心灵的栖息到群体信仰的营造,沿着这条线索不断拓宽前进的道路,将其从个体心灵的层面上升到民族心理的层面,最终将信仰的建构与时代的伟大目标相结合,在整体的民族精神层面上构建起支撑民族心灵的灵魂大厦,进而实现中华民族的伟大复兴。

正如马克思在《1844年经济学哲学手稿》所说,"人也是按照美的规律来塑造的",实现中华民族伟大复兴的中国人也一定是按照美的规律塑造的具有形象美、语言美、行为美、心灵美的人。要提高人的思想境界和社会的文明程度,还需要进一步加强美育;培养德智体美劳全面发展的社会主义建设者和接班人,更要加强美育。我们要在全面建成小康社会、实现2035年和2050年奋斗目标的历史进程中,以美育提升人民大众的审美素养和精神境界,培育深厚的家国情怀,激发全民族的创新活力和创造精神。

新时代美育工作要在人们对美好生活的追求中推动人的全面发展。党的十八大以来,美育工作得到党和国家的高度重视。习近平总书记强调加强美育工作,倡导弘扬中华美育精神,是中华民族从站起来、富起来走向强起来的新时代的庄严使命,是培养中国特色社会主义事业建设者和接班人的必然要求,是满足人民日益增长的美好生活需要的有力举措,是实现中华民族伟大复兴的战略选择。中华民族要强起来,中国人民要美起来,就要大力弘扬中华美育精神,让国人能够在美的生活环境和美的社会氛围中提升审美素养、陶冶高尚情操、塑造美好心灵、激发创新活力，成为有品位、有内涵、能创造的时代新人，从而使中华民族展现独具东方神韵之美。

二、弘扬中华美育精神是建设社会主义文化强国的需要

国家的强盛，离不开精神的支撑；人类的发展，离不开文明的延续。"文化是一个国家、一个民族的灵魂。"① 社会主义文化繁荣兴盛，有赖于全体人民在理想信念、价值理念、道德观念上形成强大共识和凝聚力。只有当社会主义核心价值观融入社会各方面并转化为人们的情感认同和行为习惯，人民的思想觉悟、道德水准、文明素养普遍提高，社会文明程度达到更高水平时，社会主义文化才能更加繁荣发展，以更丰富优质的精神食粮反哺人民。社会主义文化的繁荣兴盛，充分体现出社会主义社会的和谐美好。建设和谐美好的社会，惠及全体人民，体现了广大人民群众的根本利益和共同愿望。

中华优秀传统文化是中华民族历经数千年不断探索中逐渐形成的，一方面承载着中国文化的血脉，另一方面延续着中华民族的审美特点和审美心理，其中蕴含博大精深的天人合一、安民富民等核心思想理念，内涵丰富的自强不息、崇德向善等传统美德，积淀珍贵多样的文以载道、以文化人等中华人文精神。这些思辨哲理、人文精神、道德观念中，无不孕育着丰富的美育资源和审美形式，是高校美育汲取营养的沃土。

数千年来，中华民族就认识到美育在培养人高尚品德和健全人格中的作用。春秋战国时期，孔子和孟子先后提出"兴于诗，立于礼，成于乐"（《论语·泰伯》）、"充实之谓美"（《孟子·尽心章句下》）等美育思想；到了西汉，在《乐记》中记载"乐者，通伦理者也"，无不体现美育在中华优秀传统文化传承中的重要地位。美育在某种程度上是艺术与道德的有机结合，不仅传授审美观念和传递审美情感，其中更蕴含深厚浓郁的中华民族传统美德、家国情怀和社会理想，这些无不是中华优秀传统文化的基石。

我国著名美学家、当代中国生态美学的奠基人之一曾繁仁教授曾指

---

① 《习近平论"四个自信"（2016 年）》，见学习强国网页（https://www.xuexi.cn/lgpage/detail/index.html? id=13781067514441542220& item_id=13781067514441542220）。

出,"文化的传承创新与美育关系密切","美育的育人作用使其成为文化建设的重要途径之一"①。中华美育精神,是中华民族在漫长历史进程中长期孕育的结晶,凝聚着中华优秀传统文化的精华,成为中华民族自我完善、不断追求卓越的不竭动力。

因此,在促进社会主义文化繁荣兴盛、建设社会主义文化强国的过程中,弘扬中华美育精神,坚守民族文化根脉,让人们在中华美学的深刻体验中,形成更基础、更广泛、更深厚的文化自信,才能激发更基本、更深沉、更持久的力量,不断创造反映新时代中国风貌、促进人类进步的精神文明成果。

习近平总书记在党的十九大报告中指出:"中国特色社会主义进入新时代,我国社会的主要矛盾已经转化为人民日益增长的美好生活需要和不平衡不充分的发展之间的矛盾。"② 人民对美好生活的需要在某种程度上正是国家和社会的需要。人民的需要是自我丰富、自我完善的内在动力,人们的一切实践活动都是源于本性的需要,社会发展的需要是把人的发展程度作为衡量社会发展的主要依据。从"马斯洛层次需求理论"的第五层级需求可知,人们的物质文明需求达到一定程度,就会产生提升精神境界的需要。实现每个人自由全面的发展是中国特色社会主义道路走向成熟的必然要求,是全体共产党员孜孜不倦的价值追求。坚持以人的全面发展为现实需求,唯有充分发挥人的潜能、调动人的主观能动性,才能更好地践行中华美育精神。

党的十八大以来,统筹推进"五位一体"总体布局、协调推进"四个全面"战略布局、坚定"四个自信"、做到"两个维护"是以习近平同志为核心的党中央奋力开创中国特色社会主义现代化新局面的价值引领,是各民族同胞艰苦奋斗、如期完成脱贫攻坚伟大壮举和全面建成小康社会的行动指南,是中国共产党人砥砺奋进、锐意进取消除贫困、实现小康的初心使命。伴随社会主要矛盾的变化,人们由追求物质幸福向追求精神幸福转变,由追求幸福结果向追求幸福过程转化,这就需要我们利用精神思想去协调发展的不平衡、不充分因素,因为上层建筑能反作用于经济基础,中华美育精神造就于社会生产中,必将服务于现有经济基础。

---

① 曾繁仁:《生态文明时代的美学探索与对话》,山东大学出版社2013年版,第303、305页。

② 习近平:《决胜全面建成小康社会,夺取新时代中国特色社会主义伟大胜利——在中国共产党第十九次全国代表大会上的报告》,人民出版社2017年版,第12页。

着眼于国家的远景目标，党的十九大指出，到 2035 年，我国将基本实现社会主义现代化。社会主义现代化是社会生产力与生产关系的现代化，是社会关系的现代化，更是人的现代化。现代化的主体是人，人是现代化的主要承担者，要实现社会主义现代化必须依赖有现代化思维的人。针对如何实现社会主义现代化，邓小平同志提出建设有中国特色的社会主义，就是要坚持物质文明和精神文明两手抓。只有两种文明同时奏效，人的现代化才能实现。

在新发展阶段，坚持以人民为中心、人民至上理念，把人民对美好生活的向往作为今后党的奋斗目标。大力推动精神文明建设，不断促进人的全面发展与社会的全面发展相统一。在现代化进程中，人是实践主体，也是价值主体。人的现代化是社会现代化程度的评判标准，没有人的现代化，就无法实现真正意义上的社会主义现代化。

高校美育是培养高素质人才的重要一环，与德育、智育、体育、劳动教育相辅相成、相互促进。党的十八大以来，面对"培养什么人、怎样培养人、为谁培养人"这个教育根本命题，习近平总书记多次阐明要像"扣好人生第一粒扣子"一样，把"立德"作为"树人"的首要前提。立德树人作为新时期教育工作的核心宗旨，体现了现阶段教育领域的工作需求，也为今后教育发展指明正确方向、提供基本原则。为确保这一根本任务顺利完成，必须创造性地将美育与立德树人相结合、相贯通。在立德树人精神指引下，立足社会主义核心价值观，大力推进校园美育工作体系构建，将中华优秀传统文化艺术融入高校美育，利用中华优秀文化艺术易于接受、形象生动的特性，多方面提升学生的文化品格，提高学生的审美能力，全面提升学生基本素养，为学生的终身发展奠定良好基础。这既是社会的需要，更是时代的需要。

总之，建设现代化国家、实现人的现代化需要思想引领与精神照耀，弘扬中华美育精神，促进人的全面发展，是建设社会主义现代化强国的必由之路。

三、弘扬中华美育精神是中国人民良好精神风貌的体现

弘扬中华美育精神，是中国人民良好精神风貌的重要体现。中华美育精神滋养了中华民族数千年来的文明创造，造就了中国人民爱美求善、自强厚德的文化品格和精神风貌。中华美育精神所独具的家国天下、四海一

家的深厚情怀和伟大传统，是对人类文明做出的重要贡献。改革开放以来，随着中国国力日益强盛，包括中华优秀传统文化在内的多姿多彩的中国文化正在走向世界。通过向世界传播中华民族优秀文化艺术，中华民族"美美与共"的胸怀和品格在世界各地广泛传播。这是中国在新时代展现的文化自信。

中华美学精神具有深厚的历史文化底蕴，在多元文化汇聚融合的历史语境下，坚持中国特色社会主义文化发展道路，紧密围绕弘扬中华优秀传统文化，深层次挖掘中华文化基因要素，培育和践行社会主义核心价值观，弘扬中华美育精神，是在新时代展现文化自信、体现中国人民良好精神风貌的重要方式。

中华美育精神扎根中国传统哲学，追求天人合一的境界，给人以向美、向善、向上的引领。"美育"的概念虽然于20世纪初才引入中国，但美育的思想和实践在中国源远流长。中华民族在数千年从未间断的文明进程中，创造了灿若星辰的文化艺术和丰富充实的精神生活。先贤思想体系中闪耀的美育之光贯穿中华文明悠久的历史。在天人合一的境界追求中，人们敬畏天地、道法自然，获得生命方向的引领；在"礼乐教化"的熏陶中，人们"从心所欲不逾矩"，获得"尽善尽美"的蓬勃情感与高尚修为；在"耕读传家"的传承中，人们勤劳耕作以立性命，不辍读书以立高德，获得家风的滋养和书香的化育。中华美育始终根系中华民族精神命脉。

中华美育精神饱含家国情怀，凝聚人们建设美好家园的力量。在近现代中国，争取民族独立、人民解放的历史任务赋予美育全新的时代内涵，以艺术服务大众，艺术审美担负起新的使命。中华人民共和国成立后，中国人民焕发建设美好家园的极大热情，开始了艰苦奋斗。70年峥嵘岁月稠。今天，以家国情怀为核心的中华美育精神，给追求美好生活的人们以奋进的力量。

中华美育精神重在"以美育人、以美化人、以美培元"，通过培根铸魂，给人以实现全面发展的动力，关系着中华民族的美好未来。中华美育精神根植于历史，作用于现实，着眼于未来。美好未来需要文化文艺和哲学社会科学工作者坚持与时代同步伐、以人民为中心、以精品奉献人民、用明德引领风尚。美好未来需要人们把法律的规范上升为对法治的尊崇，把道德的约束上升为对崇高的追求，摆脱功利的束缚，获得自由而全面的发展。马克思、恩格斯在《共产党宣言》中描述的未来社会是"自由人的联合体",在那里,"每个人的自由发展是一切人的自由发展的条件"。马克思主义的鲜明主题就是为人类求解放。中华美育精神同样关注人的全面发展,无论是"诗教""礼教",还是"乐教",都旨在唤起人们对美的感知,提升生命境界。

弘扬和践行中华美育精神能唤起人们对美好生活的向往与追求,并鼓励师生更热情地去体验与传播中华文化和华夏文明。大学阶段往往是人精力最旺盛、思想最活跃、创造力最强的时候。高校开展审美教育活动,一方面,可以帮助学生净化情感,调节心理失衡状态;另一方面,可让学生在怡情悦性中获得精神的安慰和积极的心理状态。高校审美教育的深入实践,不仅可以唤醒人们对自然的亲和力,而且可以唤醒人们去深入思考人类文明,热爱中华文化和尊重大学文化。一方面,学生可以更加关注人和自然的和谐共存关系、人伦问题、人性问题,并去向往和追求人的精神美和心灵美;另一方面,学生通过参与大学活动、体验大学课程和师生互动等,可以更加理解大学文化,并通过直接或间接的体验,更加热爱华夏文明。新时代高校审美教育的宗旨就是要启迪学生热爱生命、尊重科技、追求美好人生,做中华文化传播的使者,架起华夏文明和世界文明沟通的桥梁,向世界展示中国人民永生不灭的民族底气和汹涌澎湃的精神志气。

第三节 扎根时代生活是美育工作的方法路径

一、扎根时代生活是社会主义文艺的根本立场

文艺是时代的号角。自 2014 年习近平总书记在文艺工作座谈会上发表重要讲话以来,一大批脍炙人口的作品集中涌现,成果喜人。每一个时代都有其独特性,每种独特性都承载着处于该时代的人类的诉求。在当今时代,文化多样性特征明显,多元文化相互交融碰撞,为社会主义文艺繁荣发展提供了新途径,创造了新条件。

近几年,我国开始重视并全面推进对学校美育工作的改革,随着改革的推进和深入,我国学校美育工作的领域和深度均得到了有效拓展,相应的理论分析和实践成果较为丰富。然而,美育工作仍然是我国教育工作的基础薄弱的方面,仍是我国素质教育中急需加强的关键环节。

在新时代背景下,我们要以习近平新时代中国特色社会主义思想为指

导，更好地履行举旗帜、聚民心、育新人、兴文化、展形象的使命任务，更多地聚焦"出精品、出人才、出效益"的核心目标，更准确地把握新时代对社会主义文艺的新需求，推进美育教育教学改革与创新，开创社会主义文艺欣欣向荣的新局面。

扎根新时代的社会主义文艺肩负崇高使命。实现中华民族伟大复兴是近代以来中国人民最伟大的梦想。今天，我们比历史上任何时期都更接近中华民族伟大复兴的目标，比历史上任何时期都更有信心、有能力实现这个目标。为此，必须高度重视和充分发挥文艺及文艺工作者的重要作用。举精神之旗、立精神支柱、建精神家园，都离不开文艺。文艺是时代的号角，最能代表一个时代的风貌，最能引领一个时代的风气。历史和现实都证明，一个民族的复兴需要强大的物质力量，也需要强大的精神力量。只有走中国道路、弘扬中国精神、凝聚中国力量，才能在新时代的征程中，无愧时代、无愧人民，不断迈向中华民族伟大复兴。

扎根新时代社会主义文艺激发精神动力。文化是民族生存和发展的重要力量。在几千年的历史变迁中，中华民族从来不是一帆风顺的，之所以能够从无数艰难困苦中挺过来、走过来，其中一个很重要的原因就是世世代代的中华儿女培育和发展了独具特色、博大精深的中华文化，为中华民族克服困难、生生不息提供了强大的精神支撑。构建中国人民的精神世界，构建中华民族共有的精神家园，都离不开文艺。因此，文艺工作者大有可为。通过更多有筋骨、有道德、有温度的文艺作品，书写和记录人民的伟大实践、时代的进步要求，弘扬中国精神、凝聚中国力量，鼓舞全国各族人民朝气蓬勃地迈向未来。新时代中国文艺要增强文化自觉、坚定文化自信，以强烈的历史主动精神积极投身社会主义文化强国建设，用自强不息、厚德载物的文化创造展示中国文艺新气象、铸就中华文化新辉煌。

扎根新时代的社会主义文艺涤荡思想灵魂。文艺是世界语言，是不同国家和民族相互了解与沟通的最好方式。以文化人，更能凝结心灵；以艺通心，更易沟通世界。中国人民历来具有深厚的天下情怀，新时代中国文艺应当把目光投向世界、投向全人类。用情用力讲好中国故事，向世界展现可信、可爱、可敬的中国形象；通过塑造更多为世界所认知的中华文化形象，努力展示一个生动立体的中国，为推动构建人类命运共同体谱写新篇章。面对当今世界文化激荡，中国文艺在党的坚强领导下，以马克思主义为指导，立足中国大地，植根中华优秀传统文化，以更加昂扬的姿态屹立于世界。历史和现实都证明，只有坚守人民立场，才能确保人民在精神生活上充盈富足，才能确保中国文艺在世界文学艺术领域鲜明确立中国学派、彰显中国风范，稳固立足之基。

在新形势下，人文精神的价值引领极具时代意义。美育工作的推进，是新时代实现人的全面发展的必然要求，对大学生具有非凡的意义，并能够实现大学生在各领域的价值。高校有着为国家栽培民族复兴大任优秀人才的重任，因此，美育工作的推进是培育优秀人才的重要环节。很多学生重视对知识的汲取，缺少审美情趣与美育熏陶。另外，在虚拟网络世界信息良莠不齐的时代，恶劣的网络文化与正确的道德观格格不入，其中恶俗的内容会对大学生的审美理念造成严重侵蚀，甚至让他们迷失自我。而美育有着其他学科都无法替代的作用：审美教育可帮助大学生学会正确辨别美丑、善恶、荣辱，将其盲目的倾向转变为积极向上的选择，学会自我判断和自觉地树立正确道德观。

因此，作为美育工作的重要源泉，社会主义文艺更应扎根新时代，推进新时代教育改革，表达当代中华儿女对美好生活的向往和追求，展现中华儿女对实现中华民族伟大复兴中国梦的决心。

二、扎根时代生活是社会主义文艺繁荣发展的动力所在

文学艺术创作为民众诉求发声，为社会进步服务，具有鲜活的时代特点。毛泽东在延安文艺座谈会上指出："我们周围的人物，我们宣传的对象，完全不同了。过去的时代，已经一去不复返了。因此，我们必须和新的群众相结合，不能有任何迟疑。"① 在每一个时代，我们都应为文艺创作注入新时代的活力，使其能够紧密联系实际，具有向上蓬勃发展的动力。

新民主主义革命时期，党形成具有鲜明本土特色的文艺理论，为文艺工作发展指明了方向。一方面，党在革命时期确立了文艺工作为人民群众服务、为工农兵服务的基本宗旨。五四运动后，党为"大众文艺""大众文学"赋予具体的社会意义和阶级内涵，强调加快建立以工人阶级为代表的无产阶级文艺事业。文艺工作的阶级性、人民性与政治性不断明确，其范围涵盖了包括工人、农民、士兵及城市小资产阶级在内的广大人民群

---

① 中共中央文献研究室编：《毛泽东著作专题摘编（上）》，中央文献出版社2003年版，第287页。

众，文艺工作者在党的领导下真实反映人民群众的实际诉求。另一方面，革命时期党领导的文艺工作具有革命性与艺术性相统一的特征。以毛泽东同志为核心的党的第一代领导集体运用马克思主义的阶级分析方法，反对将文艺事业同阶级基础进行简单割裂，提出文艺工作者应具备坚定的阶级立场，依据不同时期的革命中心任务进行创作。这一时期中共中央提出的文艺更好地服务民族与人民的解放事业的文艺工作理念，更加坚定了文艺工作者的政治立场与革命信念。

社会主义革命和建设时期，党在延续革命时期党管文艺的基本原则和理论主张的基础上，围绕社会现实开展文艺工作。一方面，党更加注重文艺工作在社会主义现代化建设中的积极作用。文艺创作和文艺活动在全国范围内蓬勃开展，涌现出许多兼具现实关怀和艺术品质的高质量的文艺作品。另一方面，党对文艺与政治的辩证关系理解愈发深刻。中华人民共和国成立后，文艺工作成为社会主义建设的重要组成部分。党领导的文艺工作在坚持正确政治原则的基础上，更加强调文艺的审美性与艺术性，突出表现为高度尊重文艺工作的自身规律，最大限度保障文艺工作者的创作自由。以毛泽东同志为核心的党的第一代中央领导集体强调党领导文艺工作的民主性，主张给文艺家提供宽松的创作环境，反对"利用行政力量，强制推行一种风格、一种学派，禁止另一种风格、另一种学派"。

社会主义革命和建设时期的文艺工作在党的领导下取得了突出成就，对当前全面推进文艺事业发展、加强文艺工作建设具有重要启示意义：做好文艺工作，应与时俱进，紧跟时代步伐。社会主义革命和建设时期党对文艺工作的领导，在制度设计、机制优化及观念引导等方面呈现服务社会主义现代化建设的鲜明导向。党领导的文艺工作应秉持与时俱进的优良传统，在实现中华民族伟大复兴的历史征程中进行调整与优化。

改革开放和社会主义现代化建设新时期，党恢复并确立了"双百"方针在文艺工作领域的指导地位。党正确评价中华人民共和国成立以来领导文艺工作的经验，指出当代文艺的社会性质与发展方向是为人民服务和为社会主义服务，这极大地推动了当代文艺的蓬勃发展。在社会主义精神文明建设进程中，党从弘扬主旋律和提倡多样化的整体要求出发，强调在尊重差异、包容多样的同时，积极主动地抵制各类错误或腐朽思想的侵袭。党在这一时期对文艺工作的领导，着重于正确处理本土文化与外来文化的关系。随着经济的快速发展和社会结构的急速变迁，西方社会思潮和文艺思想不断涌入国内。党始终坚持马克思主义文艺思想的指导，教育引导广大文艺工作者树立解放思想、实事求是的文艺创作精神，坚决反对僵化、不切实际地套用西方理论来审视解读当代中国的文艺作品的做法。

改革开放以来，党更加注重加强和改进对文艺工作的领导，这主要体现在先后对文艺与政治、文艺与经济的关系做出政策性调整。同时，党深刻认识到制度规范特别是法律体系建设在推进文艺工作中的关键作用，加快建立健全文艺工作相关法律法规和制度体系，深入改革党领导文艺工作的体制机制。另外，文艺事业发展在注重经济效益的同时，应避免过度的市场化和商业化。文艺是时代前进的号角，能够体现时代风貌、引领时代风尚。文艺工作和娱乐工作存在显著区别，避免文艺工作的泛娱乐化是党在新时期指导文艺事业的重要经验。改革开放以来，广大文艺工作者在党的领导下，始终奉行扎根人民、深入生活的创作方法，坚持社会效益和经济效益相统一的创作理念，营造开展文艺批评的良好氛围，推动社会主义文艺事业走向繁荣。

2014年10月，习近平总书记主持召开文艺工作座谈会，明确了文艺工作在激发传统文化活力、创造精神动力、引领社会风尚方面的重要地位和关键作用，为文艺工作的发展指明了目标和方向。在中国特色社会主义新时代，社会主要矛盾发生转变，党加快健全和完善文艺工作制度的顶层设计，更加注重文艺工作在满足人民群众美好生活需求方面的重要作用。党不断加强和改进对文艺工作的领导，坚持以人民为中心的价值立场，适时更新党领导文艺工作的技术手段。

在新时代，马克思主义与中国当代文艺实际相结合，实现了马克思主义文艺理论的新飞跃。其一，在文艺传播内容信息化、渠道多元化、平台多样化的现实背景下，党不断完善文艺工作机制和管理制度，引导广大文艺工作者提高作品质量、坚持社会效益、紧扣时代议题，并通过明确领导主体、优化治理模式来加强和改进党对文艺工作的领导。其二，党强调文艺工作必须坚持以人民为中心的根本立场。人民需要文艺，文艺同样需要人民，社会主义文艺本质上就是人民的文艺。坚持为人民服务、为社会主义服务，是党对文艺战线提出的一项基本要求。推进党的文艺工作事业发展，必须恪守人民立场，满足人民精神文化需求，将人民群众作为文艺事业建设的参与者、文艺审美的鉴赏者、文艺工作成效的评判者。其三，党积极转变观念，调整原有治理模式和引导方法，创新文艺体制机制和治理流程，促进党对文化工作的领导从线下到线上、从单维到多维、从平面到立体、从单向到双向，实现党的文艺工作从层级化管理向扁平化治理的有序转化。

可以看到，随着时代发展，党的文艺工作始终依据现实国情和客观实际，因时因势地调整或改进，从而推动中国特色社会主义文艺事业走向辉煌。

提振中华民族的内在文化自信和外在精神面貌，在"强起来"的基础上逐渐"美起来"，是21世纪中叶把我国建成富强民主文明和谐美丽的社会主义现代化强国的内在要求。进入21世纪后，各民族交流日益频繁，文化观念之间的碰撞呈现常态化，发挥美育的创造性作用，以传承中华美育精神为突破口，从而牢固坚定中国特色社会主义文化自信。高校应将中华优秀传统文化、革命文化和社会主义先进文化融入教育管理全过程，引导大学生全面感知文化的生命力和创造力，寓教育于实践活动，切实增强大学生思想政治教育的获得感和实效性。

第四节　遵循教书育人规律是美育工作的基本法则

一、遵循美育特点，夯实感性教育

美育理论于20世纪上半叶传入中国时，国内学者从传统心性观念出发，将其解读为富有中国文化特色的情感教育，但这同美育的本义并不完全一致，不能反映现代社会人们渴望摆脱感官羁束、回归自然本性的内在追求。伊格尔顿认为："审美是朴素唯物主义的首次激动——这种激动是肉体对理论专制的长期而无言的反叛的结果。"[①] 也就是说，美育实际上是一种具有现代内涵的感性教育，旨在维护人们的感性自发力和生命原动力，在开展理性教育的同时，促进人们感官、意识等各种感性元素的发展。学校应充分挖掘中华美育精神蕴含的韵律美、形象美、意境美，引导学生在触物动情的学习体验中感知审美对象本身蕴含的丰富情趣，体验愉悦、悲苦、焦灼、麻木等各种情绪，提高感触力、想象力、情感力等各种感性素质，从而拥有饱满的生命情感和充足的生命动力。

高校思想政治教育中加强以美育德及开展其实践活动，要注重增强这一过程中情感性、形象性和活动性的结合。也就是说，在注重以理服人的

---

① 转引自杜卫《美育论》，教育科学出版社2000年版，第53页。

同时，还要融理于情、以情动人。故高校需要坚持深化教育理念，强化相关原则，从而为实施这一教育及其实践活动树立新的指导思想。

生动、鲜明的美的事物能使大学生获得直接感受，这种形象美的事物更能使他们领悟美的内在意蕴，以此来达到心灵的净化、情感的升华。美育作为一种形象性教育，形象性特点是其首要特点，在高校思想政治教育及其以美育德的过程中，融入自然、社会、艺术之美，有利于促进大学生情感的陶冶和升华。同时，在这一教育及其实践过程中，所使用的手段和方式，不是纯粹抽象的理论讲解和道德说教，而是要合理、灵活运用具体可感、生动鲜明的形象和方式方法，将其学科理论知识完整科学地传授于大学生，以促进大学生之"知"。

例如，在理论内容的讲授中，融入具有蕴美精神的优秀传统文化，汇入致力实现共产主义的中国革命文化，以及砥砺前行的社会主义先进文化等内容。同时，借助具有美感的音频、视频等教学材料，使大学生领略高校思想政治教育所呈现的科学之美和社会之美。

此外，需要注意的是，高校思想政治教育中加强以美育德的重点是教育者从思想、政治、道德等多方面对大学生进行引导，而不是局限在美育范畴内进行纯粹的或者偏向于审美教育的教育活动。为避免这种错误倾向，在教育教学活动的过程中，如在社会实践调研、演讲比赛、宣讲会等活动中，要注意紧紧围绕特定的思想政治教育主题进行。同时，在此过程中，由特定教育目的所决定的评比标准，就是高校思想政治教育及其以美育德对大学生进行的引导教育。这能有效地使大学生头脑中潜隐的审美观念外显，以树立具有符合社会规范的审美意识、思想道德观念和政治意识。

道德情感和审美情感的培养，皆是高校思想政治教育及其以美育德的重要内容。其中，思想政治道德情感的内化，是高校师生间双向互动，以达情感沟通的过程。而审美情感的培养是美育的核心，这种情感由大学生审美情感的需求与审美客体情感意蕴间的共鸣所产生。这为两门学科间情感的交织，以及相关教育教学活动的以美生情提供了一定的基础条件。因此，高校思想政治教育中加强以美育德这一教育及其实践活动的开展，应注重发挥情感性。而要进一步提升思政课的吸引力、感召力，高校需促进相关教育及其实践活动以实现情感的产生、升华和有效发挥，挖掘运用直观、美感、形象的资源便是有效助手。

例如，拥有丰厚红色文化资源的高校，在弘扬主旋律教育时，不能简单、一味地对理论知识进行枯燥的讲解传授,而是要充分挖掘、利用好其优厚的红色文化资源。在充分理解相关的红色文化后,高校可将其以故事或其他形式传递给大学生,让他们在感人至深的历史故事中,感受英雄人物的爱国精神,并从中体悟人文精神和家国情怀。此外,高校还可通过播放红色文化影片,参观红色文化博物馆、纪念馆等场所,调动、激发大学生的爱国情怀,使他们在情感上产生共鸣,促使其树立坚定的理想信念,并将这些深厚情怀和坚定信念转化为勇毅的行为。

红色文化作为中国特色社会主义先进文化,是中国共产党人在革命年代带领人民群众和社会中的先进群体共同创造的。高校应挖掘红色文化的育人资源,将其融入高校美育,通过创造性转化和创新性发展,引导学生树立正确的审美观,创作更多的红色文创作品,增强审美意识,提升审美能力,全面成长成才。一是教材的融合。美育教材要注重融入红色文化、党史元素,以红色先进文化陶冶情操,引领学生提升审美标准、审美水平,以红色经典故事熏陶情感,提升学生的爱国情怀、政治素养、道德品质。中共党史教材也要注重融入美育元素,在表达思想政治理论观点时多运用一些艺术形式和红色艺术作品,增强党史教育的吸引力、感染力。二是教学的融合。一方面,通过改革创新美育教学活动形式,在美育教学中引入党史故事、榜样人物,教育引导大学生提升审美水平和创造美的能力;另一方面,在思政课和党课教学中,融入更加生动形象的艺术表现形式和表达技巧,将枯燥的理论内容以更加轻松愉快、潜移默化的形式传授给学生,寓教于乐。

高校将党史教育融入大学生社会实践活动,组织学生进行实地参观学习、社会调研以及生产劳动等,通过实地调研、瞻仰烈士,使学生亲身感受革命战争年代的艰难困苦,感受革命前辈的爱国情怀和奉献精神,增强其情感认同,坚定其理想信念,矫正其行动方向。一是要利用党史博物馆、名人故居、烈士陵园等当地红色资源开展实践教学活动。通过现场参观学习,带领大学生身临其境,使他们通过切身感受来了解历史,增强历史荣誉感和责任感。二是通过暑期社会实践和志愿服务等活动,积极组织大学生到红色遗址、革命老区进行社会调研。通过深入了解社会,传承党的红色基因,增强其社会责任感、使命感;通过社会实践,继承党的优良传统和优良作风,提升其实践能力。三是要加强与地方政府、企事业单位的合作,建立党史教育基地,为大学生党史学习教育提供更多实践平台,给予他们更多机会走出校园,将书本知识付诸实践,在实践中磨炼意志、获取真知、提升能力。

二、遵循美育特点，强化创造教育

创新是一个民族的灵魂，是新发展理念的首要要求。培养具有创新意识和创造能力的高素质人才，美育自然不可缺席。美育能够解放人的天性，发展人的个性，增进人的直觉，促使人们在自由无拘的审美活动中将内心最深处的心理活动与追求呈现出来；在无意识的精神自觉中尽情追逐自我本性，主动探索新事物、尝试新方法；自由体验新感受、形成新观念，并逐渐将这种自由本性融入有意识的审美创造中，从而为创造性发展提供不竭动力。学校要系统凝练中华美育精神蕴含的创造性思维因子，引导学生认识美、鉴别美，追寻自由天性创造美，培养创造性思维能力，成为具有传统人文情怀和创新精神的人才。

高校美育话语构建需要师生创造性地传承中华优秀传统文化，因此，培养审美品质的创造能力至关重要。应激发学生的求知欲和好奇心，培养其敏锐的观察力和丰富的想象力，特别是创造性的想象力，以及善于进行变革和发现新问题或新关系的能力；重视思维的流畅性、变通性和独创性，培养学生的求异思维和求同思维。培养审美品质的创造能力服务于一般的审美文化，在日常生活中创造审美价值。创造思维是一个复杂的过程，它贯穿生活的各个方面。创造能力能够帮助学生获得极大的满足感和成就感，这种成就感不仅有助于学生形成对环境、社会的适应能力，还有助于他们的创造力在日后的生活中得到进一步发挥。

就高校社团建设而言，其方向应该与学生对形成"发现美—分析美—创造美"能力的需求相互契合。首先，高校社团在带领学生明确"什么是美"的过程中，自身应该呈现美感。常规意义上的美是能够使人们感到愉悦的一切事物，它包括客观存在和主观存在。所谓客观存在，是指事物外表呈现的美感；所谓主观存在，是指与美的产生存在一定的对立，是个体的主观感受。而事物促进和谐发展的客观属性与功能激发出来的主观感受，是这种客观实际与主观感受的具体统一。其次，对美进行深层次分析后可以发现，美的形式多种多样，如促进和谐发展是一种自然美，经过加工使原本不够美的事物呈现新的美感是创造美，还包含心灵美、行为美、内在美等。这些美体现在日常生活的方方面面，需要人们慧眼识珠，善于发现。基于此，高校社团活动需明确学生对美的诉求，沿着"发现美—分析美—创造美"的道路,确定社团发展方向,使更多的学生有所收获。审美是人类理解世界的一种特殊形式,在很多时候,只有接触到与"审美""美"相关的事物,才能提升观念。具体而言,高校社团建设应有意识地开发、运用美育资源,令学生明确"美的形成"。

三、遵循美育特点,突出人格教育

美育具有深厚的人文性,以促进人的全面发展为根本旨归。席勒指出:"审美趣味使心灵对道德有好感,因为它把阻挠道德的志趣爱好推开,而激起促进道德的志趣爱好。"① 诚然,美育不只能推动人的感性发展,还内在地蕴含着德育的内容和指向,总是在感性外观中包含着理性精神,能够在发现美、欣赏美的过程中因势利导地引导人们辨美丑、分善恶,滋养人们的精神,促进人们道德素质和精神素养的全面提升。

美育诉诸人的感性和心灵,是一种引导人的生命不断成长完善的个性化教育,能够让受教育者建立起和这个世界美好的积极的审美情感联系。因为这种联系而感受到美、享受到美,并且愿意把所感受和所享受到的美传递给这个世界。如果说人要受到法律的规范、道德的约束,那么美育可让人在追求美好的过程中把遵守法律、崇尚道德、追求高尚变为自觉,并在此基础上和这个意义上实现真正的自由和全面的发展。

所以,美育必须在教育和生活的全方位全过程中注入"美的要素",让人在鲜活的、美好的社会生活实践中接受美的陶冶,展开美的创造。要让人在成长的各个阶段、各种空间都得到美的熏陶,都获得美的体验,要在全社会倡导美育、在家庭重视美育、在学校加强美育。

全社会倡导美育,要把社会主义核心价值观融入社会生活的方方面面,大力建设美术馆、博物馆、文化艺术活动中心等具有美育作用的重要公共艺术空间;大力发展文化事业和文化产业,把文化生活和艺术生活融入百姓的日常生活中;开展丰富多彩的文化艺术活动,为人民提供优质丰富的精神食粮,不断满足人民群众对美好生活的向往和对真善美的追求。让人们在日常的衣食住行中感受美好;在城乡生活中,让人们能够在美丽乡村、美好城市和艺术社区中潜移默化地受到美的陶冶,使人们在美的生

---

① [德]席勒《秀美与尊严——席勒艺术和美学文集》,张玉能译,文化艺术出版社1996年版,第259页。

活中实现自我超越和全面发展，成为人格完善、有品位、有内涵、有创造力的人。

家庭重视美育，要着眼于孩子健全人格的培养。在孩子成长的每一步，都要以家长的言行和每个家庭特有的方式，引导孩子分辨美与丑，珍爱美好事物，营造美好、和谐的家庭氛围，培育孩子对形象美、语言美、行为美、心灵美的追求。在引导督促孩子学习的过程中，让孩子感受学习的兴趣之美、努力的奋斗之美、进步的成功之美；在规划孩子未来的过程中，让孩子感受确立志趣之美、树立志向之美、实现目标之美；在讨论和决定家庭事务的过程中，让孩子感受相互尊重之美、相互包容之美、良好家风之美；在日常家庭生活过程中，让孩子感受整洁优雅之美、勤俭持家之美、承担责任之美。在这一过程中，应把孩子从繁重的作业和各种培训类"特长班"中"解放"出来，引领孩子进入天地自然和现实生活的美育大课堂，引导他们建构自我与世界的美好联系。

学校加强美育，要着眼于培养德智体美劳全面发展的社会主义建设者和接班人这一根本任务，建构与德育、智育、体育和劳动教育相融合的美育体系。在教学实践中，要挖掘各门课程中的美育资源，让学生感受到各门学科蕴含的客观规律之美、人文关怀之美、创造发明之美、探求真理之美。在校园文化中，要营造美的环境、创造美的氛围，让学生从校园的一砖一石、一草一木、一角一景中，都能感受到美。在集体生活中，要突出对美好的向往和追求，让学生从教师的教育指导中，在共青团、少先队的组织生活和班集体活动中，在与同学交往交流中，感受到理解友爱之美、团结互助之美、乐群和谐之美、奉献崇高之美。在这一过程中，应遵循美育的特点，用实践体验的方法、感受熏陶的方式，尊重学生的个性和主体性，激发学生的热情，追求潜移默化、润物无声的境界，绝不能用知识硬灌输的方式、功利性引导的办法、行政性强制的手段。

长期以来，灌输式、填鸭式的教学方法在思想政治教育过程中占据了主导地位，虽然其可以发挥一定的效用，但如果过度和长期使用，则难以唤起大学生的情感认同。可见，教条规范的说教和生硬的政治宣传不仅忽视了大学生主体地位，往往还会事倍功半。因此，这种僵化、单一的方式并不能适应新时代大学生的情感需要和课堂的教学需要。新时代高校思想政治教育审美力要更新"以美育人"的教育方法，综合运用多元化的方式将思想政治教育内容渗透到教学过程中，以此触动大学生的精神世界，达到良好的教育效果。

高校教师承担着传播思想的历史使命，肩负着塑造灵魂的时代重任。因此，教育主体要强化立德树人使命，不仅要不断提升教育教学能力和水平，还要不断提升个人的品德修为和人格魅力，将教书与育人结合、言传与身教并重，给予新时代大学生知识的传授和人格的浸染，从而成为大学生健康成长的指导者和引路人。

第二章　新时代高校学生美育工作的理论基础

第一节　新时代高校学生美育工作的概况

一、美育的内涵

（一）美育的概念

从亚里士多德、柏拉图，到康德、黑格尔都非常重视对美的探讨，"美育"一词是由德国诗人、哲学家、美学家席勒提出的。他在《美育书简》中指出，资本主义社会矛盾不利于人的个性发展，建议通过美育消除社会矛盾，从而恢复人的完整和谐的个性。席勒的观点虽然过度夸大了美育的功效，但对后来美育理论的发展仍有启发。席勒把美育解释成为美感教育或审美教育，是想通过艺术观赏，培养人对美的情感、纯洁心灵，以达到人的全面、自由而和谐的发展。

进入近代，我国学者结合国情现实，批判性学习、发展了西方的美育思想，主要代表学者有王国维和蔡元培。王国维认为，教育的宗旨在培养能力和谐发展的"完全人物"，其措施便是对学生进行体育和心育，而心育又包括智、德、美三育。[①] 蔡元培于1920年提出体育、智育、德育、美育的"四育"观点。他对美育内容的定义、美育与德智体的关系以及实行美育的办法做了详尽而全面的论述。他甚至提议以美育代替宗教，说："纯粹之美育，所以陶养吾人之感情，使有高尚纯洁之习惯，而使人我之见、利己损人之私念，以渐消沮者也。"[②]

狭义上，美育同具体的审美活动有关，主要表现为艺术的审美态度、

---

① 参见王国维《论教育之宗旨》，载《教育世界》56号，1903年8月。
② 蔡元培：《蔡元培选集》，中华书局1959年版，第53-57页。

审美鉴赏力与审美创造力的培养；广义的审美教育也就是感性教育，其目的是通过对人的感性能力的滋养与陶冶，使人形成对生活的审美态度。

在20世纪，从初期到70年代末，在中国，学者们对美育的理解多是狭义的。80年代以后，经济的迅速发展改变了人们的生活、价值观，对美育的理解，也不再仅局限于"艺术美"，如《中国大百科全书·教育卷》将美育定义为："培养学生认识美、爱好美和创造美的能力的教育"①，美育由单纯的体验"艺术美"推进到体验"自然美、社会美"，但仍属于狭义的美育。进入90年代后，美育的概念又进一步拓宽，如滕守尧认为，"真正的美育是将美学原则渗透于各科教学后形成的教育"②。美育概念不断扩展，由狭义走向广义。

（二）美育的功能

对美育功能的认识大致有美育的直接功能、美育的间接功能和美育的"超美育"功能共三个方面。③

美育的直接功能主要认为美育的任务是树立正确的审美观，强调艺术作品的欣赏力、创造力，如"育美"是对美育直接功能的认识。其作用有两方面：一是培养青年的审美能力，使青年不仅能识别美丑，还能鉴别出美的种类和程度并加以评价。同时，通过多类学科的教学，美育传递正确的审美态度、陶冶审美情趣，防止青年只重形式轻内容，片面崇洋、猎奇。二是培养青年创造美的才能。美育通过音乐、绘画、文字等形式，培养青年的艺术创造能力，提高感受力、想象力、思维力和一般操作能力，发掘创造生活中的形象美、语言美、心灵美等。

美育的间接功能主要指美育在实现它直接功能的过程中潜在的功能，如育德、促智、健体等。其作用有两方面：一是美育具有潜移默化的作用。美育以丰富的形式、有趣的内容鲜明生动地表明某一单一主题，较少的功利导向让欣赏者沉浸其中，"哀而不伤，乐而不淫"，从而在潜移默化中净化人的情感、纯洁人的心灵、提升人的气质。二是美育可以怡情养性，保持身心平衡。中外美育的经验证明：激情戏剧的强化、音乐曲调的变换、绘画境界的升华、故事情节的转移、高尚风格的感染、如怨如诉悲

---

① 檀传宝：《美育三议题》，载《教育学术月刊》1997年第5期，第14页。
② 檀传宝：《美育三议题》，载《教育学术月刊》1997年第5期，第15页。
③ 参见赵伯飞、张苑琛《当代中国美育理论研究的回顾与反思》，载《西北大学学报（哲学社会科学版）》2000年第4期，第131页。

歌的净化等都能使人的大脑皮质上的高级神经活动得到调整、趋于平衡。①这既能传递正确的世界观,培养坚强的意志,也有利于个人情操人格的培养与塑造,促进人的身心全面发展和健康长寿。

美育的"超美育"功能,是指它超出了美育的直接功能和间接功能,如对于人生终极意义和意趣追求等。20世纪90年代以来,随着审美文化的深刻变化,美育的"超美育"功能越来越受重视,如"美育是发展现代生产力的重要因素""美育是培养新的社会性格的重要措施"等观点,都是对美育的"超美育"功能的认识。②其具体作用有两个方面:一是美育可以使人通过形象的感知提高理性,认识自己、认识世界,逐渐形成符合社会要求的正确的人生观和世界观。"艺术是解放的,给人以自由",美育解放人的本能冲动和情感,使人从自然限制中解放出来,充分感觉人的尊严。二是美育发挥教育的作用,以美的形象培养青年成为社会上的理想的人。诗歌、舞蹈、音乐、绘画和雕塑等形式都能作为道德思想教育的工具,实现教民化俗。法国启蒙思想家狄德罗认为:"戏剧是极其有效的移风易俗的手段。"苏联革命作家高尔基则预言:"美学是未来的伦理学。"

二、高校学生美育工作的内涵

(一)高校美育的概念

关于高校美育这一概念,不同学者有不同看法。钟仕伦、李天道认为:"高校美育是指利用自然美、社会美、艺术美等美的形态对高校学生进行情感净化、性情陶冶、并提高学生感受美、鉴赏美、创造美的能力,培养其正确的审美观念、审美理想、审美情趣的教育。高校美育是塑造完美人格的需要。"③薛天祥认为:"高校美育的基本目的是培养全面发展的人,要实现这个目的就必须通过美的形象,以情感人,使理性渗透到感性的个体存在中去,成为一种自觉的审美意识,指导自己的行动。"④李益认为:"大学美育是大学教育中促进学生全面和谐发展的不可缺少、不可

---

① 参见张粹然、贾炳清《美育:内涵与路径》,载《深圳大学学报(人文社会科学版)》2006年第3期,第113页。
② 参见曾繁仁《论美育的现代意义》,载《山东大学学报(哲学社会科学版)》1999年第3期,第27—31页。
③ 钟仕伦、李天道:《高校美育概论》,中国社会科学出版社2006年版,第7—8页。
④ 薛天祥:《高等教育学》,广西师范大学出版社2001年版,第321页。

替代的一个重要方面。大学美育是在学生已有较高的美育素质基础之上，对其审美素质进一步培养和提升，使之进一步系统化、理性化，培养大学生具有与高级专门人才素质要求相适应的，包括审美观念、审美情趣、审美能力在内，以完美人格为重点的审美素质，特别是培养学生生活和工作方面的审美素质，使学生能用'审美的'眼光去看待生活，能够'审美的'从事岗位工作。"[①] 陈元贵认为："引领学生进行审美感受、审美体验的同时，促使他们反思审美活动背后的价值判断和伦理问题，竭力引导大学生的审美趣味，审美风尚朝着积极健康的方向发展。"[②] 沈胜林、沈胜刚认为："学校美育是以培养学生的审美力为目的，借助美的形象与手段，通过一定的情感渗透和心灵陶冶，最终培养学生去发现美、欣赏美、实践美、创造美的一种整体的感性教育。"[③]

综合不同学者的看法，可认为高校美育是通过利用各种美，提高学生的审美能力、培养学生的审美能力，从而完善人格教育，促进个人的全面发展。高校美育与美育概念有相通之处。不同于基础教育，高校教育的资源更为丰富，且学生的独立意识与主观能动性都更加强化，因此，高校美育在强调理论与知识时，应更注重推动学生对更高层次精神世界的追求。

（二）高校美育的内容

高校美育实践是有目的、有计划地对大学生实施审美教育的活动，是培养大学生优良品格不可或缺的活动。高校美育目的在于通过影响大学生审美，促进审美表达与应用，从而实现全面发展。高校美育工作内容包括课程、活动、相关机构搭建和资源配置调度等，其中美育课程为主要内容。"高校美育课程是一种综合性课程，它能把学生知识有机融合起来，促进学生整体思维的发展，培养学生人文素质。"[④] 美育课程主要体现为艺术课程，艺术课程又可分为专业艺术课程以及公共艺术课程。专业艺术课程是为艺术专业设置的艺术课程；公共艺术课程则是指为非艺术专业的全体大学生所开设的普通艺术素质教育课程，通过包含美术、音乐、舞蹈、戏曲等在内的课程学习与实践活动实现美育。除了美育课程，高校美

---

① 李益：《关于大学美育目标的思考》，高等教育出版社2012年版，第121页。
② 陈元贵：《大学美育十讲》，安徽文艺出版社2010年版，第17页。
③ 沈胜林、沈胜刚：《学校美育理论模式的思考》，载《教育科学论坛》2016年第8期，第7-9页。
④ 郭彦霞：《审美教育课程对大学生人文知识影响的实验研究》，载《复旦教育论坛》2006年第5期，第24页。

育还可以通过多样的课外活动、营造艺术的校园环境和搭建美育平台实现。依托优美的校园环境、高雅艺术进入校园、艺术展览，使学生感悟美；以艺术节、艺术展演和各种实践服务活动鼓励学生创造美；通过营造高校审美育人的良好环境，让大学生在学习、生活中感受美，充分满足学生审美需求，培养提升审美能力，实现个体德智体美劳的全面发展。

（三）高校美育工作现状

高校美育取得了一些历史性的进展。例如，自1999年开始，全国高校音乐教育专业本科学生基本功展示活动每两年举办一届；自2012年开始，全国大学生艺术展演活动每三年举办一届；全国高校美育改革发展座谈会、全国学校艺术教育工作专题研讨班等各种美育会议不断举办。高校美育课程建设稳步推进，美育活动更加丰富多彩，育人的导向也更加突出，美育资源进一步丰富整合，美育工作取得了一定成效。但高校美育工作仍有改进空间，以满足大学生对优质丰富美育资源的需要，适应德智体美劳全面发展的育人体系。

许多学者对此进行研究。杨杰认为，高校美育工作面临的困境突出表现为没有解决好"什么是美育"以及"美育目的是什么"两个密切相关的核心问题。[①] 朱哲、任惠宇认为，新时代高校美育工作面临的困境是美育教师队伍实力不够强，美育教学革新力度不够大，中华优秀传统文化创造性转化尚不足，以及高校美育服务社会能力有所欠缺。[②]

现阶段，高校的美育教学主要通过课堂教学实现，教学内容主要包括对美术的应用鉴赏，偏重理论知识的传授；高校管理者对美育重视不足，美育在高校教育体系中发挥价值受限；办学成本较高限制美育活动的实施，美育实现形式单一。此外，部分高校的美育师资队伍也没能够得到建立。

---

① 参见杨杰《当前高校美育工作的瓶颈及其问题辨析》，载《山东师范大学学报（社会科学版）》2020年第3期。
② 参见朱哲、任惠宇《新时代高校美育工作的瓶颈及其破解》，载《人民论坛》2019年第21期。

第二节 新时代高校学生美育工作的价值

一、国家层面

党的十八大以来,国家对学校美育越来越重视。2019年,《教育部关于切实加强新时代高等学校美育工作的意见》提出,要坚持"正确方向""面向全体""改革创新"基本原则,以提高学生审美和人文素养为目标,弘扬中华美育神,以美育人、以美化人、以美培元,把美育纳入各级各类学校人才培养全过程,培养德智体美劳全面发展的社会主义建设者和接班人。高校美育应自觉站在中华民族伟大复兴的历史方位上,把握时代发展脉搏,促进美育与德智体劳协同发展,以美为当代大学生开阔视野、陶冶情操、涵养品格,培养担当民族复兴大任的时代新人,为中华民族伟大复兴事业营造美好的精神家园。

(一)高校美育在高校思想政治教育中具有重要作用

习近平总书记在全国教育大会上提出,要落实立德树人的根本任务,培养出德智体美劳全方位发展的优秀社会主义接班人和建设者。高校美育工作是在进行一种完善人格的品德教育,是思想政治教育的一种内在要求,对于高素质人才的培养有着重要意义。[①] 高校美育培养学生的审美能力和创造能力,使学生在对美的欣赏中把握美的感性形象,利用发现美的力量来改造世界。我国高校思政教育推崇培养自由、德智体美劳全面发展的新型社会主义人才。高校美育应丰富"德"的内涵,提高学生的审美素养,塑造其良好品行性格,进而提高其道德涵养与思想品质,为国家建设培养高素质人才。

(二)高校美育在社会主义精神文明建设中具有重要作用

我国的社会主义精神文明建设包括教育科学文化建设与思想道德建设,主要目的是全面提升公民的价值观念、思想道德修养、科学文化水平,从而培养"全面的人"。作为社会主义精神文明建设核心的思想道德建设,主要包括纪律建设、道德建设、理想建设,它对我国社会经济政治

---

① 参见汤旭梅、李芳芳《城市型、应用型大学美育教育的创新与实践——以北京联合大学艺术学院为例》,载《北京联合大学学报》2018年第4期。

发展起着推动作用，决定着我国社会主义精神文明建设的方向与性质。其中，理想建设是整个过程的灵魂，而理想建设的普及离不开高校美育。积极开展高校美育工作，增强高校美育的融合与渗透，深化学生的道德认识、激发道德情感，从而将高校乃至我们的生活环境和整个社会真正变为施行美育工作的场所。只有做到美育的健康发展，才能真正实现高品质教育；只有满足大众对教育的品质需求，才能彻底实现社会主义精神文明建设。因此，高校美育对我国社会主义精神文明建设的重要性不言而喻。

二、社会层面

美育在当代社会中具有重要意义。人的审美素质是当代社会发展的方向舵、发展动力以及可持续发展的依托。美育可以促进知识学习、提高创造能力，促进人的全面发展，并在一定程度上弥补当代社会发展中缺失的人文精神。美育对当代社会的效应在能力方面，具有的间接性与显效性；在素质方面，具有渗透性、长效性、累积性与无形性。① 一个社会整体的审美素养的提高，依赖于审美教育是否能够深入现实生活。高校美育通过对青年学生的教育，不断满足和提高学生的审美需要，发展和完善学生的审美感知力、想象力，促进学生的审美创造力的提高，进而间接推动社会整体审美的提高。

（一）高校美育提高审美素质，促进社会文明建设

人的审美素质是当代社会发展的方向舵。在知识经济时代，知识是推动社会发展的动力，而人的人文素质则是社会的动力源。审美素质是人文素质里重要的素质之一，它驱使个人向往美好追求理想，反对虚假丑恶，遵循公序良俗，推动个人将知识外化与促进社会发展结合起来，塑造一个良好的发展环境。高校美育需要与德育结合，通过多样的形式与活动，在潜移默化中引导青年人树立正确的"三观"，将文化知识内化为良好的审美素养并使之利于个人发展与社会文明建设。

（二）高校美育推动素质型人才培养，推动社会发展

人的审美素质是当代社会人才竞争的关键，是社会发展的动力。当前，人才竞争包括智力因素与非智力因素。高校美育在培养人的审美素质

---

① 参见史泓《美育在当代社会里的社会价值》，载《美与时代》2002年第12期。

的同时，努力发掘人的心智潜能，如判断能力、评价能力、创造能力等，发展人的社会关系和独特个性。而当代知识经济时代具有人才、知识、经济"三位一体"相互包容的特点，需要将知识外化为创造性能力，知识才能真正发挥作用。高校美育的作用就在于为经济建设培养具有创新能力、思维能力、表达能力、组织管理能力的素质型人才，提高人才的社会价值。

（三）高校美育缓和人文精神缺失，助力可持续发展

人的审美素质是当代社会可持续发展的依托。高校美育中始终贯穿这一人文精神，引导受教育者用审美的态度对待生活、追求个人的人生价值，在一定程度上缓和了"人文精神失落、科学精神被竭力推崇"的失衡局面，使科技更好地服务于人的长远发展。美育使科学与人文相互交融，在理论和实践上推动科学精神与人文精神的有机契合，使理性与感性、逻辑思维与形象思维和谐统一发展。高校美育既要教育青年以美为起点、追求真理，又要训练他们以最佳的抽象形式表现感性自由的内容；既要训练他们探索真理的使命感，又要培养他们的责任感，推动真、善、美"三位一体"的实现。

三、民族层面

美育是针对当下中华民族在伟大复兴的历史进程中出现的群体性的民族审美倾向（或者叫"美的精神的滑坡"）而提出的。① 中华民族伟大复兴体现在国民素质不断提高、文化自信更加坚定、民族创造力更加旺盛。中华民族优秀文化凝聚了华夏各民族世世代代的智慧与创造。民族复兴，必然要对民族优秀文化进行传承与发扬。

（一）高校美育促进中华民族优秀传统文化的传承与发展

在时代的进步与发展背景下，传承和发扬我国优秀传统文化是建设文化强国的必经之路。如何有效地传播与继承优秀传统文化，最好的办法就是通过教育，特别是高等教育。美育是高校实施素质教育的重要内容。将中华民族优秀文化渗透在艺术课程、艺术生活等多种形式的美育，为继承发展中华优秀文化提供建设平台。高校美育承担着传承中华民族优秀文化

---

① 参见何梁《深刻理解中华美育精神，做好新时代美育工作——弘扬中华美育精神高端论坛综述》，载《美术研究》2019 年第 5 期。

的使命,让美育更好地服务于社会精神文明建设,促进美育的发展,实现共赢。

(二) 高校美育增进文化自信,增强民族凝聚力

我国是多民族国家,每个民族都有其独特的民族文化。为了加强各民族之间的文化认同,最好的方法就是进行美育。通过高校美育可以让青年了解中国的传统文化以及各个民族的民族特色文化,体会不一样的民族文化之美。中华民族文化由各个民族文化融合汇聚而成,通过戏剧、舞蹈、民族音乐等形式的美育,增加青年学生与多样的民族文化的接触机会,进而加强对中华优秀传统文化的了解、对自己民族的了解,建立起自信心,实现民族自信、文化自信。费孝通先生的"各美其美,美人之美,美美与共,天下大同"的理念,对于我们以美育促进各民族文化艺术交流融合、铸牢中华民族共同体意识具有重大启示意义。

四、个人层面

在新时代,美育已经成为经济文化发展和社会进步所需人才培养的重要阵地。高校开展美育工作,目的是通过自然美、艺术美和社会美的教育,提高大学生追求美和创造美的能力,引领他们确立良好的审美观念以及民族情感,培养德智体美劳全面发展的社会主义建设者和接班人。

(一) 高校美育提高个人的审美素养

高校美育培养和塑造人的审美观念及审美立美能力。一方面,高校美育可引导人们树立正确、健康、积极的审美观念。通过美育并结合其他手段引导和改进个体错误、偏狭甚至病态的审美观念,促进个体自身健康成长及社会良性发展。另一方面,高校美育可培养和提升人的审美立美能力。

(二) 高校美育启迪个人的心智

美育能够为智育提供丰富生动的内容,以其特有的教育内容与形式能够促进人的形象思维、直觉思维、空间思维的发展,受教育者从中能获得丰富而生动的知识养分。同时,美育能够为智育活动提供内在的情感动力。积极的情感对人的认识活动具有促进和推动作用,美育不仅能激发人的审美情感,而且能诱发人的理性情感,为人们的学习提供动力从而提升智育活动的成效。此外,美育还可以调节学习情绪,使人身心得到放松,进而更高效地投入学习。

（三）高校美育提升个人的思想道德

美育对于人的品德陶养与促进具有不可替代的价值，是提升人的思想道德水平的必由之路。第一，美的事物和形象能够引发人的愉悦而美好的情感体验，能够起到净化心灵与怡情养性的作用；第二，审美立美活动本身有着超功利的属性，使人陶醉和沉浸在美的体验中，促使人形成一种超脱的人生态度和精神境界，进而提升个体的思想道德水平；第三，人能够将审美意识反身于己，在此意识指导下让自己的德行也趋美向善，塑造良好的性格品行。

第三节　新时代高校学生美育工作的维度

一、创新发展

创新是发展的第一动力。高校美育要着眼长远，切实推进大学生审美教育在理论和制度、科技和文化等各方面的创新，充分发挥美育的教育功能，加强、改进美育工作，培养德智体美劳全面发展的社会主义接班人。

（一）创新传统教育理念及管理方式

在传统教育体系中，美育的作用往往不能得到应有的重视，理念认知的偏差导致学校美育工作被边缘化或简单化。促进人的全面发展离不开德智体美劳的全面发展，要创新教育理念，给予美育工作应有的重视，视审美和人文素养为每位学生都应具备的素质，推动美育实践工作的开展。传统美育课程在安排、管理上受统一的教学规划的指导，以讲师教导为主要授课方式，通过考试来检验学生的学习成果。这种传统的教育方式，使学生处于被动获取知识的地位，其学习主动性不强，不能充分发挥美育的作用。因此，高校应采取灵活多样的教学模式，改变传统的考核模式，为学生营造拓思维、充分发挥创造潜力的环境氛围，激发其学习兴趣与动力，培养其对美育自主学习的能力。

（二）创新教育方法与模式

积极探索新的教育理念、尝试新的教育方法，将雨课堂和慕课（massive open online courses，MOOC）等线上教学模式引入大学生审美教育教学中，提高教学成效。同时，积极发挥科技的作用，充分利用新一代5G互联网和大数据，借助三维立体图形（three dimensions，3D）、虚拟现实（virtual reality，VR）等技术，最大限度地超越时空局限，丰富学生对不同时期、不同民族文化的体验。此外，还可以扩展美育实践基地，开展实习实践活动，引导学生走向生活、走向社会，使他们在实际生活中体验多样的美，深化对美的认识。

（三）注重创造型人才的培养

美育具有自由性，不强制审美主体进行选择、参与活动。高校美育对于学生人格的塑造是一种激励性的教育，对其个性的培养尤为重要，有利于提高、健全其心理素质、个人素养。所以，高校美育应让学生自主进行选择，为其创造适应自身个性发展的、积极活跃的成长环境；在教育的过程中，要注重学生的个性发展，培养其勇于提问、敢于表达自我的能力，促进其成长为求知欲强、想象力丰富、思维敏捷的创造型人才。

二、协调发展

人是一个复杂的综合体，高校美育需要把大学生作为具体对象来认真对待，统筹协调个体发展的不同诉求，充分满足个性化发展的需要。同时，美育工作也是高等教育的重要组成部分，推动"立德树人"目标的最终实现。《国务院办公厅关于全面加强和改进学校美育工作的意见》指出，高校不仅要"坚持改革创新，协同推进"，还要"加强美育综合改革，统筹学校美育发展，促进德智体美有机融合"，进一步"整合各类美育资源，促进学校与社会互动互联，齐抓共管、开放合作，形成全社会关心支持美育发展和学生全面成长的氛围"。学校美育必须构建多维协调发展的格局，推动全员全过程全方位育人。

（一）学校美育、家庭美育和社会美育的协调发展

习近平总书记指出："办好教育事业，家庭、学校、政府、社会都有责任。"[①] 美育工作可划分为学校美育、家庭美育和社会美育，三者相互交融，又紧密联系、相互影响，进一步完善学校、家庭、社会三者间的美育协同机制具有重要意义。一方面，构建"学校—家庭—社会"教育共同

[①] 习近平：《在纪念五四运动100周年大会上的讲话》，载《人民日报》2019年5月1日，第2版。

体,三者相互借鉴各自已成型的经验做法,并在本领域的实践工作中尝试进行效仿;另一方面,学校美育、家庭美育和社会美育在发展过程中亦有诸多交集,逐渐衍生出固定的、系统化的教育合作模式。①

(二)德智体美劳"五育"融合

2019 年发布的《中国教育现代化 2035》明确提出"五育"融合的教育发展目标,"注重学生全面发展,大力发展素质教育,促进德育、智育、体育、美育和劳动教育的有机融合"。实现"五育"融合,首先要厘清五者在全面培养体系中各自的地位。宁本涛认为,现阶段实施"五育"融合,要以德为先、以智为本、以体为径、以美为核、以劳育为重。其次要有整体观,"五育"融合不是简单的拼凑或整合,而是德智体美劳五者间的相互贯通、有机渗透,从而产生协同效应,实现人才的综合培养。这就需要寻找契合点,把原先分离、割裂的教育形态相连接,打通边界壁垒,实现"五育"之间的知识融合、方法融合和价值融合,塑造共同的价值追求,从而更好地落实立德树人任务。②

(三)第一课堂和第二课堂的协调发展

第一课堂是学校教学的主渠道,通常按照设定的目标体系、课程体系有计划地开展课堂教学。第一课堂主要承担基础理论知识、专业实习等教学活动,可用于单独开设美育课程的时空有限。高校美育需要充分利用第一课堂这一重要载体,按照教育部相关文件的指导性意见,加强艺术教育课程建设。同时,在其他"智育"课程中融合、渗透美育,将美育与智育有机结合。第二课堂是指在第一课堂以外开展的以丰富多彩的课外校园文化活动为主的各类素质教育课程。高校美育要充分利用第二课堂这一载体,组织各类美育社团,开展有特色的、丰富多样的美育主题实践活动,多方位营造校园美育氛围,提高学生审美和人文素养,陶冶品行、激发创造力。

三、开放发展

改革开放以来,中国美育事业的时代特色以及历史使命也日益呈现崭新的发展趋向。一方面,高校美育注重对外开放,吸收了西方先进美育思

---

① 参见尹少淳、孟勐《学校美育与社会美育的互仿与渐融》,载《当代美术》2021 年第 2 期。
② 参见宁本涛《"五育融合"与中国基础教育生态重建》,载《中国电化教育》2020 年第 5 期。

想与有益的实践经验；另一方面，推动美育要素在高校内部的开放，建立了开放课堂、师资、学科。

（一）重视批判吸收外国美育思想

外国美育思想是人类美育思想的重要内容，也是我国美育理论学习和借鉴的重要资源。曾繁仁教授强调："当代中国美育建设应该通过中西交流对话的途径，我们既要立足于中国本土的现实，着重于民族美育理论的继承，同时也要借鉴西方美育资源。"① 但是，当前中国的美育思想研究存在较为严重的"厚中薄外"现象。与中国美育思想研究相比，对外国美育思想的研究显得相当薄弱，这方面的成果无论是在数量上还是在质量上都有十分明显的差距，研究的范围也不够广泛。高校美育应主动批判吸纳西方美育思想，借鉴西方高校的美育经验，结合实际情况，积极进行实践尝试。

（二）课堂教学实现对其他学科的开放

美育课程应向自然美育、生活美育、科学美育等系统开放，在开放过程中，不断吸收综合其他关联学科的信息、能量，实现从内容到形式上优化，弥补现代化进程中人文精神缺失。在学科交叉渗透过程中，美育课程应积极推陈出新，既要坚持美育自身特质，避免与其他学科生硬结合，又要反对思想僵化，积极接纳有利于艺术美育发展的学科思想。

（三）建立有开放意识的艺术美育教师队伍

教师是教育教学活动的主体，高校美育的开放依靠教师实行。这就要求从事艺术美育的教师树立开放意识，积极改革教学方法，落实课程开放方案，在教学实践中总结归纳课程开放成果与经验，找出开放的规律性，实现由抽象上升到理论的高度，指导美育工作不断取得新进展。同时，还应重视教师队伍建设，积极培养、引进艺术美育教师，打造有活力的师资队伍。

四、共享发展

高校都是以建立在专业知识和学术权力基础之上的有机整体出现，共同的精神追求和价值理念既是大学得以存在的条件，也是高校实现发展的

---

① 岳友熙：《西方美学、审美教育与生态美学——曾繁仁教授学术访谈》，载《甘肃社会科学》2008 年第 4 期。

动力。高校美育工作，既要着眼让师生员工共享美育资源，也要积极与外界组织平台共同搭建美育共同体。

（一）搭建开放共享的美育资源平台

学校美育资源的有效整合离不开统一的资源平台的支撑。各高校应坚持"以学生为中心"的原则，搭建开放的、广阔的平台，将教学与实践活动相结合，推动美育课程、美育场所、美育师资等资源的共建共享。例如，依托学校大学生活动中心，建立高水平艺术团、艺术类社团等专门训练与活动场地，创造更多体验美、创造美的平台，并面向全校学生开放，为美育课程、美育实践活动提供场地和设备。高校应进一步利用信息技术，加强美育学习和共享平台的建设，扩大优质美育资源的覆盖面，营造良好的校园网络文化氛围，提高美育工作成效。

（二）构建美育共同体

"美育共同体是为更好地实施美育，完成美育的任务，实现美育的价值，以美育精神为共识，以美育活动为载体的由不同主体相互协作、联合起来的生命有机统一体。"[①] 美育共同体的最终使命是要在知识与审美间巧妙地架起桥梁，培养构建人类命运共同体所需的"有用"且"有趣"之人。美育共同体极富时代意义，顺应发展的美育和人类命运共同体的两大历史潮流，开拓了美育理论和实践发展的新平台，提供了美育多元治理的新模式。高校在坚守"以美育人"的宗旨的基础上，应加强与地方文化、教育行政部门、其他学校的合作，构建以学习者为中心的适应型共同体，利用信息化推进美育资源共建共享。

---

① 何玲：《美育共同体：内涵、特征及时代使命》，载《理论教育与实践》2020 年第 25 期，第 8 页。

第三章　新时代高校学生美育工作的基本特征

第一节　新时代高校学生美育工作的文化育人属性

一、推进文化育人呈现新时代高校学生美育工作文化属性

文化育人是通过优秀文化的传承、交流和创新，深刻改造人的精神世界，促进个体树立顺应历史和社会发展潮流的正确世界观、价值观、人生观的过程。文化是一个国家和民族的灵魂，是一种独特的精神标识，其强大的精神力量赋予人们最深沉而持久的成长动力。文化育人通过增强文化自信，激发文化自强，推动个体在思考生命本源和肩负文化担当的时代大潮中与时俱进、追求卓越。

高校美育是大学教育中不可替代的重要组成部分，是民族历史与优秀文化传统的表现形式之一。新时代高校学生美育工作需要融入中华文化传统，对美育进行加强和重视，透过传统文化寻找美育的真正内涵与意义。

新时代高校学生美育工作的内涵富有鲜明的文化属性，始终指向人的精神归旨。它的强大感召力和吸引力具有特殊的教育人、引导人的功能。将美育与文化传承与创新有机融合，通过提升文化认同感和自豪感来引导学生自觉净化心灵，修炼完美人格，启迪知识智慧，激发理性思辨，对于增强思想政治教育的实效性、培养担当重任的时代新人具有重要的时代意义及实践价值。

高校美育在大学文化的滋养与涵育下获得责任和动力，以贴近生活的形式传承大学的精神文脉和高尚情怀，充分体现出文化对大学生人生价值的本真关怀，并承担起"举精神之旗、立精神支柱、建精神家园"的历史使命。随着现代社会文明程度的加深，多元价值观念影响广泛，美育在大

学生拓展思维、健全人格过程中具有的独特作用日益彰显。它集艺术教育、道德教育、素质教育、文化教育于一体，为大学生端正人生方位、砥砺道德品行、健全个性心智、追求全面发展注入了源头活水。全面理解和把握美育的角色定位和作用机理，对于立足大学文化本源，系统推进高校育人改革具有重要意义。

二、推进文化育人实现新时代高校学生美育工作的目标

高校美育立足高校文化的人文基因和深厚底蕴，在人文与艺术教育中深入实施中华优秀传统文化、革命文化、社会主义先进文化教育；让广大大学生了解中华文化变迁，触摸革命文化脉络，汲取先进文化艺术的精髓；引导他们保持高度文化自信，成为优秀传统文化的继承者、弘扬者和新时代文化的创造者、贡献者。博大精深的中华文明和薪火相传的血脉是高校美育的强大价值支撑和不竭精神源泉，引领着广大高校学子积极保持自由活泼的生命底色，自觉提高精神气度和文化气质，努力升华人生格局和思想境界，成为具有中国特质和底蕴的社会主义事业建设者和接班人。由此可见，推进文化育人是新时代高校学生美育工作的目标。

新时代高校学生美育工作是高校文化育人的重要载体，一方面，其能在工作内容上通过形象的感染和情感的激发，引导学生自觉净化心灵，提高审美情趣；另一方面，其能在工作方法上通过文化的感召和真理的引领，促使学生积极修炼完美人格，创造科学之美。因此，高校需要将美育精神融入大学生日常生活，使大学生在日常生活中能辨别美、运用美与创造美；要以美育人和以文化人，促使大学生对中华文化传统有新的认识与理解，使其能自觉感知和传承文化的内涵，提高大学生的文化自信。

蔡元培认为，审美文化教育可以建设社会、促进民族的进步。在开展美育活动的过程中，应将中华文化传统与美育文化融会贯通，促进大学生知识的获得与能力的提升。各种美育活动要真正体现美育精神与美育内涵，做好充足的准备与安排，防止活动的世俗化与庸俗化。在活动形式上，可组织开展各类中华优秀传统文化的展示活动，利用图片和视频的方式让大学生对传统书画、医药、饮食、服饰与建筑等产生直观的感受与理解，从中获得关于历史典故与史迹的知识，从而使文化遗产得到传承、民族智慧得到传播。也可以组织开展各种传统节日与名家讲坛，让经典走进新时代美育旋律。通过高雅艺术进校的形式让大学生沉浸于感受优秀传统

文化中，提升大学生对校园文化和传统文化的品位，激发其对"传统之美"的感知、欣赏力，以及向心力和凝聚力。通过各类展演活动使大学生在美育环境下受到熏陶和感染。高校要坚持集思想、艺术于一体，坚持以人文精神与道德规范为引领，透过传统文化展现思想观念与审美素养，使大学生获得全身心的情感认同和行为认知。

第二节　新时代高校学生美育工作的思政教育属性

一、推进大学生思想政治教育，筑牢新时代高校学生美育工作基础

2016 年 12 月，习近平总书记在全国高校思想政治工作会议上强调，高校思想政治工作关系高校"培养什么样的人、如何培养人以及为谁培养人"这个根本问题。要坚持把立德树人作为中心环节，把思想政治工作贯穿教育教学全过程，实现全程育人、全方位育人，努力开创我国高等教育事业发展新局面。

高校思想政治教育就是要坚持用习近平新时代中国特色社会主义思想教育广大师生，把立德树人作为中心环节，把思想政治工作贯穿教育教学全过程、各方面，着力培养身心健康、具有家国情怀、对社会有积极作用的人。美育则是通过对各种自然美、社会美和艺术美的感受与鉴赏，培养大学生认识美、欣赏美和创造美的激情与能力，帮助大学生树立起正确的世界观、价值观、人生观，以及美丑观和善恶观，促进大学生提高素质、全面发展。因此，思想政治教育是开展新时代高校美育工作的前提基础和重要保障。

（一）二者具有目标的一致性

思想政治教育和美育在目标上具有一致性的特点，二者都是高校教育体系的重要内容，都是为了帮助大学生树立正确的世界观、价值观、人生观，并在大学生的思想、学习、生活等方面施以影响，陶冶他们良好的情操，且都统一于立德树人这一根本任务。

思想政治教育的目标是党的根本目标决定的。高校思想政治教育旨在提高大学生认识世界和改造世界的能力，促进大学生的全面发展和健康成长，学会全面地、辩证地看问题，使自己懂得社会发展规律和趋势，培养

团结协作、创新的思想意识,从而自觉抵制各种错误思想的侵蚀,克服由于思想意识淡漠、政治立场不坚定和偏激的处事方法所带来的对现实的不满情绪,从而避免对国家、社会、个人三者利益的错误认识。美育则是在一定的美学理论的指导下,通过对自然美、社会美、艺术美等丰富多彩的实践,培养提高大学生的审美感受力和审美创造力,进而提高对社会上各种现象的辨别能力,引导帮助大学生树立正确的审美观,完善积极健康的审美心理结构,陶冶情操、净化心灵,促进大学生的全面发展。马克思在《1844年经济学哲学手稿》中提出:"人类是按照美的规律改造世界的。"也就是说,人们在改造世界的过程中,体现着自己的意志、道德和审美理想,以及对事物发展规律认识的和谐统一,即真、善、美的统一。

(二)二者具有内容的相融性

美育与思想政治教育都是高校育人体系的重要内容。美育侧重于感性教育,而思想政治教育侧重于理性教育,虽然二者的侧重点不同,但在内容上相互交融。高校美育的教育内容是以中国特色社会主义建设、时代的发展和高校人才培养的总体目标为依据,以大学生人格的培养为旨归,着重对大学生的审美认知和审美实践进行教育。而高校思想政治教育的内容则是根据社会要求,针对当下大学生的现有实际情况,有目的地传递带有价值引导性的思想政治信息。高校思想政治教育应当培养全面发展并能够服务于社会发展的时代新人,包括政治教育、道德教育、心理健康教育等。

美育是素质教育的重要组成部分,新时代高校学生美育工作是通过对美学理论的学习以及对各种自然美、社会美和艺术美的实践,来培养大学生感受、鉴赏、展示和创造美的能力,树立正确的审美观和崇高的审美理想,提高学生的综合素质,促进学生的全面发展的。德国哲学家席勒在他的《审美教育书简》指出:"人必须通过审美状态才能由单纯的感性状态达至理性和道德的状态。审美是人达到精神解放和完善人性的先决条件。""正是通过美,人们才可以走向自由。"可以看出,席勒充分肯定审美教育对完善人格的积极意义,肯定审美教育对解决社会问题、改造社会的重要价值。对社会如此,对个人同样如此。美育能完善人性,具体而言,就是通过美的教育引导人树立正确的世界观、价值观、人生观。这与高校大学生思想政治教育的基本内容是一致的。

(三)二者具有优势的互补性

进入新时代,我们要发掘高校学生美育工作与思想政治教育的优势,相互借鉴、相互融合、取长补短。

一是新时代高校学生美育工作应具有情感性的特点,在思想政治教育中起到"润物细无声"的作用。传统的思想政治教育主要依靠理性教育,强调理论的学习和道德的规范,习惯于说教和灌输,这就使得我们的教育缺乏情感的交流,难以深入人心,甚至会引起学生的抵触和反感。梁启超在《中国韵文里头所表现的情感》演讲中说:"天下最神圣的莫过于情感:用理解来引导人,顶多能叫人知道哪件事应该做,哪件事怎样做法,却是被引导的人到底去做不去做,没有什么关系;有时所知的越多,所做的反倒越少。用情感来激发人,好像磁力吸铁一样,有多大分量的磁,便吸引多大分量的铁,丝毫容不得躲闪。"① 也就是说,情感操纵着人的心灵,对接受外来的教育起到过滤和催化的作用。

二是美育的形象性特点,在思想政治教育中能起到潜移默化的作用。俄国哲学家车尔尼雪夫斯基在《生活与美学》一书中说:"形象在美的领域中占着统治地位。" 也就是说,在美的感受和鉴赏中,人们可以运用联想和想象,在不知不觉中领悟美的真谛和其中蕴含的教育的意义。如果将美育融入思想政治教育,寓教于形,用形象化的特点来表达思想政治教育的内容就能极大地增强教育的吸引力和感染力。通过挖掘社会美、自然美和艺术美中鲜活的事例,做到既有理性的内容,又有感性的形式,"晓之以理,动之以情",将美融入枯燥的理论宣讲中,使受教育者在轻松、活泼、诗意的氛围中受到感染,达到思想政治教育的目的。

三是美育的愉悦性特点,在思想政治教育中要更多融入美的元素,"寓教于乐",使广大学生在情感上愉悦地接受,把思想政治教育的内容转化为学生个人内在意识和外在行动,在富有趣味的文化活动中受到教育。梁启超在《论小说与群治之关系》中提出:"如入云烟中而为其所烘,如近墨朱处而为其所染。"② 因此,"寓教于乐"是开展高校思想政治教育工作的重要方法和必要补充。

---

① 梁启超:《中国韵文里头所表现的情感》,见《作文法》,北京教育出版社2014年版,第63-64页。

② 转引自赵则诚、张连弟、毕万忱主编《中国古代文学理论词典》,吉林文史出版社1985年版,第637页。

二、深化新时代高校学生美育工作的价值内涵

高校美育滋养于大学校园的土壤,既受到人文艺术专业及相关学科内在育人品性和丰富知识体系的支撑与涵育,亦得益于大学精神文化、办学特色等思想性内涵要素的引领和推动。作为"五育"人才培养目标之一,美育实施联动高校立德树人、铸魂育人的实践,必然以习近平新时代中国特色社会主义思想为根本遵循,恪守思想政治教育的基本规律和发展方向,提升大学生审美素养,深厚其思想文化共识,引导他们始终如一地坚定中国特色社会主义理想信念。有序的思想道德规范和崇高的人生价值追求是高校美育的灵魂,与高校"培养担当民族复兴大任的时代新人"同向同行。由此可见,推进高校思想政治教育是新时代高校学生美育工作的价值内涵所系。

(一)从美育中启发学生的科学之"真"

美具有真实性、稳定性、持久性。美育实践活动,就是要让学生在思想上树立科学之"真"。对"真"的探索,古往今来的先哲们孜孜以求,也让美育的内容更加丰富多样。思想政治教育要让大学生认识到马克思主义基本原理的科学性,认同党和国家所提倡与矢志不渝推进实施的价值观念,让学生体认中国特色社会主义核心价值观的科学性。大学生进入大学之后的重要任务是学习知识与科学技术,而科学之中亦蕴含着特殊的美和真,让学生在对未知事物探索的好奇心驱使下收获了解新知后的喜悦,深入学习科学之中的形态、秩序、节奏、运动、逻辑等蕴含的美的韵味。新时代高校学生美育工作要通过特定的形式揭示科学之中所蕴藏的简约美、对称美、严谨美、逻辑美等,让学生在学习科学知识的同时,善于发现科学之美,将知识建构与审美之趣结合起来。

(二)从美育中引领学生的道德之"善"

思想道德与品格操守,是一个人言行、生活习惯的外在表现。优秀的道德素质将"道"与"德"合起来,其中,"道"是方向、是范畴,"德"是品德、是修养。道德教育,就是让学生明白善恶,懂得是非,具有辨识对错的认知能力。坚持立德树人育人目标,实际上就是用优秀的社会公德、职业道德、家庭美德、个人道德要求来规范和化育学生,让学生能够遵守道德规范,能够做到自我约束,以善念、善行来践行美德。以美

育德，引德向善，培育学生坚定的理想信念、炙热的爱国情怀、高尚的品德修养、纯美的精神境界，并将之融为一体的完整人格。中国美学强调会通万物的诗性思维，在诗意的心灵审美境界中，打"通"个体与世界之间的界限，通世界以为一。"通"使得时代新人能够将自己与外在世界融为一体，并在伦理实践中自主建构"达"之境界。而"达"则意味着时代新人胸怀天下，具备优秀公民的大视野、大境界，并具备强烈的人类命运共同体意识及相应的实践能力。新时代高校学生美育工作要启迪学生由衷地向德、向善，让大学生能够从认识善、体验善、践行善中，获得优秀品德，肩负起实现中华民族伟大复兴中国梦的光荣使命。

（三）从美育中落实学生的素质之"美"

党的十九大提出："要全面贯彻党的教育方针，落实立德树人根本任务，发展素质教育，推进教育公平，培养德智体美全面发展的社会主义建设者和接班人。"① 美育具有开发学生潜能、促进学生现代化素质发展的作用。美育活动在增强大学生审美能力与建构优秀道德品格同时，能够增强大学生基础性素质、专业性素质、创新性素质等多层次素质，促进大学生良好的心理健康素质、社会适应素质、协调发展素质等多维度素养。从美育中挖掘有利于促进学生良好素质素养养成的元素，在"审美认知教育—审美情感教育—审美实践教育"所构成的"知美—爱美—创造美"的审美教育内容体系与思想品德教育、通识教育、国防教育、人文教育、科技教育、体育、心理素质教育、专业素质教育等素质教育内容有机结合，有利于构建审美教育、通识教育、专业教育相融合的素质教育体系，让大学生在美育的进程中实现素质增值。

第三节　新时代高校学生美育工作的课程育人属性

一、推进美育课程教学拓展新时代高校学生美育工作主要渠道

课程育人是指教学机构依托课程开展的教育教学活动，是学校为实现

---

① 习近平：《决胜全面建成小康社会，夺取新时代中国特色社会主义伟大胜利——在中国共产党第十九次全国代表大会上的报告》，人民出版社2017年版，第45页。

一定教育目标而指导学生开展的有计划的学习安排。对于课程这个概念来说，沟通师生、跨越学科、承托教学、诠释理想是对其最恰如其分的评价，也是对其内涵最生动的诠释。作为人才培养的最基本方案，课程育人是一项系统工程，需要学校按照特定教育目标为学生设计教和学的计划，更需要通过合理的课程设置、编印专业的学科教材、组织科学的教学设计、开展严谨的教学管理，向学生传输相应的专业知识，实现其能力的增长和提升。

课程的开设是学校教学得以顺利实施的前提条件。"课程是实现教育目的和教学目标的手段与工具，是决定教育质量的重要环节。"[1] 课程是相应的教育内容得以全面实施、教育目标得以全面实现的重要保证。德育、智育和体育都开设了相应的课程，并形成了相应的课程体系。同样，美育也需要通过开设课程，形成合理的课程体系，才能保障美育较好的实施。美育可以通过多种途径实现。但作为教育活动的一部分，美育课程是实施美育最重要的途径，是对学生进行系统的审美教育的重要渠道。科学的美育课程体系是贯彻和实现高校美育目标的关键，很多高校的美育课程体系不完善是高校美育发展不平衡或未能真正发挥其作用的核心原因。美育课程建设是高校实施美育教学的关键环节，直接关系到人才培养质量。合理的美育课程既可促进学生完善美育知识结构；也为学生在树立正确审美观念，提升人文素养，发展形象思维，培养创新精神和实践能力，提高感受美、表现美、鉴赏美、创造美的能力方面提供了重要保障。

美育课程教学是新时代高校学生美育工作的主渠道，不仅要组织学生系统学习美学与美育相关的理论知识，而且要让他们掌握审美和人文艺术的相关活动技能，用它自身特有的方式来培育学生的良好性情、气质和趣味，提升人生品位和精神境界。与此同时，随着"学科德育""课程思政"概念的提出，相关专业课程中蕴含的育人资源亦能为立德树人提供重要支撑。这些课程中呈现的美育元素承载着强大思想政治教育功能，能够深入浅出地阐释美善哲理和标准，贴切地实现美育专业知识体系教育与思想政治教育有机统一，达到协同育人之目的。

---

[1] 全国十二所重点师范大学联合编写：《教育学基础》（第 2 版），教育科学出版社 2008 年版，第 153 页。

二、推进课程育人形成新时代高校学生美育工作方法

高校美育课程应以艺术教育课程为主线，结合不同专业人才培养特点和专业能力素质要求制订课程计划，实施各具特色的教学方法及考核方式，有效提升学生的人文素养和艺术实践能力。这是各专业人才培养方案的重要组成部分。合理的高校美育课程体系应"确立必修课与选修课相结合的双层课程设置模式，在设置必修课的基础上，设置不同类型的选修课，这样高校美育课程的设置才更趋于健全、完善"①。由此可见，美育必修课程是高校美育课程体系的重要组成部分。

与体育和德育相同，健全的高校美育课程体系中也应当具备美育必修课程。然而，目前我国诸多高校并没有开设美育必修课程，甚至对美育的修习不作要求。高校美育课程大多以选修课的形式开设，课程类型包括鉴赏类、理论类、技艺类和史论类，其中以鉴赏类课程居多。学生大多是在不具备一定美学和艺术基础的情况下直接进行艺术的鉴赏，这并不能达到鉴赏的真正效果。

因此，在进行高校美育鉴赏类、技艺类、理论类和史论类课程的学习之前有必要掌握基础的美学和艺术的知识。美育必修课程也是高校美育基础性课程，为以后的美育课程学习打下基础。此外，高校学生受时间和精力的限制，在高校学习期间大多只会选择1~2门美育课程，甚至有的学生不会修习美育课程；而学生在选择时也多是以兴趣为主，不会考虑几门课程之间的连贯性。为了保障学生具备最基本的审美素质，确保每位高校学生都能拥有一定的审美体验，美育公共基础课程就显得尤为重要。在美育课程的构建与实施中，美育课程内容起到了重要的支撑作用。因此，课程内容的设置决定了学生获得的知识、能力、素质的方向。选择有时代性的、经典的和符合学生特点的美育内容，并对内容进行合理的组织，才能有效实现美育目标，促进学生审美素质的发展。

综上所述，高校美育课程应以审美和人文素养培养为核心、以创新能力培育为重点、以中华优秀传统文化传承发展和艺术经典教育为主要内容，探索构建网络化、数字化、智能化、线上线下相结合的课程教学模

---

① 张占国：《试论高校美育课程体系建设及教学问题》，载《北方工业大学学报》2002 第 2 期，第 43-50 页。

式，与相关专业课程有机融合，深度启迪学生的道德理想、成才抱负及创新意识，在推动"新文科""新理科""新工科""新医科"等人才培养改革中发挥了积极作用。

第四节 新时代高校学生美育工作的实践育人属性

一、推进实践育人，展现"以美育人、以文化人"的现实方式

实践育人是指在夯实理论基础上通过实践的开展和动手能力的培育，加速学生对课本知识的形象化记忆与内部转化，大幅提升学生学习成效和教师教学绩效，尤其是帮助学生加强解决实际问题的能力，使他们有机会得到自由、全面发展的过程。实践能有效解决知识内容和思维方式之间的转化关系，实现认知在内容与形式上的最终统一，从而有效解决个体理论辨识与行为内化的关系，确保个体在知行合一中步入追求真、善、美的人生成长新境界。

实践育人往往是创造美、表现美的过程，通过实践，受教育者可以掌握实践知识，其动手能力和水平也可以得到提高。同时，美也反作用于实践，美育会引导人关注什么是美、如何审美、怎样创造美，有助于人更多地掌握生产劳动规律，更好地讲文明、懂礼貌，更好地保持良好的生产、劳动秩序和生活环境。

新时代学生美育工作以开放的姿态活跃于校园、融入社会，通过设计实践内容、搭建实践平台、完善项目管理、创新实践形式而提升学生艺术实践和服务能力，教育引导他们在亲身体验和参与中扎根时代生活，丰富创造思维，陶冶高尚情操，树立家国情怀，追求和谐人生。这种贴近生活实际和个体发展需求的教育启发学生在思考中自主抉择和积极行动，不仅是提高学生审美素质的重要教学环节，也是以美育人、以文化人最真实、最生动的实现方式。

新时代高校学生美育工作的实践包括课程、活动，也包括背后的机制搭建、资源配置调度等。美育实践活动是培养大学生优良品格不可缺少的方式，是大学生自我良好素质养成的重要途径。美育实践的目的在于对学生的审美加以影响，促进其对审美的表达与运用，从而实现大学生的全面

发展。美育实践使学生攻克学习难关，在遇到挫折困难时能用一种良好的心态去面对，从而正确处理好家庭关系、同学关系和社会关系。

高校美育实践是一种有目的、有计划对学生实施的审美教育活动。它重视学生实际参与活动的过程，增加学生审美实践过程中获得的经验，使大学生能将这些经验运用于实际生活中，能用审美的眼光看待生活，达到美育展现的目的。习近平总书记指出，要从以美育人的角度出发，在具体实践中抓住美育、展现美育、落实美育。就高校层面来讲，要肩负这样的责任，应彰显美育理论与学术水平。高校美育实践需要美育环境的熏陶，需要以发展美育的实际规律作为向导，还需要具体的教育方针和决策，从而正确的引导高校开展美育，使学生发现美、欣赏美与理解美，获得感知美、体验美与收获美的机会，达到以美育人的目的。高校美育实践应充分发挥高校的引领作用，以服务决策导向，利用高校人才优势与学科优势打造高校美育综合研究场所，开展实践服务活动，借助学校艺术教育，推动学校美育发展。

二、推进实践育人，践行新时代高校学生美育工作路径

与实践育人一样，美育作为全人教育不可或缺的重要部分，一直以来受到党和国家的高度重视。美育作为学校培根铸魂的工作之一，对引导学生发现美、欣赏美、创造美有积极的促进作用。大学生美育同思想政治教育都是高校素质教育的重要内容。美育是社会主义全面发展德智体美教育的重要组成部分，没有美育的教育是不完全的。同时，美育和思想政治教育在内容上有着不可分割的联系，思想政治教育在内容上同美育体现了统一性。[1] 因此，高校在实践育人的过程中，将美育融入实践的各个环节，可发挥相得益彰、相互促进的作用。

（一）新时代高校学生美育工作是深化实践育人内涵的重要基础

实践育人是有机统一的教育体系结构，既包括更加重视实践教育的现代教育理念，也包括围绕这一教育理念而产生的多种活动形式和教育方式的总和。美育是德智体美劳"五育"并举的重要一环，已成为高校人才培养体系的有机组成部分，在人才培养过程中具有不可替代的作用。

---

[1] 参见原平《美育与大学生思想政治教育》，见吉林大学2012年硕士学位论文。

(二) 新时代高校学生美育工作是创新实践育人形式的客观要求

党的十八大以来,党中央高度重视高校实践育人工作。实践育人是高校进行教育教学的重要途径,可以有效推动育人工作迈上新台阶。近年来,各高校在拓展实践平台、完善实践机制、扩大实践覆盖面以及开辟线上实践阵地等方面做了很多有益的尝试,取得了较好的效果,但是,作为实践主体的大学生的主观能动性还有进一步激发的空间。美育能够关注人的情感与体验,并具有转化性功能,在实践育人过程中融入审美活动等美育形式,通过启迪、鼓励和关怀等方式,能够激发大学生认知世界的兴趣和注意力,提高综合素养,从而改变思维方式。形象思维方式有助于锻炼人的观察力、想象力和创造力,为不断创新实践育人形式奠定良好的基础。

(三) 新时代高校学生美育工作是提升实践育人效能的有力保障

实践育人是高校培养有理想、有本领、有担当的时代新人的有力抓手。提升实践育人效能是一个复杂的系统工程,涉及实践育人工作理念的改进、过程管理的完善等多个方面,其根本目的在于提升大学生主体的满意度,使其更符合社会和大学生主体对实践育人本身的需求。大学生正处于道德孕穗、能力拔节和思想成熟的关键阶段。教育家蔡元培说过:"有健全之身体,始有健全之精神;若身体柔弱,则思想精神何由发达?"[①]这就要求美育与实践教育相结合,既要劳其筋骨,也要丰盈其精神。美育可增强实践育人工作的情感基础,充分调动大学生主体的审美兴趣和愿望,引起内心的强烈共鸣,变被动接受为主动参与,使大学生在欣赏美和创造美的过程中增强认知、思考和判断能力,更好地控制情绪和思维,理性地分析问题、解决问题,更好地明辨是非、站稳立场。将实践教育内化成为一种内心需求,美育工作有效地增强实践育人的效力,巩固实践育人成果,达到事半功倍的效果。

---

① 蔡元培:《在南开学校全校欢迎会上演说词》,见高平叔编《蔡元培教育论著选》,人民教育出版社2017年版,第102页。

第四章　新时代高校学生美育工作的现实维度

第一节　新时代高校学生美育工作的构型

一、美育教学的硬件环境

高校美育教学的硬件环境包括美育教材、教学机构设施、校园环境等，它们都是美育教学发展的基本支撑。我国各地区美育资源不均衡，学校之间存在差异性，在师资配备、教学设施投入等方面，重点高校资源相对更为丰富。而部分高校的硬件环境还存在着教学基础设施落后、校园美育环境陈旧化、缺乏专门场馆的建设、景观设施与硬件配置不完善等问题。因为美育硬件环境的不足，使得部分高校美育课程的开展只是以完成固定的教学任务为目标，教学质量较低，课程体系存在空心化倾向，难以吸引学生，美育工作开展的效果也难以保证。

加强美育硬件环境的建设，首先要加强美育教材体系的建设。高校使用的美育教材，大多是归属某一门类的艺术鉴赏，如《美术鉴赏》《音乐鉴赏》等，比较单一。少部分高校虽也有包括各门类艺术鉴赏的教材，但这类教材有的缺少基本的美学知识，有的则是以零散的文学作品拼凑成书，存在如断裂了艺术的历史演变过程等问题。因此，高校美育教材应从四个方面予以加强：一是教材的构架整体要全面，二是要注重历史沿革的连贯性，三是能够引导学生科学的审美，四是教材的文笔要清新活泼、深入浅出。

其次要加强高校美育教学机构的建设。高校美育教学机构的不完善会影响整所学校的美育水平，尤其是教学基础设施的建设。高校应加大美育教学基础设施的资金投入。同时，高校美育教学机构应具有相对的独立性，以保证其可以直接参与学校整体美育规划的制订和美育活动的实施。

最后要加强高校校园环境的建设。高校校园环境本身就是一种文化，是实体性的文化。在美育活动中，校园环境会影响到学生的心灵、情绪，优美的校园环境会使学生感到心旷神怡、心情愉悦。美化校园环境需要在总体规划上考虑周全、布局合理，应在适当位置设置美育相关的景物、设施，营造美育文化氛围。

二、美育教学的素材库存

信息传递、交流的便利使网络化生存成了人们尤其是青年大学生生活的重要特点。新媒介极大地扩展了美育学习的案例库，拓展了学生对生命体悟与生命呈现的维度。新时代背景下的美育教学素材库数量呈现井喷式增长。与此同时，美育教学也需要注意新时代下信息极大丰富导致的大量素材质量参差不齐的新困境。

第一，"互联网+"时代下，美育素材云服务体系初步形成。数字化存储为美育建设提供了丰富的资源，例如，众多博物馆、美术馆大都可以通过官方网站来观展，一些专业的艺术品网站会搜集、整理、展示相关种类艺术家的作品，新媒体可以更加生动地展现艺术作品。这使得大学生欣赏艺术作品更便捷。此外，各高校也可以整合各专业力量，以网站建设的方式建立美育教学资源库，引入艺术课程，充分发掘文学、音乐、美术等美育教学资源，满足学生学习、欣赏的需要。这种"互联网+教育"使得具有复杂性、碎片化特点的教育资源配置达到最大优化和公开化，提升教育资源的共享程度，在极大程度上丰富了美育教学的素材库存。更进一步而言，学生只需要将一个移动终端登陆、接入互联网，就可以挑选心仪的学习内容。"互联网+教育"可以将已有的优质教育资源的价值和作用发挥到最大。

第二，"数字媒体"广泛发展的今天，美育资源信息交流体系初步完善。"互联网+教育"可以加强跨地区、跨行业、跨时间的合作交流，促进资源的流动与共享。这不仅可以丰富资源的内容，减少资源的低水平建设，还可以缩小甚至消除传统上因地域、时空和师资力量上差异所导致的教育资源上的鸿沟，如此任何人在任何地方、任何时候，都能接触到相同的优质资源。同时，在教学方法上提倡混合教学模式，追求线上学习与线下学习相结合，充分借助互联网等新媒体的便利，培养学生利用数字化美育资源库主动学习、自我建构的意识。通过线上方式可以实现迅速且明确基础性知识的定义和讲解，解决疑惑，课堂教学给学生展示更多精细挑选的素材珍品提供深层次学习，为学生们提供充分的讨论和自我展示的空间，激发学生的想象力和创造力，多角度提升学生的审美素养。

第三，新时代下，传统文化美育资源库体系初步建设。中国古代艺术不仅以鲜明的民族特色立身于世界艺术之林，而且推动了世界其他民族艺术的发展。在新时代信息洪流下，想要建设美育资源库应当特别注重对中国传统文化、地方文化资源的开发利用。各高校所处地区传统文化氛围浓厚，在戏曲、绘画、音乐、剪纸等民间艺术方面都存在极为丰富的美育教学资源。高校应积极与地方文化部门取得联系，进行美育资源调查、整理与资源库共建。

综上所述，美育教学素材库在完成了新时代背景的身份转换之后，还需要做出更多的探索、调整和改进，以适应未来不断演化更新的美育理念。

三、美育教学的主体

我国高度重视美育工作，将学校美育工作摆在突出位置。为贯彻习近平总书记关于教育的重要论述和全国教育大会精神，进一步强化学校美育育人功能，高校教育应以课堂教学为主渠道，设定一定数量和品种的美育课程，特别是艺术课程教学，充分发挥高校美育不同于家庭美育、社会美育、中小学美育的优势，提高教育质量和效果。

对于高校美育教学，其面对的对象是高校学生，由于他们分属不同类型的院校和专业，来自不同的地区和家庭，有着不同的文化背景，因此，高校开设的一些相关课程就需要因材施教，满足不同学生的现实审美需要，以符合学生水平和时代需要，从而体现其人性化、个性化的特点。

美育课程的建设需要构建审美化教学、网络自主研习和课后审美实践"三位一体"的主体化教学体系，将这三者有机结合以完善主体化教学的构建。美育教学首先要实现课堂教学审美化，即要以课堂为教学平台，实施审美化教学，以实现审美交流；其次是自主研习一体化，学生可以借助网络自主学习，通过视频的画面和讲解可以获取比传统课堂教学更丰富的审美信息；最后是审美实践主体化，所谓"实践出真知"，除了课堂教学，高校学生应主动参与审美实践，在实践活动中可以利用学生社团、大学生素质拓展活动和暑期实践活动，充分发挥主观能动性，提高自身审美意识。

第二节 新时代高校学生美育工作的挑战

一、美育培养地位边缘化

由于我国在中小学阶段学校较少开设艺术类课程，对学生美育培养不足，这往往需要到大学阶段进行"补课"。教育的选拔功能倾向于关注一部分成绩优秀的学生，注重培养、开发和训练学生的应试能力，而在一定程度上忽视了学生审美能力的培养。部分高校存在审美教育起步较晚，美育课程的设置缺乏系统性、因人设课、因场地设课等现状。加上高校的毕业生往往面临着就业等众多压力，高校大多侧重于对专业技能和对促进就业更能产生直接影响的教育内容。另外，大学生们也普遍存在对其自身发展目标的"功利化"的趋向，比如面对就业的压力，学生可能会将精力更多地放在促进专业技能和求职技能的提升上，而不积极主动参加美育活动，使得美育教育影响作用很难到位。尽管很多高校为了活跃校园氛围，也开展了一些艺术类的校园文化活动，但没有美育底蕴支撑的艺术活动质量不尽人意。美育课程教学在教学管理、课程地位、教育实践、教学师资、教学设施、学生观念等各个方面共同作用的结果，集中表现为对美育课程教学不足，致使美育在学校教育中呈现边缘化倾向。

二、美育课程设置空心化

高校在人才培养中普遍面临的另一个问题是美育课程设置空心化。由于部分高校对美育缺乏正确的认知，在学生的培养过程中长期重智育、轻美育，以致学生存在审美能力不高、人文教育认知较浅等现象。

首先，部分高校对美育的认知比较狭隘，在美育课程中仍将艺术教育与美育等同，盲目地认为音乐、舞蹈、美术等学科的技能培训就是美育。但美育的核心不是艺术教育，艺术教育只是美育的众多表现形式之一。其次，部分高校受专业的美育师资队伍缺乏、基础教学设施落后、美育课程评价体系不完善等一些客观条件的限制，难以开设面向全体学生的美育基础理论课程，也难以为学生提供音乐、美术、舞蹈、戏剧等充足的美育教学资源，开展美育课程客观存在一些困难。最后，美育教师的专业性问题突出，优质美育师资缺乏，部分美育教师存在工作积极性不足、主动性不足、教学能力不足的问题。部分高校美育课程的开展以完成固定的教学任务为目标，教学质量较低；美育课程体系存在空心化倾向，难以有效吸引学生，学生感知美、鉴赏美、创造美的能力不足，美育工作开展情况较差。

针对上述种种情况，高校应打破思维定式，建构完善的美育课程体系。在课程设置上，应结合不同学科的特点和优势，完善美育课程体系。同时，应加强美术、音乐、舞蹈等通识美育课程之间的联系，不断提高美育教学水平和质量；通过丰富全面的美育课程教育，帮助学生了解美育的目的，发现事物的审美特征和规律，让学生在其中汲取精神力量。此外，美育课程还应把握时代脉搏，选用符合时代主旋律的美育内容，以促进学生政治品质、道德面貌和思想感情的健康发展。

三、美育教学计划落后

高校美育的教学主渠道为课堂教育，因此，开设丰富多样的美育课程对于提高在校生的鉴赏能力和实践效果十分重要。例如，清华大学为在校生开设了"音乐史"等选修课，开展乐理基础知识和舞蹈形体等课程，受到了学生的广泛欢迎。总结近年来高校美育教学的成功经验有三方面：一是授课对象包含本科生和硕士、博士研究生，全培养层次开展美育教育；二是开设不同领域的美育教学选修课，并适当提高美育类选修课的学分；三是美育课程开展质量较高、课程内容丰富，其包括了赏析、史论和技艺等。

但是，大多数高校在美育教学安排方面存在着较大差距，突出表现在：教学思路不明确、教学课程内容单一，教学计划多年不变，没有将美育教学课程与专业课程有机结合，也没有体现出交叉学科内容的优势。部分高校课程设置老旧，学生甚至没有自主选修美育相关课程的机会。教学方法仅限于讲授法、讨论法、鉴赏法等，这些方法存在学生参与感弱、师生互动少和学生思考维度低等不足。而国外常采用的教学方法有发现法、范例教学、暗示教学法、程序教学法、案例教学法、"探究—研讨"教学法、问题讨论法等，这些方法通过"学习评估""案例分享""在线思考"等教学思维，在教学过程中达到了事半功倍的成效，发挥了因材施教的优势。因此，汲取并内化多种美育教学方法，创建出具有中国特色的先进美育教学计划对推进高校美育教学具有重大意义。

四、美育实践活动辐射力不足

许多高校的美育实践活动的辐射力存在明显不足。主要体现在四个方面。一是硬件设施不足。由于对美育的重视程度不高，经费投入偏少，对于美育实践活动所需的场地、人员、经费、设施等缺少投入，难以满足要求。二是理论课程多于实践课程。对"实践"的理解与践行不够充分，致使学校不能构建良好的实践活动平台，不能寻找到美育实践课程在高校具体实施的良策。三是质量体系不健全。如缺少对美育第二、第三课堂的开发，对于前沿科技与艺术的融合缺乏涉猎，与时代接轨不紧密。四是定位不明确。如缺少对美育的顶层设计和工作指导，没有完备的美育培育体制和保障机制；缺乏对专业教师进行系统的美育方法培训，使得美育实践活动开展后劲不足。

五、美育环境营造创新力缺乏

美育教学应以满足学生的选择权和调动其主动性为着力点，因材施教且富有创造空间地去营造良好的美育环境。氛围良好的校园文化是激发大学生主动参与、积极实践美育活动的催化剂。校园文化可分为校园环境的建设和校园美育活动的开展，其中，校园环境可分为物理环境和人文环境。能体现劳育之美和自然之美的物理环境和可促进自我道德规范的人文环境具有不可忽视的美育功能。

部分高校的校园环境规划老旧，缺乏高等院校应有的艺术氛围和美学气质，仍需加强基础规划和建设。此外，还有一些高校缺乏有效且新颖的改善学风、教风和人文氛围的办法。一些高校校园文化活动多以社团或学生组织牵头，活动参与人数有限且影响范围小，高校亟须将美育工作具体落实到各职能部门，工作职责进行细化分配，搭建校内共建美育大平台，不断激发教师和学生的主动性和创造能力。总之，富有创造力地营造美育环境的方法能很好地推进教学与实践，这种正向反馈有利于培养新时代特色社会主义德智体美劳全面发展的高校新生力量。

六、管理模式的影响

在素质教育中，美育不可缺少，高校以立德树人为根本任务，在日益改善的美育教学管理模式下，美育也正在逐渐发挥它强大的作用和影响。完整立体的教育体系能够积极推动美育工作的良好运行，达到培养学生人文素养的目的。在美育开展过程中，美育的教学模式应该是循序渐进的，并且应该从多方面多角度对学生进行引导和教育，不能单一停留在过去传统教学模式中。可喜的是，各高校都在深入开展特色美育课程建设，而且大部分高校都设置了专职机构来管理高校公共美育事务，并通过试点取得了一些成效。

高校美育工作的最终目的不仅是培养人认识美、鉴赏美和创造美的能力，更是为了在物质经济逐渐丰富的时代，解放人的精神，使人取得内在和外在的自由。高校应该结合自身教学实际情况，最大限度地发挥美育在素质教育中的优势，研究并探讨美育对提升学生综合素质的重要性，培养学生形成良好的审美修养，以此来构建良好的高校文化环境，为国家和社会输送更多兼具专业文化知识和良好行为品行的优秀人才，提高我国高校人才教育质量。

七、教学地区差异的影响

在我国，各高校开展美育教学的水平参差不齐，主要原因在于美育课程体系的建设没有统一标准。我国各地区域经济和文化发展不平衡，导致美育资源分布不均，学校之间差异较大，在师资配备、教学设施投入等方面，"双一流"大学与重点高校的资源相对更为丰富。有些高校的美育课程非常受学生欢迎，但由于美育人才的短缺、师资力量有限、课程资源容量有限，导致许多学生无法充分受到高质量的美育教育。

教学地区差异对美育的影响难以在一朝一夕完全消除，需要国家与高校一起同心协力，不断改进美育课程的丰富度，增强美育的影响力，共同创建符合学生能力水平和时代需要的且能体现人性化、个性化，有效地提高学生的审美素质和艺术修养的美育课程建设。

八、参差的教学水平的影响

　　国内高校的美育教学工作虽然已经取得了极大的进展，但是对比不同地区、性质规模的高校，美育教学表现出不均衡、不协调的特点。除了艺术类院校，高水平的美育教学主要集中在综合性院校中，而理工类、医科类等院校在美育课程建设上会遭遇一定阻力，因此，其美育教学水平在一定程度上会落后于综合性院校。

　　这种教学上的差异可能会产生不利影响：一是造成教育上的不公平。由于美育教学水平参差等各种原因，各高校在美育课程建设上无法保持同步。好的美育教学资源往往集中在少部分高校中，而其他高校的学生想要获得高水平的美育教学资源并不容易。二是形成人才质量差距。美育是高素质人才培养的基石，美育教学培养审美意识、文化素质、道德观念的功能是其他教学无法替代的。而好的审美意识、文化素质、道德观念也正是社会所看重的，这些也是衡量人才质量的要素。因此，高校美育教学水平的差异在一定程度上导致了人才质量的差异。三是未充分利用美育教学资源。各高校间美育教学水平的差异归根结底还是美育教学资源的配置不均衡所导致的。学校应根据自身特点，重点发展或引入一些优质的美育课程，搭建平台以实现美育教学资源的共建共享，以实现教育资源配置的优化。

九、传统考评方式的影响

　　教育评价是指在一定教育价值观的指导下，依据确立的教育目标，使用一定的技术和方法，对所实施的各种教育活动、教育过程和教育结果进行科学判定的过程。多数高校美育课程的改革路径是依照国家政策找出口。高校基于提升办学影响力的考虑，会将工作重心放在提升学科教学质量、研究科研课题、引入硬件软件上，从而忽视了办学是为了促进学生的全面发展，没有构建与美育课程相匹配的实施和评价体系，尤其是课程考评机制并不完善，依赖于传统考评方式，存在只看重学分结果而忽略过程体验的情况。专业学科教师也没有将美育与其他学科进行融合，美育潜移默化的功用也渐渐被忽视。传统的考评方式在实际操作过程中存在的问题主要表现在以下两个方面：一方面，考评标准单一且过于量化，忽略艺术学科的特性。在对美育进行教学效果评价时，未充分考虑美育的学科特性并将其影响因素纳入标准编制，而是仍沿用其他学科的标准，作业与考勤仍是主要考核方式。另一方面，缺失考评反馈机制。应该尊重教师教学差异性，教师根据不同班级情况可实施不同的方法等，评价机制也应当相应有所差异，以便得到相对客观的数据。通过评价结果的反馈，有效指导激励教师不断探索改善美育教学的效率和质量。

第三节 新时代高校学生美育工作的机遇

一、强化高校美育工作规范性

（一）教学思路的规范性

坚持弘扬社会主义核心价值观，强化中华优秀传统文化、革命文化、社会主义先进文化的教育，引领学生树立正确的历史观、民族观、国家观、文化观，陶冶高尚情操，塑造美好心灵，增强文化自信；坚持将美育与学科教育、学生特长结合起来，不仅要关注美育知识、技能的发展，还要关注学生意志、品质、涵养的提升。既要继承优秀传统文化，增强学生民族复兴责任意识，又要兼顾学生身心综合素质提升，坚定学生价值观、必备品格、关键能力的全面发展。

（二）课程设置的规范性

高校美育课程应以艺术课程为主体，主要包括音乐、美术、书法、舞蹈、戏剧、戏曲、影视等课程。高校应开设以审美和人文素养培养为核心、以创新能力培育为重点、以中华优秀传统文化的传承发展和艺术经典的教育为主要内容的公共艺术课程，并以此强化学生文化主体意识，培养具有崇高审美追求、高尚人格修养的高素质人才。

（三）教材编纂的规范性

编写教材要坚持马克思主义指导地位，扎根中国、融通中外，体现国家和民族基本价值观，格调高雅，凸显中华美育精神，充分体现思想性、民族性、创新性、实践性；围绕课程目标，精选教学素材，丰富教学资源。高校应落实美育教材建设主体责任，做好教材研究、编写、使用等工作，探索形成以美学和艺术史论类、艺术鉴赏类、艺术实践类为主体的高校公共艺术课程教材体系。

（四）师资队伍建设的互补性

高校应全面提高美育教师思想政治素质、教学素质、育人能力和职业道德水平。高校美育师资队伍建设在强化个体自身综合素养的同时，还应强调教育资源的优化整合、资源配置最优化，强调团队成员间的优势互补、合作共享与互融作用。高校可成立美育类通识课程师资库，进行开放、动态管理，并引入激励奖惩机制。教师应在帮助学生掌握必要基础知识和基本技能的基础上，着力提升学生文化理解、审美感知、艺术表现、创意实践等核心素养，帮助学生形成艺术专项特长。

二、强化高校美育工作融合性

美育是融合了美学、教育学、心理学、伦理学等学科，综合了艺术、人文、审美、情感教育于一体的教育。美育的综合性和实践性决定了高校应强化美育工作融合性，树立学科融合理念，将与时俱进的思想融入美育工作。树立学科融合理念需要高校加强美育与德育、智育、体育、劳动教育相结合，充分挖掘和运用各学科蕴含的体现中华美育精神与民族审美特质的心灵美、礼乐美、语言美、行为美、科学美、秩序美、健康美、勤劳美、艺术美等丰富美育资源。做好美育工作融合可分为以下三个要点。

（一）推进美育工作与课程教学融合

将美育教学内容有机融入各类课程教学，同时将其纳入入学教育、实习实践等环节，形成美育教学内容的全面覆盖、总体贯穿。不同高校可根据自身办学特色，有特点、有方向、有选择地在教学体系中融入美育课程，在提高学生美学素养的同时，提高其学术与人文素养。

（二）推进美育工作与社会实践融合

构建校团委、院系、学生社团联动机制，力求形成美育活动百花齐放的新局面。高校应积极建设高水平大学生艺术团，为学生美育创建多元化实践活动平台；应根据学生的兴趣、爱好等审美需求开展相应的课外实践活动，为学生提供个性化美育培养，组建学生兴趣团体，鼓励学生进行自我美育；还可将创新创业与美育相结合，通过创新创业项目、各种竞赛活动促进美育教学，促进学生欣赏美、创造美。

（三）推进美育工作与校园文化建设融合

将美育时时刻刻渗透在校园环境中，学生才能更好地认识到美育文化的重要性。高校应推进以文化人，将传统文化与美育相结合，推动校园文化活动的建设与开展，强化学生的文化主体意识和文化创新意识；实现环境育人，建设优美校园环境，增加人文景观，营造浓郁人文氛围，支持学生开展文化活动，增强学生对美育的体验感和以美育人的实效性；营造良好美育氛围，广泛开展歌唱比赛、书画比赛、摄影比赛、微电影大赛等艺术类活动，展示学生艺术水平，渲染校园艺术氛围。

此外，美育工作还应与时俱进，在实践中不断调整以适应国情发展，适应社会对人才培养的需求。高校美育工作应与科技融合，多元化地开展教学工作，着重于学生健全人格的培养，注重于学生身心健康发展的教育。美育工作应承担起帮助学生健全人格、辨别文化真伪、培养文化自信、正确认识世界的重任。

三、强化高校美育工作创新性

近年来，高校美育创新建设工作发展迅速且成果丰厚。高校美育工作的创新主要体现在理念创新、课程设置创新、教学方法创新、评价机制创新等方面。

在美育工作理念上，传统的高校美育课堂教学中存在很多只注重理论知识而忽略审美实践的现象。美育工作应当做到与时俱进，理论与实践相结合。高校要不断加强改革与创新，与办学特点和学科建设相结合，构建与人才培养目标相匹配的美育课程体系。

在课程设置方面，新媒体技术的不断涌现，使得美育教学拥有丰富的资源库，给高校美育工作的创新提供了较好的资源基础和交流平台。高校美育工作要紧扣时代脉搏，广泛而精准地利用好新媒体手段实施教学。有些高校整合各专业力量，以网站建设方式建立了美育教学资源库，引入艺术课程，充分发掘大学文学、音乐、美术等美育教学资源的做法值得借鉴。如有高校打造云端课程，开设"走进艺术"线上微课，开展国民美育素养提升系列慕课，线上收获了万人次以上的观看次数。还有些高校依托校内外美育资源，在本科生人才培养方案中推行的"文化素质教育核心"课程，打破学科界限，以美育通识教育促进学科交叉、文理渗透，全面培养复合型人才。

在教学方法方面,某高校开展美育课程改革,开拓"一院一品"精品项目,创新开展"理论+体验+评价"的立体化美育课程教学模式,打破了传统的"老师讲授,学生被动接受"的单向教学模式,将教学内容从艺术鉴赏层面扩展到艺术评论方面,结合美育实践让学生真正"走进艺术",教师也因此受到启迪,为今后教学模式不断创新带来灵感;某理工院校将艺术设计的思维方式与理工科学生的实际需求相结合并定期开展博雅美育系列讲座,邀请名师入校,为全校学生提升艺术素养与形式审美观念打下坚实的基础。

在评价机制方面,首先,要转变美育考评理念,做到强化美育过程评价,针对评价标准等问题进行分类设计,以保证美育评价的科学性和客观性;其次,对美育考评标准,既要尊重课程的规律和共性的教学要求,也要结合不同专业的教学模式、教学风格、教学方法的特殊性来区别设计评教指标,要立足课程设计实际,间接评估美育教学的质量,侧重对学生学习效果、动机水平的考查;最后,在美育考评反馈工具方面可引入座谈、调查问卷等多元化形式,覆盖教师发展、学生发展等环节,应注重定性与定量相结合、宏观总结与微观分析相结合。

四、强化高校美育工作人文性

人文性,是当下美育工作亟待强化的一方面。美的本质是人的价值的实现,美育的终极目标是人文关怀。2018年8月30日,习近平总书记在中央美术学院成立百年的校庆到来之际,给中央美术学院8位老教授的回信中指出,要"做好美育工作,要坚持立德树人,扎根时代生活,遵循美育特点,弘扬中华美育精神"的时代课题。①

如何强化美育工作的人文性?美育课程应凸显中华传统美育中的德性修养与品格培育,强调美育人文化成之功能,重实践、重反馈。作为一个新型的教育理念,"美育"一词表面看过于专业化,如果不对其解释很难真正明白其含义,只有时时刻刻渗透在校园环境中,学生才能认识到美育文化的重要性。大学生的良好人文素质的养成与健康心灵的建立都是在校期间完成的,学校应重视对教学环境的营造,同时也应该重视学生身心的

---

① 参见《习近平给中央美术学院老教授的回信》,见中国网(http://news.china.com.cn/2018-08/30/content_61111287.htm)。

发展。大众文化降低了学生去创造新鲜事物的能力，阻碍了学生审美的形成，因而高校需要通过美育课程帮助学生发现存在的问题。高校也应加大美育经费投入，丰富美育资源，加大美育教学与活动条件的建设力度，营造更优质的美育环境。如在加强场馆建设方面，高校应充分发挥场馆等设备设施的功能，满足美育教学和大型艺术活动需求。在经费保障方面，高校应从教育经费、基本科研经费、学生活动比赛专项经费等方面对美育工作提供经费支持。

建立高校美育课程体系是一项复杂的工程，虽然基础薄弱、任务繁重，但只要我们瞄准目标，不断解放思想、实事求是，就一定能克服困难，构建一个合理的、先进的高校美育课程体系。

第五章　新时代高校学生美育工作的实施路径

路径在不同的领域有不同的含义。其本意为从出发地到目的地的路线，喻指办事的门路或办法。笔者认为，新时代高校学生美育工作的实施路径是"能够实现美育工作目标的方式方法"。在大学美育的具体教育实践中，各高校创造了多种美育方法，比如，知识传授、实践体验、环境熏陶、自我教育、情感共鸣和朋辈交流等，或者是以上方法的综合运用。[①] 结合当前大学美育工作实施路径的现实问题，笔者认为，在高校实施美育工作，要以第一课堂教学、第二课堂活动以及校园文化和环境的熏陶为主要路径。

第一节　第一课堂的教学活动

第一课堂在学校教育中处于核心地位，高校的主要教育活动是第一课堂，教育的目标、价值主要通过第一课堂来体现和实施。有学者提出"美育是德智体各育的综合中介"，认为"美育目标的达成与其他各育人工作一样需要基于理论阐释和探究的教学环节和学科支撑"。[②] 也有学者提出"美育教学本体论"，认为"美育就是美育教学，美育教学就是美育，美育教学就是美育实践本体之所在"。[③] 因此，通过第一课堂的教学活动对学生进行审美、鉴赏美、创造美的教育，是学校开展美育工作的基本实施路径，也是主要形式和主要渠道。美育的第一课堂教学不是一门具体的课

[①] 参见金昕《当代高校美育新探》，商务印书馆2013年版，第233页。

[②] 胡琦、张凡：《文化育人视域下高校美育工作的机理及策略》，载《浙江理工大学学报（社会科学版）》2019年第2期。

[③] 李田：《论美育教学——兼及"教学育人"倡导与"欣赏教学"模式提出》，见中华美网（http://www.zhonghuameiwang.com/api/mxmy/detail.html?id=532&type=3&p_id=497）。

程，而是一个综合的、完整的、多层次的立体课程群。该课程群包括三个层次：第一层次为美育基础理论课程，第二层次为文化艺术类课程，第三层次是其他美育相关学科课程。

一、美育课程的课堂教学

（一）美学和美育的基础理论课程

美育课程不同于单纯鉴赏，它以美学这门学科为理论基础，同时还与教育学、艺术学等学科紧密联系，具有一定的理论性。高校美育课程是面向全体学生的通识教育课程和基础素质教育课程，应该选择最有指导意义的美学入门基础知识，揭示美的规律，介绍美学知识，让学生懂得美的存在形态以及人类审美活动的过程，为学生的审美鉴赏和树立正确的审美观奠定基础。通过对美的基础知识的学习，学生认识美的本质、美的内涵、美的特征、美的形态和范畴，才能做出审美判断并树立正确的审美观。在课程设置方面，可以设置美学基础、美学原理、美学史、艺术学史等理论类课程，讲授审美基本理论、审美方法，提高学生对美的认识与分析能力，使其树立正确的审美观和审美理想。

（二）文化艺术课程

高校文化艺术教育是使受教育者具备基本艺术审美修养的教育。通过将各类经典艺术中最有育人价值的、最典型的、最有审美价值的各种美纳入教学，借助艺术作品的独特性来启迪学生、感染学生，使学生直观地听到、看到这些美和艺术，并获得相当的美感和艺术感，以至在教学全过程中产生更多的美感、艺术感和心理积淀。文化艺术作品能以美、生动的形象去感染学生并激发学生，在善与美、情与理、言与行的体验中形成美的评价能力和创造能力，引导感受美、观察美、追求美，进而创造美。

文化艺术课堂是高校美育课堂的主要实施路径，应该从教育目标、教学内容和教育形式三方面进行科学合理的设置与构建。

首先，在教育目标上，美育的根本目标是"对人的精神世界的陶冶，对心理结构的重建，乃至塑造健全的人格，促进人的全面发展"[①]。因此，文化艺术课堂教学的目标并非让学生获得结构化的知识，也不能停留在审

---

① 金昕：《当代高校美育新探》，商务印书馆2013年版，第247页。

美知识和审美欣赏的表层层面上,而应该让学生通过文化艺术内容的学习拓展知识背景和思维空间,获得基础性的文化知识、价值的认识论和方法论,使学生的智性思考获得独立性,唤醒学生的审美意识,提高学生的审美能力,使其人格获得宽厚的文化底蕴。

其次,在教学内容上,文化艺术课程涵盖文学、音乐、美术、书法、舞蹈、戏剧、戏曲、影视、园林建筑等内容,以文化艺术的鉴赏和批评类、历史和思想类、知识和技能类这三大类课程为主体。高校应该开齐开足上好以艺术课程为主体的美育课,着力打造一批基础核心课程,扩大教育覆盖面,同时要大力完善艺术课程体系,构建以审美和人文素养培养为核心、以创新能力培育为重点、以中华优秀传统文化传承发展和艺术经典教育为主要内容的公共艺术课程体系,① 重点培育一批以"艺术鉴赏类、艺术史论类、艺术批评类、艺术实践类"为主体的丰富优质的美育课程。此外,课程内容设置要符合教育发展规律和学生身心发展规律,要处理好知识、技能与素养的关系,也要注重兼顾广泛性、实用性和生活性,可以适当增强课程的生活性和实用性,如开设有关交往艺术、服饰搭配、食品烹饪等课程,帮助学生发现自然、生活和社会中各种各样的美。

最后,在教育形式上,要注重互动性和多样性,激发学生的人格自我建构意识。一方面,要注重教育过程的互动性,增加讨论式和启发式的课堂教学。在教学过程中,教师应注重师生间的交流互动,帮助学生把握审美对象,从感染、欣赏、探索、创造等方面引导学生认识文艺作品的艺术魅力,给予学生适当的理解、激励和启发,致力于启发学生展开丰富的想象,充分调动学生的自主意识,激发其审美创造力,进而激发学生在人格养成方面自我建构、自我建设的积极性、主动性和创造性。另一方面,在授课手段上应充分借鉴多媒体技术,充分运用音频、视频、图片等资源,使教学中涉及的艺术作品直观、形象地呈现在学生面前,以此来激发学生的学习和审美兴趣,发挥学生的联想力与想象力,充分调动学生的积极性,提高学生的审美体验,促进学生主体人格的自我养成和发展。

---

① 参见《中共中央办公厅 国务院办公厅印发〈关于全面加强和改进新时代学校体育工作的意见〉和〈关于全面加强和改进新时代学校美育工作的意见〉》,见中华人民共和国中央人民政府网页(http://www.gov.cn/zhengce/2020-10/15/content_5551609.htm)。

二、课程思政的美育教学

课程思政指的是以立德树人为根本任务,以构建全员、全过程、全方位育人格局的形式将各类课程与思想政治理论课同向同行,形成协同效应的一种综合教育理念。美育与德育不仅在教育内容上具有一致性,还在价值取向上具有统一性,统一于追求人的真、善、美,因此,本书将其他学科、其他课程中美育功能的发挥统称为"课程思政的美育教学"。

美育无处不在,美育是一种渗透在所有教育中的教育。蔡元培曾说美育的范围并不限于几个科目,"凡是学校所有的课程没有与美育无关的"。借助课程思政渗透美的素养是学校美育的重要途径。高校应充分利用课程思政教学来完善新时代的美育体系,将美育体系"与德育、智育、体育及劳动教育课程有序衔接,构建以德育美、以智审美、以体促美、以劳生美的美育体系,实现学校美育各环节的有效衔接"①。

课程思政的美育价值主要体现在以下两个方面。

第一,美育与德育、智育、体育、劳动教育在育人目标上具有一致性。"美育可以成为人格培养中知与意的中介,个人行为中自律与他律的中介,社会生活中科学与人文的中介,学校教育中德、智、体的中介。"②总之,美育与德育、智育、体育、劳动教育一样,其本质都是人性的教育,致力于培养行为健全、身心健康、全面发展的人,培养具有崇高审美追求、高尚人格修养的高素质人才。在大学生中开展审美教育,是学校各个学科专业、各个教育环节共同的责任,也是在学科专业教育中创造真、善、美的教育境界的共同追求。

第二,美育存在于诸学科的内容与形式的一切方面、一切环节。首先,课堂教学中的科学性和艺术性是相互渗透,相辅相成的。"美育不是外在的教育因素的一种'灌输'或'渗透',而是其固有因素的实践体现,一方面,诸育诸学科潜在的内容美与形式美的发现、开掘和展示,表现为美与科学一体、美与人文同在、认知与审美并进。"任何一门学科、任何一门课程都有它自身的美,都有它独特的审美因素和审美价值。另一

---

① 刘冲:《走出学校美育的认识误区——兼论学校美育的课程化实施》,载《当代教育论坛》2020年第1期,第35页。
② 王敏、曾繁仁:《高校大美育体系的现代化建构》,载《中国高等教育》2017年7期,第8页。

方面，高校教学各个环节乃至教育的全过程都蕴涵着丰富的美育因素。教学是一门科学，也是一门艺术。课堂教学是科学性与艺术性的统一，"教学艺术是教的艺术也是教学活动艺术"①。一堂优秀的课，不仅要使内容与形式、科学性和艺术性有机地统一起来，而且要呈现课堂节奏的韵律之美、语言表达的形象之美，给人以心灵的震撼，给人以艺术享受和美感愉悦，达到一种教起来使人感到愉快的艺术境界，能激起学生主体积极参与体验的兴趣、主动求知的欲望和热情，并唤起其想象和创造思维。由此可见，美育渗透于课堂教学中，并且与课堂教学是水乳交融、密不可分的，课堂教学中本身就蕴含着丰富的美育内涵。

第二节　第二课堂的美育实践

第二课堂的实践活动，是高校教学中十分重要的组成部分。与第一课堂的理论教学相比，实践教学对于学生全面素质的培养和技能训练的作用更为显著。第二课堂的实践活动打破单一的、平面的、封闭的以教师为中心的教学体制，突破单纯的知识传授和讲解，转变为以学生为中心，能够使学生激发更广泛的学习兴趣、获得更丰富的情感体验，进而有效提升其观察能力、想象能力、思维能力、创造能力和实践能力。

相较于其他人文教育，美育的实践性和交流性更强。习近平总书记指出："要更加注重以文化人、以文育人，广泛开展文明校园创建，开展形式多样、健康向上、格调高雅的校园文化活动，广泛开展各类社会实践。"②"实践性是美育的根本品格之一，需要遵循知行合一的实现路径。"③《教育部关于切实加强新时代高等学校美育工作的意见》提出，要"完善课程教学、实践活动、校园文化、艺术展演'四位一体'的普及艺

---

①　李田：《21世纪的美育理念》，见豆丁网（https：//www.docin.com/p‑1053932501.html）。

②　《习近平在全国高校思想政治工作会议上强调：把思想政治工作贯穿教育教学全过程 开创我国高等教育事业发展新局面》，见人民网（http：//dangjian.people.com.cn/BIG5/n1/2016/1209/c117092‑28936962.html）。

③　胡琦、张凡：《文化育人视域下高校美育工作的机理及策略》，载《浙江理工大学学报（社会科学版）》2019年第2期，第206页。

术教育推进机制"，要将"公共艺术课程与艺术实践纳入高校人才培养方案"。①

由此可见，在新时代的高校美育教学中，实践教学有着更为重要的意义。科学完备的美育教学体系不仅包括课堂教学，还包括各类美育实践活动。"美育中的实践体验法是指通过组织大学生参与各种审美实践活动，在实践中体验真实的美，从而提高审美能力，促进人格发展的方法。"②在美育教学过程中，通过积极引导学生参与艺术实践、审美实践，有助于促进学生将感知美、理解美、体验美、欣赏美向热爱美和创造美转化。

一、实践课程

实践课程是各学科实现美育浸润的重要途径。实践课程与各学科理论教学相互补充、相互作用。实践课程可以超越课堂、超越教材，让学生走出课堂，走出封闭的教学环境，走进自然，走入社会，在开放的、互动的、交流的审美实践活动中，在自然环境和社会情境中去感悟和体验美，从而逐步培养学生的审美意识，丰富学生的审美体验。

美育无处不在，美育人人有责。在新时代的教育教学过程中，教师应充分挖掘已有教学资源的美育要素，提炼出更多具有美育实践性的内容融入课堂教学，结合自己的专业特长和研究兴趣，从传统的文化艺术、现当代的文化艺术现象，以及地域文化、民间艺术等领域中汲取营养，以实践课程的形式为学生提供亲身体验的机会，为学生创造内容更丰富、形式更多样的美育体验新空间，让学生更好地接受美育的滋养，提高学生感知美、欣赏美、思考美、创造美的能力与水平。

通过实践教学，可以很好地训练学生对自然、艺术、社会、科技等领域的基本审美方法或技巧，提高学生感知美、欣赏美、思考美、创造美的能力与水平，培养学生形成正确的审美观和崇高的审美理想，并进而提高学生自我发现的能力、自我学习的能力、独立思考的能力以及创新能力，这正是新时代人才培养的根本要义所在。

---

① 《教育部关于切实加强新时代高等学校美育工作的意见》，见中华人民共和国教育部网站（http://www.moe.gov.cn/srcsite/A17/moe_794/moe_624/201904/t20190411_377523.html）。

② 金昕：《当代高校美育新探》，商务印书馆2013年版，第234页。

二、校园文化活动

校园文化是审美文化的重要组成部分。校园文化活动是课堂教学之余的重要补充及实施美育的重要手段和方法,是当代大学生开展社会实践、艺术实践和科学实践的重要阵地。高校的许多校园文化活动都具备形式新颖、内容丰富、格调高雅等特点,蕴含着丰富的美的因素,是学生进行审美实践的重要载体。

在具体实施层面,一方面,高校应加强校园文化活动的顶层设计,大力丰富校园文化活动。《教育部关于切实加强新时代高等学校美育工作的意见》提出:"鼓励学校因地因校制宜开展丰富多彩的艺术实践活动,积极探索创造具有时代特征、校园特色、学生特点、教育特质的艺术实践活动形式。"① 学校要为学生提供更多的文学艺术技能学习机会,应多组织开展文学艺术讲座、高雅艺术进校园活动、校园草地音乐会、文化艺术节、大学生电影节等艺术活动,丰富学生的艺术文化生活,使学生有机会参与到更多的艺术鉴赏活动中去。高校也可以充分利用已有资源,积极聘请校内外专家、学者、民间艺人等到学校与学生互动交流,邀请专业人士到学校开展形式多样的美育实践活动,如举办"经典艺术进校园""民族民间艺术进校园""国粹艺术进校园"等活动,为学生提供更丰富的实践与体验机会,让学生近距离地感受艺术的魅力,感悟什么是真正的美。

另一方面,高校应营造良好、宽松和自由的校园环境,充分调动大学生的积极性、主动性、创造性,发挥校园文化活动在学生人格养成过程中的催化作用,注重加强学生的获得感和体验感,鼓励学生通过加强体验来自觉消化、印证、体悟、表达、实践课堂教育的知识,促进其健康人格的养成。学校要有目的、有意识地鼓励和指导学生开展各种积极健康的校园文化活动,鼓励他们对自然美、生活美和艺术美进行多方面、多层次的欣赏和实践,在潜移默化中不断提高其审美能力。苏霍姆林斯基说:"一个人不从事创造性活动,就不可能成为有教养的人。"② 校园文化活动的美育功能不只是丰富学生的审美体验,也不只是培养学生欣赏美的能力,更

---

① 《教育部关于切实加强新时代高等学校美育工作的意见》,见中华人民共和国教育部网站(http://www.moe.gov.cn/srcsite/A17/moe_794/moe_624/201904/t20190411_377523.html)。
② [苏]苏霍姆林斯基:《培养集体的方法》,安徽大学苏联问题研究所译,安徽教育出版社1983年版,第85页。

重要的是要引导学生进行审美创造，促进学生人格的养成。因此，要拓展学生创新创作空间，激发大学生的创造力，鼓励校园活动创新发展和校园文化丰富发展，支持大学生进行更多的艺术创作，培养学生的自主学习能力和艺术创作能力。通过艺术创作，可以帮助学生实现从感受美到创造美、从寻找美到传播美的提升。要充分发挥大学生社团的积极作用，积极建设一批高水平艺术团，如合唱团、舞蹈团、交响乐团等，积极打造一批艺术类学生社团，如书画协会、摄影协会、话剧社、电影社，让大多数学生参与其中、享受其中。

三、社会实践

新时代高校美育实践除了"引进来"，还可以"走出去"。高校可以利用社会各类文化资源，让美育的内涵更加丰富。一方面，高校要加强与政府部门、社会组织及艺术团体的精准对接，盘活社会优质美育资源，积极拓展美育空间从而有效普及艺术基础知识，建构学生审美心理结构，塑造完美人格；还可与各种艺术展馆、博物馆、文化馆、音乐厅、电台、电视台等艺术文化场所建立联系，常态化地组织开展艺术文化交流和服务项目，大力推广惠及全体学生的合唱、合奏、集体舞、课本剧等艺术实践工作坊，以及博物馆、非物质文化遗产展示传习场所体验学习等实践活动。另一方面，高校通过与校外各方的深度合作建设美育实践基地，搭建开放美育平台，培养具有深厚文化底蕴的高素质人才，引导大学生在美育社会实践中感受美、学习美、体验美、展现美、创造美。

社会实践活动在高校美育中发挥着不可替代的作用。组织大学生感受现实审美生活，一方面，可以使其在感性认识的基础上验证已经学习掌握的美育的知识和理论，有利于强化审美理论教育的成果；另一方面，可以使其在实践体验中获得新的感受，使个体的审美需要得到满足和提高，促进其身心的健康发展。

四、艺术展演

艺术展演是新时代高校美育教学实践的重要形式。在实施艺术展演时要坚持以下三个原则：一是坚持先进文化导向。展演活动应坚持立德树人根本任务，以社会主义核心价值观为引领，以弘扬中华优秀传统文化、革命文化、社会主义先进文化为导向，与重大历史事件纪念日和中华民族传统节庆相结合，更加注重以美育人、以文化人。各高校要切实把握育人根本，用润物无声的艺术熏陶启迪广大学生的心灵，传递向善向上的价值观，营造向真、向善、向美、向上的校园文化。二是实现全员参与。中共中央办公厅、国务院办公厅印发的《关于全面加强和改进新时代学校美育工作的意见》指出，"面向人人，建立常态化学生全员艺术展演机制"。因此，各高校应发动学生广泛参与，努力让每位学生有机会参加至少一项艺术展演活动。三是推动常态化制度化。各高校要把展演活动列入年度工作计划常态化开展，把展演活动打造成为真、善、美的展示平台和传播平台，把崇高的价值、美好的艺术融入展演全过程，以体现出鲜明的时代特征、校园特色和学生特点，从而引导高校师生的审美和精神追求，引领社会高雅文明的美好风尚。

第三节　大力加强校园文化建设

"校园文化是指学校师生在教育、教学活动中所创造和形成的精神财富、文化氛围以及承载这些精神财富、文化氛围的活动形式和物质形态。"[①] 校园文化反映和包含了学校的历史传统、人文氛围、精神风貌、校风校纪、校园环境、学术水平、教学和管理制度、全校师生普遍遵循和认同的价值观念和行为准则等。从美育的角度看，校园文化是一种审美文化，是高校实施审美教育的重要载体和实践环节。

美育与校园文化在育人目的、教育媒介、作用方式三个方面存在共同性。[②] 一是育人目的的共同性。"美育的目的是通过培养人对美的感受力、鉴赏力、创造力以提高人的素质，促进人的全面发展。"[③] 校园文化建设的目的是通过人文自然环境的熏陶、渗透和升华，学生能够全面发展和健康成长，形成美好的人格。二者的共同的目的都是培养人。二是教育媒介的共同性。美育以一切美的事物为媒介，而校园文化以美的人文氛围、校

---

① 金昕：《当代高校美育新探》，商务印书馆2013年版，第251页。
② 参见王钦韶、连银岭、刘春伟等《论美育与高等学校校园文化建设的互动发展》，载《河南教育学院学报（哲学社会科学版）》2010年第1期。
③ 王钦韶、连银岭、刘春伟等：《论美育与高等学校校园文化建设的互动发展》，载《河南教育学院学报（哲学社会科学版）》2010年第1期，第37页。

园精神和生活环境来陶冶学生情操，美化学生的心灵。三是作用方式的共同性。美育和校园文化建设都是一种隐性的教育，在无形中影响着校园中每一个人的价值观、情感、信仰，促进其人格的形成与发展，具有润物细无声般的教育功能。

三个方面的共同性使美育与校园文化天然地结下了不解之缘，决定了二者结合的可能性，使校园文化的美育功能成为现实。高校校园文化的美育功能，是指校园文化通过物质和精神环境及其所营造的文化氛围，以唤起美感的形式对学生进行审美教育，以达到提升审美素养、陶冶情操、温润心灵、激发创新创造活力、培养健全人格的目的。校园文化的美育功能具有全方位的效应。由于校园文化中包含了美的各种基本形态，包括自然美、社会美、艺术美，这些不同形态的美在校园文化中融为一体遍布校园的所有角落，形成一个巨大的"审美场"。① 这种全方位的、协同性的美育效应能够多渠道、多侧面影响学生的审美心理，全面地提高学生的审美感受力、审美鉴赏力、审美创造力等多种审美能力，在不知不觉中内化为学生的道德、情感、意志和行为，最终塑造出健全完美的人格。

一、校园物质文化

苏霍姆林斯基曾指出，学校的物质基础（环境等）是培养学生的观点、信念和良好习惯的有效手段。整洁、优雅、文明的校园物质文化在学生人格养成过程中能起到氛围引导、陶冶性情、净化心灵的作用。它会大大激发学生的求知欲和健康向上的生活态度，让学生受到美的教益，培养他们形成健全的审美心理结构，对学生的行为具有一定的约束力和导向性。

校园物质文化是校园文化建设的物质基础，包括校园建筑、教学设施、学生活动场馆、校园绿化、馆藏图书等，可分为自然环境和人文环境。自然环境包括校园的树木绿化、花园草坪、河流湖泊等。一个充满生命活力的和谐的生态环境有利于莘莘学子的健康成长成才。人文环境既包括物质层面的建筑设计，如格调高雅的文化活动场馆和景观设施，也包括精神层面的物质载体，即除了教学手段和科研条件，还包括标语、格言、

---

① 参见李景隆《关于高校校园文化美育功能的思考》，载《青海师专学报（教育科学）》2006年第6期。

宣传栏、报刊栏、名人雕塑、艺术碑墙、广播站、电视台、校园网等。校园物质文化是环境的形式美、内容美和功能美的和谐统一，无时无刻不影响着大学生的审美心理，给学生带来愉悦的审美体验。

　　加强校园物质文化建设是校园文化建设的前提。学校应从实用、多元、丰富、美观、人文的角度出发，加强对校内设施、活动场地、人文景观、校园绿化的建设和管理，以整洁优美的形式给学生以美的感受，充分发挥其愉悦身心、陶冶情操、净化心灵、激励向上的作用。而"校园物质文化要想在学生人格养成的过程中发挥更加有效的作用，就要充分体现其情意化的特征"①。"校园物质文化是校园里的人们情感和精神生活的创造性表现，任何人文景观都包含着特定的情感和思想信息。"② 因此，在大学校园物质文化的审美设计，要充分融入丰富的人文思想、情感和精神，做到寓情于物、寓情于景，才能潜移默化地对学生进行审美的熏陶和塑造，才能在丰富学生的精神世界、培养健康向上的生活态度方面发挥更加突出的作用。

二、校园精神文化

　　"大学精神是人们投射到大学这种社会设置上的一种精神祈望与价值建构，是大学自身存在和发展中积淀而成的具有独特气质的精神形式和文明成果，是大学发展的理想、信念和价值追求，是大学的本质特征在精神层面上的反映，是大学的灵魂和大学生命力的源泉，是大学文化的精髓和核心之所在，更是大学之为大学的确证依据。"③ 校园精神文化是校园文化建设的核心和灵魂，涵盖了大学精神、办学理念、校风校训、教风学风、文化传统等。它规范引导着大学文化建设，决定大学文化建设的基本方向。大学精神包括了科学精神和人文精神：科学精神是一种理性精神，是一种"求真"的精神；人文精神是以价值和伦理为核心的精神，是一种"求善"的精神。二者的根本精神和目的是内在统一的，共同服务于人性

---

① 金昕：《当代高校美育新探》，商务印书馆2013年版，第253页。
② 金昕：《当代高校美育新探》，商务印书馆2013年版，第253页。
③ 程光泉：《哲学视野下的大学理念、大学精神、大学文化》，载《北京师范大学学报（社会科学版）》2010年第1期，第122页。

的养成和社会的整体进步①。这与美育的目的也是根本统一的。大学精神文化与美育的这种互动关系对大学生的价值观、情感、信仰以及人格的形成与发展具有十分重要的作用。

大学精神文化像空气般弥散于校园文化中，具有强大的穿透力、渗透力和影响力，其意义不仅体现在它能创设出积极健康、和谐向上的教育环境和文化氛围，还对师生的价值选择、思想观念、人格塑造、思维方式、精神风貌、行为习惯等产生重要的影响，能够帮助学生实现完美的人格和灵魂的塑造，促进学生的全面发展。在高校这个特定的空间中，美的校园精神文化能够使学生主动接受感染和熏陶并在无形中受到同化、影响和塑造，将大学在长期历史进程中培育和积淀的传统作风、学术气息和精神气质等转化为自觉信念和理想追求，内化为自己的情感、道德和意志，形成心理定式和行为习惯，并逐步演变为一种生活方式。在此意义上，大学精神文化塑造大学的根本特征。

在大学校园精神文化的审美设计实践中，应努力构建充满生机、自由和谐、健康向上的美的校园精神文化氛围。要将大学的精神文化内涵渗透在大学的物质文化和制度文化中，渗透在大学校园生活和教育教学过程的方方面面，从而潜移默化地影响大学生的审美观念和审美趣味，促使大学生形成强烈的审美情感和健康的审美理想，主动投入校园文化审美活动中。

三、校园制度文化

校园制度文化包括学校的各项管理机制、规章制度、行为准则等，具有稳定性、规范性、约束性和导向性的特征。

校园制度文化的美育功能为审美导向功能。规章制度能够引导学生养成正确的世界观、价值观、人生观，能够规范学生健康人格的发展方向，对学生的学习、成长和进步能起到明确的引导作用，"把学生的文化认同、道德情感、价值观念导向以真善美为核心内涵的价值范畴之中，最终实现'按照美的规律来建造'这一马克思主义的审美境界和美育目标"②。

---

① 参见程光泉《哲学视野下的大学理念、大学精神、大学文化》，载《北京师范大学学报（社会科学版）》2010年第1期。
② 李景隆：《关于高校校园文化美育功能的思考》，载《青海师专学报（教育科学）》2006年第6期，第8页。

美育和校园制度文化是相辅相成、相互促进的关系：从美育的角度看，制度文化是帮助学生养成行为美习惯、培养社会美品格的必要手段，也是对学生进行人际关系教育不可缺少的环节；从规章制度的角度看，美育是实施制度文化的手段保证。因此，在高校制度文化的建设实践中，要充分考虑美育因素；在规章制度的执行过程中，要按照美育的要求进行审美化管理。一方面，要树立起"以人为本"的教育理念，将"使人的本质特性得到完善和张扬，人的身心、智力、敏感性、审美意识、个人责任感、精神价值等方面都得到升华而获得全面发展"作为学校规章制度制定的标准和依据；另一方面，要注意培养和提高管理人员的审美意识和审美素质。管理人员要加强思想品德、价值观念、行为习惯等方面的修养，争取成为有品格、有品行、有品位的"大先生"，为学生树立榜样，通过才、情、智、气质、能力、品质、语言等各方面对学生起到言传身教的作用。同时，要注重构建与学生直接和谐的师生关系，用科学的管理手段和巨大的情感力量，通过示范、引导、启发等方法，对学生动之以情、展之以美，去影响和教育学生，促进学生人格的健全和个性的充分发展。

第六章　新时代高校学生美育工作的主要机制

第一节　新时代高校学生美育工作的运行机制

广义上的学校美育，是以艺术教育为主的美育理论学习和美育实践活动。2015 年《国务院办公厅关于全面加强和改进学校美育工作的意见》和 2019 年《教育部关于切实加强新时代高等学校美育工作的意见》都强调了美育课堂教学和美育课外活动之间相辅相成的关系，要求构建起以艺术教育为重点、美育课程和美育实践相结合的美育机制。

一、美育教学制度

教学作为大学教育的基本途径，是学生获取学科知识、提升专业素养的主要渠道。美育教学以艺术教学为主要形式。进一步推动美育教学改革、提升美育教学质量，是新时代高校美育工作的重要任务。

（一）构建美育课程体系

课堂教学是美育教学的基础。构建科学完备的美育课程体系，关键在于形成合理课程结构、优化课程内容设计，这就要求高校重点关注学生特点，开设多样化的美育课程；立足于美育内涵和工作实际，丰富课程内容设计，提升美育教学质量。

建立和完善高校美育课程体系，一是要增强美育课程结构的科学性，提高美育课程在高校课程体系中的重要性。美育课程体系以艺术类课程为主，高校应当立足自身实际，尽可能使课程覆盖更多艺术门类，如美术、音乐、舞蹈、戏剧、影视等，为学生提供更多选择，满足学生差异化的艺术兴趣；同时，有条件的高校可以考虑将美育课程纳入必修课范畴，让美育在高校育人体系中发挥更重要的作用。

二是合理进行课程设计,保障美育课程有效性。高校要立足学生实际需求,有针对性地进行课程设计,适应新时代高校美育工作要求的美育课程体系应当能够满足学生的两方面需求,即一般了解和兴趣发展。其中,以"一般了解"为目标的课程以艺术鉴赏为主,旨在增强学生的基本艺术认知和艺术素养;以"兴趣发展"为目标的课程则可以拓展到艺术史、艺术实践等内容,为学生提供深度学习机会,进一步提升学生的审美情趣与审美素养。①

(二) 美育教育网络资源管理

《教育部关于切实加强新时代高等学校美育工作的意见》指出:"充分运用现代化信息技术手段,探索构建网络化、数字化、智能化、线上线下相结合的课程教学模式,规划建设一批高质量美育慕课,扩大优质课程覆盖面。"随着现代信息技术的发展,高校不仅可以采用线下方式进行美育教学,还可以充分运用新媒体、融媒体等信息媒介进行美育教学。

开展美育线上教学,强化网络美育资源管理,一是要提高线上美育资源的利用水平。高校可以借力既有网络平台如慕课、微课等网站的美育课程资源,作为线下教学的辅助资料;还可以依托信息技术,实现艺术名家在线授课、开设线上讲座,为学生提供与名师大家近距离互动沟通的机会,不断提供高质量的美育资源。二是要加强线上平台的建设。除了利用开放式在线学习平台的教学资源,还可以开发以高校为单位的线上美育教学管理平台,实现资源整合和教学管理功能的有机统一。高校美育线上教学平台可以在提供和整合校内美育课程资源的基础上,开发课后训练、课程评价等功能,依托信息系统为美育线上教学提供全流程技术支持;还可利用数字化平台开发学分认证机制、学习进程实时记录技术等,加强美育线上教学的统一管理,充分发挥美育教学线上平台高效便捷的优势。

需要注意的是,信息技术虽然能为高校美育提供更加便捷的教学渠道,也暗藏一些隐患。在开展美育教育网络资源管理或搭建美育教学管理平台的过程中,应当注重对课程质量、课程内容的把关,特别是要推动完善线上平台的内容审核和反馈举报机制,为美育线上教学提供良好的实施环境。

---

① 参见郭瑾莉《新时代高等学校美育的改革理路与行动策略》,载《中国高等教育》2020年第12期。

（三）美育实践活动课程化管理

根据《全国普通高等学校公共艺术课程指导方案》，完备的高校美育教学体系不仅包括课堂教学，还包括各类美育实践活动，这些实践也应当纳入教学计划，并加以规范的课程化管理。

新时代的高校美育教学应当理论和实践并重，这就要求高校构建一套更加科学的美育学分制度，除了课程教学，美育实践活动也应当纳入学分认定范畴。学生参与艺术社团、参与校内外文化艺术活动，如参加美育讲座、进行艺术展演、参观艺术展览、参与民间优秀传统技艺学习活动等，都可以给予其相应的成绩和学分。同时，对美育实践活动制定切合实际的学分认定和考核办法，应严格按照规定对美育实践加以学分认定，确保课程化管理机制的有效性。

二、美育活动管理制度

美育的目标要通过审美教育的过程实现，即动用多学科、多活动、多艺术手段和学校环境的审美要素，对学生进行审美、鉴赏美、创造美的教育，使美育工作与学校教育同步结合、相互渗透。[①] 实践体验是美育的主要特征。[②] 美育活动的开展对促进学生心理健康、拓宽学生知识面、促进学生全面发展具有重要意义，因此，建立健全美育活动管理制度至关重要。

（一）完善美育活动规划

美育是培养全面发展的社会主义建设者和接班人的重要内容，"五育"并举，培养德智体美劳全面发展的社会主义建设者和接班人，是学校教育的宗旨。而美育在培养人的思想品质、道德情操、行为规范等方面具有特殊的功能。因此，开展美育，对于提高学生的思想素质和能力，培养文明礼貌的行为修养有着不可替代的作用，同时也为学生立足于社会、服务于社会打下了坚实的基础。[③]

---

① 参见冯春华《改变美育"贫困"现状　加快课程改革步伐》，载《黄石教育学院学报》2003年第3期。

② 参见刘珊《新时代高校美育的目标指向与路径选择》，载《湖南科技大学学报（社会科学版）》2020年第5期。

③ 参见关莉《提高对美育的认识　开展创造美的活动》，载《辽宁教育行政学院学报》2009年第4期。

作为美育教学的补充，美育活动在塑造学生人格方面具有重要意义。因此，为了使美育活动发挥更良好的作用，应完善美育活动规划，形成对美育活动的战略目标、基本原则、开展目的、开展方式等更为清晰明确的认识。

在战略目标方面，美育活动应紧紧围绕提高学生的审美和人文素养，培养学生鉴赏美、创造美的能力，帮助学生形成美的理想、美的情操、美的品格和美的素养，并将美体现在生活、劳动和其他行动中，建设社会主义精神文明，培育德智体美劳全面发展的社会主义建设者和接班人。

《教育部关于切实加强新时代高等学校美育工作的意见》明确指出，高校美育工作需坚持正确方向、坚持面向全体、坚持改革创新。作为美育工作的重要一环，美育活动的开展也应时刻遵循这三大基本原则：坚持正确方向，即以社会主义核心价值观为引领，弘扬中华优秀传统文化，继承革命文化，发展社会主义先进文化；坚持面向全体，即健全并完善面向人人的美育活动机制，拓宽美育活动覆盖面，提升美育活动全员参与度；坚持改革创新，即整合美育资源，创新活动形式，丰富活动内容。

与战略目标相比，开展美育活动的目的更为微观，它是美育活动的起点，只有以清晰、明确的目的为导向的活动才能有序地进行。与此同时，活动的效果取决于目的的定位以及针对这一目的所做的策划。美育活动应以战略目标为指引，以基本原则为指导，结合实际情况科学合理地进行。

战略目标和开展目的为美育活动奠定了主基调，开展方式则为战略目标和开展目的的实现和达成提供了具体保障。审美具有强烈主观性的特征，这决定了美育活动可以发生在任何时间、任何地点，也决定了其具有丰富多样的开展形式。学校应在充分了解自身发展状况和美育资源情况的基础上，尽可能地开展更为多样的美育活动，兼顾不同类型学生的喜好，以丰富的活动方式吸引广大学生共同参与，拓宽美育活动的覆盖面，争取达到更理想的美育效果。

（二）课堂教学与课外活动互哺

我国古代重要的典章制度选集《礼记》中《学记》一文写道："大学之教也，时教必有正业，退息必有居学。"其意为，大学的教学按照时序进行，必须有正式的课业，课后休息时也得有格外的练习。教育要为社会主义现代化建设服务，必须与生产劳动相结合，培养德智体美劳全面发展的社会主义建设者和接班人是我国的教育方针。作为落实教育方针、健全人格、促进发展的重要内容，美育需要课堂教学和课外活动相互补充、互相促进。

　　课堂教学和课外活动共同承担着美育的任务，二者在活动内容、组织形式、活动方式等方面有所不同，只有课堂教学而没有课外活动的美育无异于"空中楼阁"。在2019年8月21日《光明日报》第13版发表的题为《美育如何为人民美好生活赋能》的访谈文章中，首都师范大学王德胜教授说："中华美育精神本身就体现为一种实践性行为，指向人生的改造、人生的完善……中华美育精神在实践层面张扬了中华美学的核心理念，同时也是中华文化精神在人的发展层面的一种实践性体现。"很显然，这里所说的"实践"，其意义更为广大，但至少说明美育不是纸上谈兵的事情。课外活动具有丰富多彩、灵活多样、寓教于乐、亲身体验的特点，是第一课堂的延续，是课堂教学的必要补充，能够弥补美育课堂教学中只欣赏、不实践的缺陷。课堂教学传授知识，课外活动则能使知识转化为行动，得到强化，使美真正成为学生生活和生命的一部分。爱因斯坦说："我认为，对于一切来说，只有热爱才是最好的老师。"循循善诱的课堂美育教学与丰富多彩的课外美育活动同步进行能够更好地激发学生对美的兴趣，提升学生认识美、理解美、欣赏美、创造美的能力，培养学生成为心灵美、行为美，培养全面发展的社会主义建设者和接班人。因此，在美育教学中引入课外活动将其作为学生素质提高的载体，是十分必要和可行的。

　　课外美育活动有校内和校外两大阵地，并有多种具体的实践方式。

　　在校内，高校可以结合本校的实际情况打造合唱团、舞蹈团、乐团等美育实践团队，并鼓励创办具有美育功能的学生社团，如书画协会、摄影协会、话剧社、电影社等，为学生提供更多参与美育实践的机会和途径。此外，高校还可以举办学生音乐节、美术节等美育品牌活动，借助举办"校园歌手大赛""草地音乐会"等丰富多彩的校园活动进一步拓宽美育活动的覆盖面，让更多的学生参与其中，发现美、享受美、创造美。高校也可以充分利用已有资源，邀请专业人士，有针对性地开展主题鲜明、形式多样的美育实践活动，如"艺术家进校园""民间艺人进校园""传统戏曲进校园""礼仪分享会"等，增长学生见闻，提升美学素养。

　　在校外，学校可以与各种艺术展馆、博物馆、音乐厅、区域文化馆、电台、电视台等艺术文化场所建立联系，盘活社会优质美育资源、拓展美育空间，不定期举办参观博物馆、走访电视台、参加音乐会等活动。有条件的高校还可以建设校外美育实践基地，搭建对外艺术交流平台，密切与其他学校、相关社会组织的联系，充分整合社会资源，丰富学生美育体验。

课外美育活动的开展具有深刻的意义。首先，课外美育活动能够为学生提供丰富的实践机会，提高学生的美育素质，陶冶情操，达到春风化雨、润物无声的美育效果，促进学生形成健全的人格，推动学生全面发展，培养德智体美劳全面发展的社会主义建设者和接班人。其次，课外美育活动以打造美育品牌活动、拓展美育空间、开展美育实践等方式推进，能够营造格调高雅、具有时代气息的美育氛围，推动校园文化、城市文化和社会文化的建设，达到以景育人、以美感人的目的，并在此基础上弘扬中华美育精神，展示中国人民良好的精神风貌和丰富的文化艺术成果，促进社会主义文化繁荣兴盛，实现中华民族伟大复兴。

（三）美育项目扶持

近年来，随着"五育"并举的不断推进以及国家对美育的重视程度的不断提升，教育部、地方政府、学校等对各类美育项目进行了资金、资源等方面的大力扶持，为完善美育系统设计、拓展美育实施路径、强化美育组织保障等提供了强有力的保障。

美育资金方面，《教育部关于切实加强新时代高等学校美育工作的意见》明确落实了高校美育经费保障，教育部、财政部等有关部门全面实施预算绩效管理，坚持做好美育品牌项目专项经费保障工作。地方政府积极调整优化教育支出结构，确保美育资源的投入与配置，落实美育设施设备基本标准。高校保障美育工作专项经费，保障了学生审美与人文素质发展教育活动、美育课程、美育实践活动的顺利开展。

美育资源方面，教育部鼓励建强美育教师队伍，以此为美育工作的开展提供人才保证。地方政府加大支持力度，整合社会美育资源，加强博物馆、美术馆、文化馆、音乐厅、戏剧剧场等公共文化机构的建设，并通过政府购买等方式增加优质美育资源供给，增强社会服务水平，营造良好的社会美育氛围，为高校开展校外活动、拓展美育空间提供沃土。高校则结合自身优势，为本校师生自创美育项目提供场地、设备等支持，推动美育项目的顺利进行。

第二节　新时代高校学生美育工作的激励机制

《教育部关于切实加强新时代高等学校美育工作的意见》指出："完善高校美育评价体系，把美育工作及效果纳入普通高校人才培养工作评估指标体系，作为办学评价的重要因素，更加注重过程及效果评价，发挥专家组织和社会机构在美育评价中的作用。研制艺术人才培养评价标准。实施高校美育工作自评和年度报告制度，积极探索中国特色现代高校美育评价制度。教育部将把高校美育工作和高校公共艺术课程教学纳入国家教育督导范畴，强化督导检查结果应用。"① 建立和完善高校美育工作的评价激励、督导监测制度体系，对切实加强新时代高校美育工作具有重要推动意义。

在行为科学中，通过激励使人的行为维持积极状态的心理过程，也被称为激励过程。激励过程从人的某种需要出发，运用一定的激励手段，加强、激发、推动人的内心奋发状态，从而实现组织目标的动态过程。② 激励过程是连续不断的循环的过程。高校学生美育工作，需调动可用的激励资源，建立适合高校学生工作的激励机制。

做好高校学生美育工作，需意识到美育与其他教育形式相比最大的特色，深入发掘美育自身蕴藏的丰富的激励资源：一是情感激励。美育是一种善于表现和激发情感的教育活动，具有内在的激励资源，能够激发人的内在动力，使之充分发挥积极性。二是意志激励。美育本身具备强烈的艺术感染力，这种感染力可以转化为激励。三是创造力激励。美育激励人在自我体验和认识的基础上，影响人的行为和思维，从而激发人的创造性。认识到美育自身的激励资源，高校美育工作者才能有的放矢、有针对性地做好美育的激励工作。下面，本节将就高校美育激励机制的活动导向和主体导向两个方面展开论述，但需要指出的是，在实际工作中，活动导向和主体导向往往是融合为一体的。

---

① 参见《教育部关于切实加强新时代高等学校美育工作的意见》，载《中华人民共和国教育部公报》2019年第5期。

② 参见李世宗主编《管理学原理》，华中科技大学出版社2008年版。

一、活动导向的激励机制

美育本身是连续不断、循环往复的过程,这一点也与激励过程理论相契合。而美育在内容和形式上都相当丰富,其教育目标也具有个性化的特征,因而美育的评价机制也应当突出多样化、个性化、综合性。针对美育的这些特质,结合我国高校美育工作的现状来看,现行的美育评价机制缺乏与美育的特质相适应、匹配的因素,相对滞后。

一方面,美育工作表现出的成效是综合性评价激励机制的重点,主要表现在学生的接受度评估上。当前,高校较少考虑到美育对大学生的思想的影响,以及如何从美育自身的激励资源出发激发学生的内在动力。在实际操作中,往往会沿袭传统的课程评价机制,将美育评价的结果作为考核大学生认识、观念和行为的一个指标,从而使学生应试性地完成教师要求的内容,而不会主动追求美的修养——后者恰恰正是美育评价的初衷。因此,建立科学有效的美育工作评价激励机制,使之能够充分发挥教育、激励、导向和调控学生的行为和思维,是高校美育工作面临的重要挑战。在现有的仅评价学生掌握知识技能的基础上,还应当结合美育的特质,依托个性化评价机制,将学生的情感、心理结构、价值观和人格等纳入评价指标范围。

另一方面,高校美育除了要对大学生开展普及性教育,还应积极打造特色校园文化。建设特色校园文化,应打造一批叫得响、质量优、特色显的校园美育品牌活动,加大对精品美育活动的资源投入和宣传推广力度,通过建设美育品牌活动的过程,实现对高校美育工作的内在激励。

(一)美育品牌活动建设制度

"品牌"是一个复合概念。现代管理学一般将其定义为:"一种名称、名词、标记或设计,或是它们的组合运用,其目的是辨认某个销售者或某群销售者的产品或劳务,并使之同竞争对手的产品和劳务区别开来。"[1]品牌不仅是一种标志或标识,更是竞争力的外显特征。从这个意义上来说,高校美育品牌活动应打造能够反映校园文化涵养和师生精神面貌、参与热情高、育人效果好的活动。

建设校园美育品牌活动,营造质量优良、特色鲜明、充满创造力的审

---

[1] 转引自周文根、王瑶《市场营销原理》,中国经济出版社2008年版,第103页。

美育人氛围，以立德树人为主旋律，在统筹组织好高雅艺术进校园、"第二课堂"美育通识课程等的同时，深入挖掘高校文化内涵、艺术学科特长和地缘优势，建立一批具有高校特色、集中体现精神风貌的品牌项目与活动。在此基础上，应充分发挥这些项目与活动的辐射带动作用，形成学校与社会之间美育的良性互动，进一步凝聚高校文化、彰显地域特色，为形成美育品牌活动百花齐放、美育格局丰富多彩的局面注入能量。因此，美育品牌活动建设制度，能够促进构建形式多元、特色突出、水平出色的高校美育工作体系，是新时代高校学生美育工作的必然要求。

在发展美育品牌的过程中，高校要牢记立德树人根本任务，将美育品牌活动作为塑造学生高尚人格、树立正确审美观念、弘扬中华优秀传统文化、厚植民族精神的生动载体。

令人欣喜的是，近年来，随着教育理念的发展，教育部和各高校均对美育工作越来越重视，涌现了一批堪称样板的校园美育品牌活动。例如，北京师范大学贯通公共美育课程和综合艺术实践的"四有好老师"奖励计划、北京大学生电影节和大型原创舞台项目《往事歌谣》等。又如，北京大学生电影节让非艺术类的学生能够有机会参与到电影节的组织与评影工作中，将大影节运营中的"办、看、拍、评"工作与公共美育课程深度结合。

（二）精品活动资源支持制度

高校的美育品牌活动、精品活动离不开多方面资源的广泛投入与综合运用。一是利用好高校自身的美育课程体系，充分发挥自有的艺术学科特长，搭建课程与大型活动之间的桥梁。学生通过参加课程享受到艺术体验，以课堂上高度集中的艺术氛围，使得学生浸润在高校的人文传统和美育精神中，全面提高学生的艺术素养；进而引导学生参与美育项目和活动，将课程中所学、所感在品牌项目中延续发展，持续为品牌项目提供人才资源，并通过学生的更新，创新思维方式和观察视角，从而革新品牌项目活动。利用美育课程与活动之间的衔接，实现课程供氧品牌活动。二是充分发挥高校特色，调动高校学生社团参与美育活动的积极性，发挥学生的主观能动性。通过社团美育实践成果展示，评选出一批优秀校园文化活动，对优秀学生社团进行表彰，树立品牌意识。三是完善经费保障机制和管理运营机制，依托校团委、艺术学院、高水平艺术团等，建立起专门的美育责任机构，保障和加大美育经费的投入，做好美育经费预算和跟进管理，使美育品牌活动保持长久的生命力。四是依托区域文化，发挥高校所在区域的地缘优势,结合优秀民间文化、传统文化资源,不断创新美育活动。五是充分占有现代科学技术和平台,通过校园媒体开展"网上校园文化活动"。

(三)美育活动宣传推广制度

构建校园美育品牌活动,除了"打铁还需自身硬",不断磨砺精品项目,还需要使活动"走出去",加大宣传推广力度,积极寻求扩大美育活动的覆盖面和影响力,以校内师生、社会公众的反馈逆向激励高校美育工作。

当前的校园文化活动正经历着形式日益多元、内容日益丰富的良好局面,但也应当注意到,这些项目与活动还缺乏统一科学的规划和直接有效的管理,品牌意识也有所欠缺,在欣欣向荣的表面之下潜藏着组织者疲软、参与者被动的情况。因此,整合大大小小的校园文化艺术活动,与时俱进、自我革新,打造经得起时间考验的精品活动,加大宣传推广力度,吸引更多师生和社会人员参与到活动中来,是高校美育工作中亟待解决的问题。

建立健全美育活动宣传推广制度。可以利用现代便捷的网络技术,通过学校的官方网站、微博、微信公众号等新媒体及时推送学校举办美育活动的现场情况与成果风采展示,对精品活动进行滚动宣传,让更多的人了解到学校举行的审美实践活动,从而提高活动的影响力,让更多的人参与到美育活动中来,为美育活动提供源源不断的创造力。

二、主体导向的激励机制

工作激励是管理理论与实践研究的重要主题,其强调了解人的需求和动机,通过设计奖惩机制和工作环境激发工作者的积极性,从而控制和引导人的行为,进而使得个体行为与组织目标相一致。[1] 现有与工作激励相关的理论包括马斯洛需求层次理论、双因素理论、目标设置理论等,整体来看,学术界大多认为激励机制包括激发和约束两方面含义。[2] 对于高校学生美育工作来说,需要探索建立科学、全面的主体导向的美育激励机

---

[1] 参见刘正周《管理激励》,上海财经大学出版社1998年版。
[2] 参见 [美] 海因茨·韦里克、[美] 马克·V. 坎尼斯、[美] 哈罗德·孔茨等《管理学:全球化与创业视角》(第12版),马春光译,经济科学出版社2008年版。

制,增强高校美育工作者的工作荣誉感与责任感,从而营造良好美育工作氛围,提高其工作积极性。

(一) 荣誉激励制度

荣誉激励是内在激励的一种形式,是指通过给予美育工作者个人或集体荣誉证明等方式,增强美育工作者从工作中获得的成就感、满足感等心理感受,满足其尊重需求和自我实现需求。在人力资源管理研究领域,内在激励被认为是个体工作积极性的重要来源。马斯洛需求层次理论认为,人的需求可以按照重要程度划分为生理需求、安全需求、社会归属需求、尊重需求和自我实现需求,只有满足了低层次需求,高层次需求的满足才能发挥作用。① 荣誉激励是对美育工作者工作成果的肯定,有效满足了高层次需求,即尊重需求和自我实现需求。双因素理论认为,影响工作积极性的因素可以分为保健因素和激励因素两类,前者包括工作条件、工作安全等,后者包括工作上的成就感、工作任务的挑战性等。改善激励因素可以有效增强人们的工作积极性。② 因此,荣誉激励可以成为美育工作者工作热情的重要来源。

在实施高校学生美育工作的荣誉激励制度时,需要重点关注三个阶段工作。第一,在制定荣誉激励制度时,应重点做好激励目标、激励内容、激励频次等部分的设计。从激励目标看,应考虑荣誉激励制度的导向性,按照工作实际进行调整。比如,在美育工作开展的前期,应鼓励美育工作者在完成既定任务的基础上进行创造性的探索;在美育工作流程基本固定的成熟期,应激励美育工作者基于已有工作设计提高效率。从激励内容看,应关注与学生美育相关的工作成果,考察工作成果之间的一致性与差异性,通过定量和定性相结合的方法得出公平公正的结果,减少参评人之间的争议。从激励频次看,应结合高校特点,灵活采取星期、学期、学年等频次,鼓励美育工作者实现短期、中期、长期美育工作目标。第二,充分宣讲荣誉激励制度,增强制度在美育工作者群体中的知觉性。应面向美育工作者详细介绍荣誉激励制度、征求意见,从而在美育工作者心中形成追求荣誉的感知和目标。第三,大力宣传获得荣誉激励的先进典型事迹。

---

① 参见李卫东、刘洪、陶厚永《企业研发人员工作激励研究述评》,载《外国经济与管理》2008年第11期。

② 参见杨文祥《论"需要—激励"理论及其在人员管理中的运用》,载《管理世界》1989年第5期。

一方面，荣誉激励的重要环节是通过内外部过程切实提高受表彰者的工作成就感，因此需要满足其成就需求；另一方面，清晰、具体的先进典型事迹有利于形成榜样作用，以激励更多先进典型的涌现。

（二）美育工作责任制度

人力资源管理理论认为，奖励和惩罚都是重要的工作激励因素。① 因此，除了荣誉激励，制定并落实美育工作责任制度，以制度供给推进标准治理，切实培养美育工作者的责任意识也是激励机制的重要一环。

美育工作具有类似其他学生工作的特征，同时也具有自身特色。因此，设计美育工作责任制度时需要关注以下三个方面。一是需要明确制度目标。制定美育工作责任制度首要是落实立德树人根本目标，激励美育工作者在与高校学生的沟通中打造新时代校园文化，发挥以文化人、以文育人功能，切实提高美育工作成效。可以在美育工作的各阶段设置具体的细化目标，从而提升美育工作者的工作效能。二是需要界定好美育工作的各主体的责任。对于学校、二级院系、班级等层面的组织和主要负责人，应根据实际工作的差异承担差异化的工作责任，从而增强工作责任制度的实效性和针对性。三是需要及时进行反馈，增强工作责任制度的科学性、系统性、动态性。高校美育工作应根据工作实际进行灵活调整，一方面，回应学生、家长、院系、学校等主体的诉求；另一方面，随着美育工作经验的积累探索形成更高效的工作责任制度，从而增强制度在不同情况下的适应性。

第三节　新时代高校学生美育工作的保障机制

一、组织保障机制

（一）组织领导

新时代高校学生美育工作应有组织领导的保障。新系统论认为，有机联系的结构才能够产生相应的功能。因此，高校需要具备内部层次分明、各要素相互协调且有序的组织保障机制。

---

① 参见刘正周《管理激励与激励机制》，载《管理世界》1996 年第 5 期。

人才培养、科学研究、社会服务是高校具备的职能和价值，大学组织内部机构在这三个职能的约束下生成。其中，美育作为高校教育方针的组成部分，应具备一定的高校美育管理机构以保证美育的贯彻落实。高校管理者和教育者是实施美育的主体，各高校由校长负责的美育工作指导委员会负责对学校美育工作的决策和指导，学校成立的美育教研室和配备的专业教师负责全校的美育教学和研究等日常工作，以及校内相关美育实践活动的举办。除了上述机构，由于高校具有自由、开放、包容的组织特性，可以根据大学生美育要求，更加灵活地将美育职责嵌入组织机构，成立美育教学创新团队、美育研究中心等机构或者团体。例如，教务处根据美育内容开设相应的选修课和通识课程等；团委、学生会、大学生艺术团、歌舞团等团体组织举办美育实践活动，提升师生的整体审美能力；图书馆、博物馆在学校文化长廊等公共环境中营造美育环境；科研处通过设立专项研究课题引导教师开展美育教学研究；人力资源管理部门制订艺术类教师的考核方案，吸引更多教师和科研工作者参与美育工作。

（二）横向协同

高校美育工作需要校内组织机构的横向协同，以促进美育教学体系的完善、美育环境的营造、美育研究的创新。美育是高校教育工作的重要组成部分，做好美育工作有助于推动学校立德树人目标的最终实现。为整合各类美育资源，统筹学校美育发展，高校应在美育工作领域形成党委统一领导、党政工团齐抓共管的工作机制，以及校领导负责、部门分工、全员协同参与的责任体系。同时，加强考核评估监管机制建设，有助于明确主体责任，加强工作统筹，在全校范围内跨学科、跨部门、跨行政地强化美育力量，推动育人责任协同落实，提升高校美育的育人效能与品质。

此外，高校与社会的横向协同也是很重要的。新时代德智体美劳全面发展教育方针和"三全育人"教育理念赋予高校美育两个层面的培养目标：一是引导学生树立正确高尚的审美观，培养学生感知美、鉴赏美、创造美的审美能力；二是以美辅德、以美启智、以美益体、以美助劳，最终以美的规律培养和造就德智体美劳全面发展的社会主义建设者和接班人。在这一方针的要求下，高校应在全面加强美育综合改革的同时，注重与社会互动互联，与校外文化艺术机构、文艺团体等建立长期合作关系，齐抓共管，以开放的态度紧密合作，既坚持全面统筹，做好高校美育工作的顶层设计，又充分激发社会活力，形成校内外共同关心、支持美育发展和学生全面成长的氛围，建立充满活力、多方协作、开放高效的高校美育新格局。

二、资源保障机制

（一）设施配置

保证高校美育教学质量要从教材入手。美育课程教材应当贯穿学校教育全过程，教材的编写应在美学基础理论指导下，注重审美实践，落实于人对美的感受，提升学生的精神境界，完善人格塑造，引领学生终身审美。

高校需要完善美育课程保障体系。美育是大学生素质教育的重要组成部分，高校应当增设大学美育课程为必修的文化基础课，为大学生提供广阔的美育平台，促进大学生美学修养和审美能力的提高。将大学美育设为学生必修的文化基础课，设置明确具体的评价指标，有利于美育受到高等院校内外的双重重视，并在一定程度上解决当前高等院校美育师资、教学资源缺乏等问题。

普通高校的美育课程应精选基础知识，将美学原理课程与艺术鉴赏课程有机结合起来，构成有序列、多层次的整体结构体系。一方面是美育基础理论，通过美学基础知识的讲授，为学术的艺术鉴赏提供境界、方法上的指导，使学生先理解何为艺术、何为美、何为审美，以及为什么要审美、怎样审美等一系列基本问题；另一方面是艺术鉴赏和批评，让美学从单纯思辨领域走进具体的艺术鉴赏，走进学生的生活，以一般艺术审美为课程内容的主干，切入各门类艺术的审美，如绘画、雕塑、影视、建筑、音乐、舞蹈、戏剧、工艺设计等的审美，形成系列课程，培养学生欣赏经典艺术作品、分辨美丑的能力。高校应当教授学生美学与各门类艺术的大致框架，将自然美、社会美、科学美作为审美对象，最终落脚到审美人生的主题上。

除了美育课程，高校应构建第二课堂评价体系，将学生的知识技能评价与审美观念评价相结合。高校美育的评价要多肯定、多鼓励，促进大学生个性的发展和学习兴趣的提高，而且在评价情境中应当以人为本，重视大学生的自我意识的形成，让大学生成为评价的主体。此外，美育课堂教学评价应与第二课堂活动评价相结合。丰富多彩、形式多样的第二课堂教学具有不可替代性，需要采取更加灵活的评价方式。只有将课堂教学评价和课外活动评价相结合，才能较全面地评价高校及大学生的美育水平，综合反映高校美育的软硬件条件和教育教学质量。

（二）资金支持

开展美育工作需要一定的资金支持。高校美育需要特定的设施配置才能够开展，并需要一定的资金投入来建设美育教学设施，如多媒体教室、画（展）室、琴房、练功房等，还有为学生所配备的艺术器材，如多样的乐器、画具等。此外，聘请专业的教师队伍和开办美育校园活动均需要专项的资金支持。只有软硬件条件具备了，才能够有足够的能力开展美育教学和相应的实践活动。

（三）人才队伍

教师是美育教学的执行者和文化的传播者。美育是美学与教育学的交叉应用性学科，美育工作的实施离不开高水平的专业师资。高校美育工作需要一批复合型、高素质的美育教师以保证美育实施的质量与效果。美育学科的综合性和实践性，决定了师资队伍必须具备较高的综合素质和艺术的素养，不仅要有较高的理论素养和艺术修养，还要有能组织和指导学生开展审美实践活动的能力。

高校需要加快美育专职教师的培养，不仅要根据教育需要配足美育教师，还要确保教师具备胜任教学任务的能力和素质，要把具有专业能力的教师安排到美育教学岗位。这就要求高校要重视美育教师专业素质的提升，提高教师的教学科研水平，加强对教师的美育理论培训，通过组织教师进修、培训、观摩、考察、交流学习等形式，多层次、多渠道地提高教师的教学水平、课外的实践能力和美育科研能力，促进全面提升学校美育质量。

第四节 新时代高校学生美育工作的评价机制

制定科学、合理的新时代高校学生美育工作的评价机制是美育工作的重要基础，对美育工作成效目标具有导向性作用，对促进新时代高校学生美育工作发展具有重要意义。新时代高校学生美育工作的评价机制要围绕立德树人根本任务，促进"五育"融合，运用美学、社会学、心理学等基本理论，从高校、院系、班级、学生、家长、政府等多主体出发，确立评价机制的基本目标任务，进一步构建、细化美育工作成效评价制度和动态管理评价制度，科学、全面地评价分析美育工作情况。

一、工作成效评价制度

美育工作的实施者和受众均涉及多主体，因而有必要制定系统完善的美育工作成效评价制度，为多维度分析美育工作质量成效打下基础。具体来说，年度考核评价制度和学生满意度评价制度是美育工作成效评价制度的重要组成部分。前者着眼于对美育工作者进行定期的多维度、全过程、立体式考察；后者则突出高校学生美育工作特色，从学生的视角出发探讨美育工作成效，从而使评价结果更加合理，切实做到以促进学生成长为核心。

（一）年度考核评价制度

美育工作的年度考核评价制度应坚持科学性和全面性原则，从美育工作的参与主体和主要受众出发，从学校、院系、专业教师、学生四个层面设计考核体系。学校层面的考核应重点关注三个维度。一是学校层面的整体美育工作理念，需要考查是否有出台美育工作的指导性制度文件，以及是否有定期开展相关工作的反馈与指引等工作；二是美育工作的专业教师队伍建设，应考查学校是否有建立美育师资队伍，是否有激励等制度；三是营造校园美育文化的效果，应考查美育工作在广大学生的知晓度与满意度，真正促进提高学生们的审美体验。院系层面的考核应重点关注两个维度。一是院系落实学校层面的美育工作制度情况，使用定量和定性相结合的方式进行考核；二是院系的美育工作特色亮点，需要结合专业本身为学生设计独特的美育课程等培养体系。对美育专业教师的考核应关注其贯彻落实美育工作理念、教材编写、教学效果等情况。对学生的评价则应考查其美育意识与外显的美育活动，包括审美意识的培养情况、美育获奖情况、美育活动积极性等。

（二）学生满意度评价制度

高校美育工作强调让学生在日常学习和生活中感知、体验、表现美，因此，美育工作成效的重要部分是学生的知晓度和满意度。基于此，应把学生针对美育工作的满意度作为美育工作成效评价的重要组成部分。

整体来看，为了发挥学生的美育工作评价主体的作用，应主要关注三个方面的满意度评价内容。一是学生是否形成了美育意识和美育理念。通过高校、院系、班级等层面开展的美育工作，相比美育工作开展前，学生是否显著感受到对美的认知、在美学领域的"三观"得到了升华，是否能够用美学的观点看待自己、他人、自己与他人的互动关系。二是审美能力。学生是否感受到自己对时代生活具备了一定的审美能力，对中华美育精神有了深刻理解。三是美育成果。学生是否在参与美育活动中有较强的获得感，是否通过学校组织的美育平台进行美育意识的探讨、美育成果的分享与借鉴学习。重点关注学生对校园美育文化建设的满意度评价。

二、动态管理评价制度

除了年度美育工作考核制度，为了增强评价机制的科学性和全面性，还需要制定动态管理评价制度，从而跟踪美育工作的每个过程环节，一方面，可以及时发现美育工作中存在的问题并及时反馈、整改；另一方面，可以动态调整美育工作评价体系，从而增强对美育环境变化的适应度，也可以更好地反映美育工作者在长期工作中积累的经验。

（一）美育工作过程性评价制度

从美育工作的本质看，美育工作是在培养学生的审美活动与学生自身进行体验的过程中进行的，它在不同阶段会呈现不同的特点，培养学生对美的感知、审美的能力，并构建中华美育精神是一项具有较强过程性的工作。因此，需要以动态的过程性视角进行美育工作评价。过程性评价也称形成性评价或动态评价，强调对正在开展的美育工作进行阶段性评价分析。具体来看，高校应切实发挥美育评价的长效作用，关注学生成长成才的不同阶开展美育工作的过程性评价。高校应构建学生从入学到毕业的美育成效过程性评价机制，在新生入学时期建立学生审美意识、审美能力等基础性档案，以便于开展后续各阶段的增长性分析。在每个学期结束时，应结合自评和他评的数据，对学生个人的美育培养效果进行综合分析和及时记录，形成不同维度的美育成效得分，有针对性地为不同学生形成未来美育工作重点方案。基于各阶段数据，进行长期跟踪分析，了解不同维度得分的变化情况和推测原因。此外，还可以分析不同年级毕业生的整体水平，考查学校美育工作成效的变化情况。

（二）主管单位专项督导制度

事实上，评价不是一个纯客观的过程，而是多个主体交互的结果。因此，新时代高校学生美育工作评价机制的主管单位专项督导制度应包含校内自评与校外他评两个部分，切实丰富工作评价机制的多样性和综合性。在校内主管单位督导方面，高校应制定切实有效的美育工作考核评价体系，并基于该考核制度落实考核工作。对于美育工作多样化程度较高的高校，可以设置美育工作专项督导机构，由各院系、校级各部门负责美育工作的主要负责人共同开展高校的美育工作制度落实情况督查。应加强调查研究，深入院系、社团、班级，听取学生和各层面美育工作者的美育工作现状与意见建议，针对已有工作经验进行提炼总结宣传，对工作漏洞及时召开工作会议讨论落实整改方案。在校外主管单位督导方面，地方教育部门应通过各高校美育工作评价年度报告等文件材料了解高校美育工作成效。在评价时，应注重考虑美育专家团队、高校学生等主体的意见。此外，地方教育部门应组织综合性团队深入高校开展调查研究，形成综合性的考核结果，并做好考核结果的运用。

第七章　新时代高校学生美育工作的队伍建设

《教育部关于切实加强新时代高等学校美育工作的意见》强调："高校美育要以艺术教育的改革发展为重点，紧紧围绕高校普及艺术教育、专业艺术教育和艺术师范教育三个重点领域，大力加强和改进美育教育教学。"① 美育是审美教育，是情操教育、心灵教育，是拓展想象力和激发创新创造活力的教育。高校学生美育工作队伍作为美育工作的承担者与执行者，是美育工作的重要组成部分，其建设质量影响着美育工作开展成效。如何做好新时代高校学生美育工作的队伍建设，是开展美育工作需要重视的关键问题。

第一节　高校学生美育工作的主客体分析

高校学生美育工作的开展围绕两个关键构成要素——美育工作主体与美育工作受众群体，二者之间形成良好关系是高质量开展美育工作的重要前提。

一、教育者——美育工作主体

美育工作主体是美育教育的承担者、发动者和实施者。它与美育工作的受众相对应，是对受众群体实施美育教育活动的主体，具有主体性地位。在高校学生美育工作中，作为美育工作主体的教育者，一般指承担、发动、组织、实施美育工作、美育活动的工作角色，如领导者、美育专职

---

① 参见《教育部关于切实加强新时代高等学校美育工作的意见》，载《中华人民共和国教育部公报》2019年第5期，第19页。

教师、思政教师、业务指导教师等，他们承担着校园美育的规划、管理、教授等工作，其素质和组成决定着高校美育工作的质量与水平。

教育者的主体性主要表现为美育工作的主动性、主导性、创造性等主体能动属性。作为高校学生美育工作主体的教育者的主体能动性的强弱，决定着高校学生美育主体作用发挥的程度，决定着美育的功能与效率。

（一）主动性

教育者的主动性表现在开展美育工作的积极性、主动性。教育者能够以积极的工作态度、优秀的工作能力、饱满的工作热情将美育工作贯彻落实到高校日常教育工作中，能够以完善的知识体系、先进的美育工作理念，很好地履行、承担、组织、发动、实施美育的职能。

同时，教育者的主动性还体现在对美育工作理念与工作技能的主动获取与学习，内化为自我能力，外化为教学实践。为人之师，教育者只有不断更新工作理念、工作技能及所需的知识，才能在美育教学工作中更加得心应手，获得最佳的工作效果。

（二）主导性

教育者的主导性表现在美育工作中始终作为主导工作与指导业务的角色。美育教育者所必须具备的主导性体现在三个方面——思想引导、工作主导、业务指导。

首先，思想政治教育是所有教育工作的重中之重，必须贯彻到高校各项教学教育工作中。美育工作作为高校构建德智体美劳全面培养的教育体系的重要一环，同样需要紧抓美育课程思政教育，教育者在日常美育工作中，做好思想引导工作，是"扣好学生人生的第一颗扣子"的重要任务。

其次，教育者对高校美育建设工作具有主导性。学校领导者作为美育教育者的重要成员之一，是校园美育工作建设的主要引领者，具备管理主导性，其对美育工作的主导性体现在贯彻落实党的教育方针的全过程中。学校领导者能够带领教职工规划建设美育工作发展，制定人才培养目标，推动美育工作落实到位，为校园文化建设提供坚强的组织保证。

最后，教育者最普遍的主导性作用体现在对业务的指导工作上。美育专职教师是高校学生美育工作的教育者群体的重要组成部分。所谓"术业有专攻"，提高学生审美能力，提升学生艺术素养，健全学生审美人格，离不开美育专职教师的专业指导与知识传授。其业务指导能力高低影响着美育工作质量的高低，是美育工作开展的技术支撑。因此，美育工作的开展对教育者的业务指导能力的要求也在随着时代的发展不断地提高。

（三）创造性

教育者的创造性是指在美育工作中勇于探索、开拓创新，能够与时俱进、因材施教、因势利导，创新教育方式，具有创新精神、创新思维和创新能力。一方面，教育者能够做到紧跟时代特点及社会的变化节奏，通过不断更新知识储备，积累美育素材，完善美育工作，做到"教学有法，教无定法"；另一方面，教育者的创造性体现在因材施教上，针对不同学生及其不同教育背景情况，灵活运用教学规律，达到最优的教学效果，同时，通过创新教学方式方法，不断提高教学质量，推动美育工作实现质的飞跃。

二、受教育者——美育工作受众群体

相对于高校学生美育工作的主体是教育者，美育工作的受众群体是受教育者，是开展美育工作的具体对象。在高校学生美育工作中，作为美育工作受众群体的受教育者，狭义上指接受美育的高校学生，从广义上讲，也可包括教职工、社会人士等能够受到美育辐射的受众群体。受教育者作为美育工作受众群体，具备三个特性，分别是受动性、可塑性和能动性。

（一）受动性

受教育者作为美育工作主体的教育对象，是美育活动的参与者、内容的接受者、过程的经历者和效果的实现者，必然具备受动性，接受美育教育者的指导与影响。受动性作为受教育者的基础属性，是受教育者在美育工作中接收教育者教育行为从而获取艺术知识、提高审美能力的体现。在教育者的言传身教下，受教育者能够跟随教育者的流程逐步获取知识，在教育者引导下做出反应，比如知识运用、课堂互动，这些都是受教育者作为受众的受动性体现。

从以往情况看，受教育者特别是学生对于美的感知力、鉴别力和创造力有所欠缺，其美育的受动性是有限的，这时候更需要美育专业教师以教育者的角色引导学生接受更高层次、更高水平的美育，通过构建美育课程、丰富美育实践活动，实现美育工作的常态化，让学生从中获得最优的教育效果。

（二）可塑性

受教育者的可塑性表现为，通过美育工作者的教育、影响和塑造，其行为能力发生的变化。美育工作的开展目标在于提升学生包括审美能力在内的综合能力。只有受教育者具备可塑性，教育者所实施的美育活动才能产生最终的效果，受教育者本身才能将所学所得内化于心，从而外化于行。由于受教育者具备可塑性，而且个体间存在差异，教育者应根据其个性化差异选择不同的教授方式方法，最终其可塑性的表现会呈现不同的结果，也就是我们常说的因材施教形成的不同教学成果。

（三）能动性

受教育者虽然作为美育工作的受众群体，但因其具有能动性，且随着时代发展与教学方式的变更，其能动性不断得到强化。受教育者的能动性主要体现在以主动的态度、能动的状态，积极参与到美育活动中来，接受美育教育、享受快乐过程，同时也体现在对获得的教学内容进行二次加工或者利用所学知识进行实践活动等行动。教育者引导受教育者充分发挥能动性，反而能够获得意料之外的教育效果，比如，将艺术理论充分应用到实际中，并通过发挥主观能动性，创新艺术呈现方式，形成独具风格、独树一帜的艺术风格。总而言之，只有充分发挥受教育者在美育过程中的主观能动性，才能最大限度地提高美育效果。

三、主体与受众的关系

高校学生美育工作中，教育者与受教育者作为主体与受众二者之间的关系是息息相关、相辅相成的。在新时代背景下，教育者与被教育者之间除了存在普遍的授受关系，还存在被赋予双向互动与相互促进的关系。

（一）授受关系

新时代高校学生美育工作的教育者与受教育者分别作为主体与受众，最主要的是授受关系。我们常说的教书育人，也是指教育者对受教育者的教授、培养与塑造。在这个过程中，美育教育者呈现其作为主体的主导性与主动性，不仅需要充分了解受教育者的状况与特点，采取有效的教学方式教授艺术相关知识及培养审美能力，还要做好思想道德教育，在授受关系下做好教授者、示范者的角色。受教育者有权在授受关系中获取所传授知识与经验。基于此，新时代高校学生美育工作应更加注重和维护学生的受教育权利，关注学生的美育需求，从而逐步完善美育工作。在新时代高校学生美育工作的开展过程中，教育主体与受众二者中存在良性的授受关系，有利于实现知识传授与接收的效应最大化。

(二) 双向互动关系

教育者与受教育者作为美育工作的两个重要角色，存在着双向互动的关系，这体现在教育过程中二者的相互学习、教学相长的现实情况中。在新时代发展中，我们不再强调教育是一种单向教授、单向接收的过程，也不过分强调二者是我说你听、我讲你服的绝对关系。教育者与受教育者在美育过程中，双方在人格上是平等的，可以产生双向互动的联系。特别是在信息时代，各种信息纷繁复杂，呈现多维性、开放性、共享性等特性。在此背景下，教育者与受教育者接受信息的机会是均等的，所获取的知识来源和内容选择也呈多样化发展，教育者不再像先前那样拥有获得信息资源的优先权与垄断权。在这种情况下，在以提高审美能力、获取审美知识的前提下，受教育者可以向教育者学习，教育者也可以向受教育者学习，双方存在一种互相学习、互相帮助、教学相长、共同提高的关系。教育者可以提供艺术知识体系的内容，受教育者可以补充如何获取以上知识的方式方法。二者之间可以存在和谐的双向互动关系，这有助于提高高校学生美育工作成果的质量。

(三) 相互促进关系

教育者与受教育者在美育过程中是相辅相成、相互促进的。教育者发挥自身作为美育主体的经验与知识优势，通过教授塑造受教育者的知识体系、丰富其实践经验、调动其创造性和主动性，帮助受教育者形成系统的知识架构、良好的审美水平、培养健全的人格，对受教育者而言是自我发展的必要引导。受教育者同样对教育者起到促进作用。受教育者虽作为美育工作的受众群体，但其对美育工作的反馈、建议能够进一步提高教育者的工作质量和效率，其在接受美育之后发挥主观能动性所形成的成果，也是美育工作的一种重要反馈形式，甚至其创新性成果可以成为美育工作的新元素、新内容，成为美育工作体系的补充，成为为教育者提供美育教学工作新思路、新方法、新内容的重要源泉。因此，教育者与受教育者存在相互促进的关系，在一定程度上可以相互转化，共同成为美育工作发展的重要推动力量。

第二节　组织架构与人员构成

新时代高校学生美育工作具有长期性、持续性、系统性、复杂性的特征，因此，美育工作离不开组织建设和队伍建设所提供的智力支持与科学管理。美育工作的队伍建设是高校开展学生美育工作的组织保证。

一、组织架构

新时代高校学生美育工作的组织架构包括工作领导单位、业务指导单位与艺术类学生社团，三者形成领导与被领导的关系，在业务工作中又是相辅相成的关系。

（一）工作领导单位

工作领导单位作为美育工作队伍的重要组织，既是领导者，也是参与者，在新时代高校学生美育工作的有序健康开展中发挥着不可替代的作用。工作领导单位作为高校学生美育工作的顶层设计建设者与工作方向的引领者，肩负着贯彻党和国家对于美育的方针政策的重任，坚定不移地始终坚持社会主义办学方向，坚持正确的政治方向，在美育工作的开展中通过对高校整体美育工作方针、美育内容、美育课程体系等的发展规划与发展方向的制定和领导实施来实现以美育人、以文化人的美育目标，结合高校独特的校园文化与历史底蕴，创造性地贯彻执行党的教育方针，立足于立德树人的根本任务，培育德智体美劳全面发展的新青年，坚持为党育人、为国育才。

《教育部关于切实加强新时代高等学校美育工作的意见》明确要求，高校党委要在美育工作中发挥领导核心作用。在新时代高校学生美育工作中，高校党委在进行顶层设计及工作统筹的工作中发挥着重要作用。同时，美育工作的开展还需要构建美育工作组织领导小组作为工作统筹、完善机制、决策咨询和评估督导的重要管理机构，以实现健全的美育管理机制，形成领导责任、部门分工、全员参与的美育工作管理体系。

（二）业务指导单位

美育是审美教育、情操教育、心灵教育，也是丰富想象力和培养创新意识的教育，能够提升审美素养、陶冶情操、温润心灵、激发创新创造活力。美育工作的开展离不开艺术类专业指导，在现今高校美育工作开展进程中，主要的业务指导单位有艺术学院或者艺术教育中心。以中山大学为例，作为同时开设多专业多院系的综合性大学，中山大学主要的美育业务指导工作责无旁贷地落在了艺术学院的肩上。艺术学院或者艺术教育中心等美育工作的业务指导单位，在围绕美育目标，落实立德树人根本任务的过程中，以推动艺术教育普及、第二课堂与第一课堂深入融合为主要人才培养任务，积极构建艺术与人文等学科融合发展体系，深化思想与专业共同引领作用，充分发挥专业能力、专业特性，形成系统的美育教育工程，通过利用优秀师资、教资形成以通识教育艺术类课程、高水平艺术团课程、课外艺术教育活动、院系艺术实践为主要内容的美育工作体系，用艺术讲好校园故事的同时，主动服务各学科创新人才培养，不断扩大高质量艺术教育受益面。

（三）艺术类学生社团

艺术类学生社团作为高校学生组织，在高校美育工作的开展中同样占据重要的地位。艺术类学生社团是学生接触更多的组织，是美育工作的前沿阵地，具有社团艺术育人的功能。各艺术类学生社团可在学校的领导下，通过举办主题鲜明、形式多样的艺术活动，以普及高雅艺术为导向，服务于全校师生，服务于校园文化，服务于精神文明建设。艺术类学生社团的形成有利于统筹美育资源、教师资源，通过扎实推进组织建设，完善美育制度建设，不断提升艺术社团建设水平，拓展学生艺术素养，繁荣校园文化，建设第二课堂公共艺术教育平台，实现美育育人功能。艺术类社团作为推动艺术教育普及、第二课堂与第一课堂深入融合的重要载体，能够以最普遍的社团活动形式，扎根学校发展，推动艺术团育人水平的常态化、专业化、品牌化发展，注重艺术教育面向人人，反哺校园美育建设，实现育人长效机制下的全覆盖，培养具有崇高审美追求、高尚人格修养的高素质人才。

二、人员构成

新时代高校学生美育工作队伍由辅导员、业务指导教师、学生骨干组成。

（一）辅导员

1951年11月3日，国务院批准的《关于全国工学院调整方案的报告》中提出要建立政治辅导员制度。经过近一年的准备，1952年10月28日，教育部在《关于在高等学校有重点地试行政治工作制度的指示》中指出："为加强政治领导，改进政治思想教育，全国高等学校应有准备的建立政治辅导员制度。"辅导员对学生的学习、生活以及美育工作有着最直接的联系，是高校学生学习的辅导者，是高校学生生活的参与者，也是高校学生美育的引领者。习近平总书记在全国宣传思想工作会议上强调，"要抓住青少年价值观形成和确定的关键时期，引导青少年扣好人生第一粒扣子"，辅导员就是引导青少年扣好人生第一粒扣子的人。

（二）业务指导教师

业务指导教师肩负着美育工作的使命，以文化人、以美育人，是传递真善美和启迪心灵的重要工程。业务指导教师是学生专业能力培养的第一责任人，是学生学科问题的答疑者，是美育工作的普及者。通过专业课堂培养，可以不断提高学生的专业知识；第一课堂与第二课堂相结合，可以更好地通过实践去检验学习成果，学科交叉，推动美育教育的普及化，培养德艺双馨、全面发展的人才。

（三）学生骨干

学生干部（骨干）是美育工作建设的依靠力量，是社团活动的组织者和带头者，也是教师联系同学的枢纽。他们有着坚定的政治立场，是学生活动的领头羊，凝聚同学之间的学习、友爱和团结。作为学生骨干，应以身作则，多干实事，从身边做起，从点滴做起，以无形的力量潜移默化地影响身边的同学，激发同学的集体荣誉感而形成奋发向上的精神面貌。

第三节 职业发展与职业素养

一、职业发展

美育是审美教育，更是情操教育和心灵教育，对立德树人具有不可替代的作用。习近平总书记强调，要全面加强和改进学校美育，坚持以美育人、以文化人，提高学生审美和人文素养。要落实这一重要要求，就要下大力气改进美育工作,将其作为推动学校美育高质量发展的基础环节。全面提高美育教师的思想政治素质、教学素质、育人能力和职业道德水平是当下高校美育工作的重要环节。

美育教育者要抱着"十年树木、百年树人"的耐心,提高自身能力水平,在教学实践中,不断积累教学经验,为学生引路,把美的旋律深深地萦绕在学生的心中,不断提高学生审美和人文素养,从而达到美育育人的实效,用美育助力学生追求未来美好生活。同时,我们要紧扣时代脉搏、坚守人民立场、坚持守正创新,始终胸怀"国之大者",用情用力讲好中国故事;响应国家提出的要求,恪守职责素养。

(一)扎实掌握教学技能

教师有着不言而喻的重要地位,必须具备渊博的专业知识,了解自身的知识结构,扎实掌握教学技能,贯彻国家的教育方针,在理论实践相结合的过程中,不断创新、完善不足,才能担负起人才培养的重任。

(二)不断积累教学经验

终身学习是提高教师能力的关键,是教师职业发展的必要路径。教师应时刻反省自身的不足,在实践中不断积累教学经验,进而完善自身的教学水平。

(三)形成自身教学风格

教学风格属于艺术的范畴,是不可复制且独一无二的。教师要在长期的学习与教学经验的积累中,逐步形成属于自己的教学风格。教学风格同时也会深深影响着学生的心灵,从而引导学生的发展。

二、职业素养

新时代背景下,教师已从传授知识的单一身份逐步向学者、知识传授者、品德示范者及情感教育工作者的多重身份转变。他们不仅是对知识的传授,还对学生道德品德和树立"三观"起着举足轻重的作用。只有坚持德智体美劳"五育"并举,才能完整地、全面地理解后现代教育理念。无论是内在的自我要求,还是外在的职业要求,都将在教师的个体修为中得以表现。

(一)审美修养

教育者要树立正确的审美观,做到文化自信,追求向上向善的优良文艺传统，用思想深刻、清新质朴、刚健有力的优秀作品滋养高校学生的审美观和价值观，使学生在精神生活上更加充盈；深挖中华优秀传统文化的思想观念、人文精神、道德规范，把艺术创造力和中华文化价值相互融合，把中华美学精神和当代审美追求相互结合，激活中华文化生命力；要有信心和抱负，承百代之流，会当今之变，创作更多彰显中国审美旨趣、传播当代中国价值观念的优秀作品。

（二）知识素养

教育者要学会学习，成为终身学习者，重视补齐自身薄弱短板，不断拓展理论知识，对自身学科专业精益求精，做到立德修身、潜心治学、开拓创新，真正把为学、为事、为人统一起来。

（三）品德素养

教育者要爱国守法，拥护中国共产党的领导，全面贯彻党的教育方针；爱岗敬业，忠诚于人民教育事业，勤恳敬业，甘为人梯，乐于奉献；关心爱护全体学生，尊重学生人格，公平公正对待学生，做学生良师益友；教书育人，遵循教育规律；循循善诱，诲人不倦，因材施教；为人师表，坚守高尚情操，知荣明耻，严于律己，以身作则；崇尚科学精神，树立终身学习理念，拓宽知识视野。

（四）能力素养

作为一名教师，应当具备语言表达能力、教育教学能力、组织管理能力、自我调控和自我反思能力等。此外，教师还应该是学生的引导者和发展道路的促进者、课程建设的开发者、教育教学的研究者。

第四节　人员管理与持续发展

习近平总书记就加强学校美育工作多次发表重要指示，在2018年中央美术学院建校100周年之际，总书记在给中央美术学院老教授的回信中强调："做好美育工作，要坚持立德树人，扎根时代生活，遵循美育特点，弘扬中华美育精神，让祖国青年一代身心都健康成长。"[①] 通过美育人才

---

① 《习近平给中央美术学院老教授的回信》，见中国网（http://news.china.com.cn/2018-08/30/content_61111287.htm）。

的引进、发展、激励人才,加强美育人才队伍建设,以进一步做好美育工作,弘扬中华美育精神,培养德智体美劳全面发展的社会主义建设者和接班人。

一、加强人才引进,重视专业水平

加强师资队伍建设,夯实美育育人的基础。在很多综合性学校中,特别是没有设立艺术学院的学校,其美育师资水平参差不齐,缺乏专业师资,因此,如何配备配齐美育教师,成为美育工作队伍建设的重要问题。

要做好师资队伍规划,应立足学校美育工作发展需求,加强教师人才引进力度,优化师资结构,明晰职责,注重教师艺术专业水平。通过精准引进不同专业方向、不同层次的人才,引进或外聘一流师资,合理规划师资结构,践行"以最优秀的人培养更优秀的人"育人理念,进一步提高美育的专业性。同时,实施教师岗位分类管理,加强以成果质量为评价导向。由于高校学生美育工作的开展有学生社团作为载体,因此,通过选配高水平业务指导教师,以更专业的团队指导专业的社团、专业的学生,也是做好美育工作的重要组成部分。此外,还要深入探索美育教师人才引进工作,全面提高教师思想政治水平及专业教学水平,夯实美育教师队伍建设工作,培养一支教育情怀深厚、专业基础扎实、勇于创新教学、善于综合育人和具有终身学习发展能力的高素质美育工作队伍。

二、优化激励机制,畅通晋升渠道

要想激发教师参与美育工作的积极性,需不断优化激励机制,畅通教师晋升渠道,提升教师内驱动力。一方面,应完善畅通针对美育教师个人职业发展的晋升渠道,保障教师的个人权益,不断提高美育教师对学校美育工作的认同感、参与感与成就感。对从事美育工作的专职教师与兼职教师,应采取不同但有效的激励机制,以实现工作的协同开展。另一方面,针对教师教学工作的激励,可以通过建立健全美育教学管理责任制,落实艺术社团指导、课外活动、课后服务等第二课堂指导和走教任务等方面的工作量考核标准,确定指导教师每学年工作量指标。同时,应加大相关奖励投入,有针对性地奖励思想新颖、美育教学理念先进、教学手段多样的教师,鼓励教师参与各类美育教材的编写工作。落实奖励性绩效津贴,以超工作量奖励、成果奖励、教学质量奖励等为主要绩效构成，推进教师个人职业发展预期与学校整体发展目标的有效契合。

三、搭建合作平台，提倡资源共享

美育培养工作的开展，需要通过搭建合作平台来实现美育资源的共享，取其精华，不断提高美育队伍中教师的理论实践水平，从而提供更多全面高水平的美育师资与多层次的美育平台。第一，通过与知名交响乐团等建立战略合作关系，开展教学合作、人才培养、艺术实践的平台建设，形成美育工作上的相互支持、相互依托、共同发展的格局。第二，综合性高校应充分发挥多学科优势，利用"互联网＋"技术，整合美育教学资源，搭建开放的美育平台。同时，可以通过依托"国培计划""省培计划"等培训项目，搭建美育教师业务培训与能力提升平台，培养一批思想政治素质高、教育教学能力强、职业道德水平高、能上示范课、能训练社团的全能型教师。第三，鼓励学校与社会公共文化艺术场馆、文艺院团合作开设美育课程，与校内外各方力量深度合作，建设美育实践基地，搭建艺术实践工作坊，让学生得到一流艺术家指导的同时，扩宽在校美育教师的美育知识面。

四、完善评价体系提升师资质量

健全教育督导评价制度，把学校美育工作情况纳入教育督导评估范围；把美育工作及其效果作为高校办学评价的重要指标，纳入高校本科教学工作评估和"双一流"建设成效评价指标；完善针对美育教师的评价体系是提升师资质量的前提；针对美育教师的评价体系应包括教学工作的评价和师德师风的考核评价。

一方面，要加强师德师风建设，落实高水平艺术团指导教师的考核工作，强化师德建设，推动常态化发展，坚持价值导向、正向引领，健全师德考核机制。高校需结合师德建设中存在的问题有针对性地开展师德教育活动，把师德建设贯穿到日常工作中，加强和改进教师思想政治教育、职业理想教育、职业道德教育，充分发挥师德规范对教学管理的作用，建立师德建设的长效机制。另一方面，通过改革完善工作质量的相关评价指标，提高美育工作者评价机制的完整性与有效性。综合类高校的美育工作承担者不仅包括业务指导教师,还包括行政指导教师。应积极实施美育师资选聘机制,加大专业教学部分包括课程设置、教材编写、论文发表、学生获奖情况等方面的评价比例,把艺术社团指导、校园文化建设等美育工作的开展情况作为重要指标纳入教师考评系统。高校可运用考评、学生反馈等多种手段评价教师的美育质量,采用定性与定量相结合的方法列出美育教学评价指标和美育质量测评公式,探索师德建设的科学化、规范化和具体化途径。

第八章　新时代高校学生美育工作的评价体系

《教育部关于切实加强新时代高等学校美育工作的意见》明确提出，积极探索中国特色现代高校美育评价制度，进一步完善高校美育评价体系的目标任务，要求所有普通高校将美育工作及效果纳入本校人才培养工作评估指标体系中，并作为办学评价的重要因素进行督导检查。① 这是对新时代高校美育改革发展提出的明确要求，使高校美育工作有据可循、有规可依，为构建德智体美劳全面培养的教育体系，培养高素质、创新性、复合型人才提供了制度性的安排和保障。要实现以上目标，就要从树立科学化的高校美育评价理念、体现差异化的高校美育评价标准，以及坚持多样化的高校美育评价方法等方面着手，以评价体系为杠杆，切实推进新时代高校学美育工作的改革发展。

第一节　树立科学化的高校美育评价理念

如果说教育目标是学校教育的第一支点，那么教育评价就是撬动学校教育发展的第一杠杆。② 中央音乐学院教授叶小钢曾强调，美育评价是对美育活动、美育过程和美育效果进行价值判断，以期提高美育质量和为教育决策提供依据。

高校美育评价是对美育活动的前期准备、实施过程、实施结果进行测量、分析、整理和价值判断，它具有导向、诊断、激励、管理等基本功

---

①　参见《教育部关于切实加强新时代高等学校美育工作的意见》（教体艺〔2019〕2号），见中华人民共和国教育部官网（http://www.moe.gov.cn/srcsite/A17/moe_794/moe_624/201904/t20190411_377523.html），刊载日期：2019年4月2日。

②　参见赵伶俐《基于目标与课程的美育质量监测》，载《华东师范大学学报（教育科学版）》2017年第5期。

能。树立科学化的高校美育理念，要求我们充分认识到新时代高校学生美育工作的多元性、完整性和互动性。

一、高校学生美育工作评价的多元性

"多元性"是2016年全国科学技术名词审定委员会公布的管理科学技术名词，出自《管理科学技术名词》第一版，其定义为：系统的组成部分各自具有不同的性质、特点、目的和行为，因而相互区别所形成的系统特性。高校学生美育工作评价的多元性，主要体现在其评价主体的多元性、评价方式的多元性、评价内容的多元性三个方面。

（一）评价主体的多元性

评价是参与评价的所有人之间交互作用的结果。① 传统意义上，高校学生美育工作的主体是教师，以往的评价模式也是将教师放在中心地位，学生不具有或是仅在形式上具有评价权。事实上，美育工作评价并不是某个人的特权，它需要多方人士共同参与，只有如此，方能得到一个多方面、多维度的评价结果。因此，高校学生美育工作的评价主体应包括校内的美育指导教师、辅导员、学生，校外的则应包括地方教育部门、校企合作单位和用人单位。同时，高校还应组织聘请美育领域专家，引进社会第三方评价机构，建立校内、校外相结合的多元化评价主体。

（二）评价方式的多元性

由于长期以来唯量化的评价导向，对高校学生美育工作的评价也主要侧重于采用知识点问卷测试、问卷调查统计等方法，评价方式较单一。根据《深化新时代教育评价改革总体方案》的各项要求，对美育工作的评价需要将学生的认知、情感、意志、价值观等内容纳入其中，从而充分体现美育评价的人文性、多元化。因此，应逐步将客观量化测评与主观效度检验结合起来，综合采用结果评价、过程评价、动态评价等方式，既采用群组终结性比较评价，也实施个体形成性发展评价，兼顾差异、鼓励创新，回归高等教育的本质和初心。

（三）评价内容的多元性

当前，高校美育评价大多是对高校美育教学质量进行评价，对高校美

---

① 参见朱丽、李卫霞《新时代教育评价改革的伦理审思》，载《上海教育评估研究》2021年第10期。

育管理、校园美育文化建设等方面鲜有涉及。注重评价内容的多元性，可以更好地发挥美育评价的"指挥棒"与倒逼作用。就高校学生美育工作的评价内容整体而言，应包括对学校美育教学、管理、教师、学生、内容、方法以及效果等多方面的评价；对评价内容个体而言，则应更综合化，既评价审美感受，也评价逻辑认知。

二、高校学生美育工作评价的完整性

高校学生美育工作评价应遵循完整性的理念和原则，立足于培养德智体美劳全面发展的社会主义建设者和接班人的现实需求，有标准、系统地对具体工作的整个过程进行观测和评价。

针对美育工作成效的最终测评，应以师生的审美水平、审美能力、知识获得和运用情况为中心。例如，可以通过选取现代教育学、现代美学、社会学、系统论等多学科的测量分析视角，借鉴教育评价的核心理念和国内外最新研究成果，针对大学美育评价主体、评价目标、评价标准、评价方式、评价工具、评价保障等方面展开多元化、整体性研究设计；也可以围绕美育教育实施过程、学生美育综合素质表现等，对实践者的表现和工作效果进行评价。

同时，根据教育教学发展目标、社会人才需求标准，应对高校学生美育工作评价标准与指标体系构建进行整体的规划和全局部署。在复杂的教育系统中，管理者、教育工作者需看到美育工作评估的本质和意义，尽可能完善、优化工作的内容和手段。高校应保证学生美育工作评价过程的完整性、评价指标的全面性，扎实地推进美育工作。

三、高校学生美育工作评价的互动性

美育在《现代汉语词典》的解释是以培养审美的能力、美的情操和对艺术的兴趣为主要任务的教育。可见，美育不仅是认识世界的方式，而且是实现真、善、美，统一健全人格塑造的重要方式。[①] 美育的主要任务决定了其具有互动性的特质，因此，对高校学生美育工作评价也要树立相应

---

① 参见韩凝玉、胡燕、韩一杰《大学校园中文化景观的美育实践》，载《中国高等教育》2021年第8期。

的互动性理念。只有将学生的审美意识、审美能力的考核与学生学习质量评价衔接起来，才能充分彰显以学生全面发展为中心的逻辑机理。

以往"以教为中心"的教学模式在传授纯粹的美学知识方面效果不错，但对培养学生的思辨能力和审美实践能力上收效甚微。2022级的大学生大多是"00后"青年，他们个性鲜明、思想活跃、朝气蓬勃。"以学为中心"的教学过程能更好地满足他们个性化、多样化的成长发展需求和期待，帮助他们形成正确的审美观、价值观，在实际生活中分辨真与善、美与丑。

树立互动性的评价理念，包括将综合评价与特色评价有机结合，通过网上评教、问卷调查、召开座谈会、发展学生担任教学信息员等形式，获取学生对艺术修养课程教学的意见和建议，从而进行动态整改。这里有三个关键点：一是对学生客观公正评教进行正确的训练引导，让学生评教有的放矢，更具建设性；二是合理分配学生在评教中扮演的角色，均衡权重，让整个教学评价更加合理；三是把评教活动创设成一种共同学习的环境。在这种环境中，让教师和学生真正感觉到他们在一起努力和成长。①

第二节 体现差异化的高校美育评价标准

高校学生美育工作的最大特点是实践性和体验性，对美育的评价尤其是对学生审美素养的评价很难以传统方式给出一个确切分数。我国学者蒋勋在其《美的觉醒：蒋勋和你谈眼、耳、鼻、舌、身》一书中描述过这样一件事：一次美学课程考试内容为贝多芬第九交响曲，有许多学生得到了高分甚至接近满分；可他清楚地记得，一位分数较低的学生，在课堂上聆听这首乐曲最后乐章时，一言不发地坐着，满脸都是泪水。蒋勋说，美学课堂上，考高分的学生在美的感受上，是不是能拿得到同样的高分？而也有一个人可能只考了60分甚至更低的分数，可是他曾经在音乐里热泪盈眶。或许他的美学分数并不高，可是他在美的感受上，却是一个高分的学

---

① 参见邹洪杰《课程思政背景下高校美育与思政课协同育人的路径探究》，载《大学》2021年第44期。

生。为此，蒋勋发出感慨："也许，美，根本无法被打分数。"①

与之相对应的评价标准，则是对既定对象、客观事物现象进行评价的参照和基准。判断管理任务是否达标、工作模式或好或坏，不应以个人意志和经验为主，而应以客观和量化的标准为准。由此可见，针对高校学生美育工作的评价体系要依托完善和多元的指标，对美育特征、美育现象进行多维测评，在倡导学生德智体美劳全面发展的同时，鼓励个体的差异性和多样性，不能用"一把尺子"衡量学生的艺术养成，而是要从价值观塑造、人格养成、情感教育和综合性审美体验等不同维度，充分体现差异化的评价标准。

一、价值观塑造

美育既关系到社会生活，又关乎每个人的道德修养、精神品格能否得到提升，进而影响到人的世界观、价值观、人生观。强化美育教育，很重要的是建设我们的精神家园，在培养人的审美观念的同时，促进人的全面素质提高。2022年5月，中国高等教育学会美育专业委员会理事长杜卫在线上举办的"新时代中国美育理论北京大学美育论坛暨高校优秀美育课程案例交流会"上就曾明确提出，艺术人文教育的实质是引导学生认知、体验和领悟经典艺术的人文意义，树立纯正的人生价值观和艺术价值观。因此，艺术人文教育实质上就是一种价值观教育。②

社会主义核心价值观是高校美育的灵魂，它是新时期党的全面领导下赋予高校美育的时代使命，也是高校美育自身应有的追求。高校学生美育工作的首要任务是培根铸魂。加强社会主义核心价值观融入高校美育工作，应把握美育的正确方向，切实加强组织保障，营造校园美育文化，构建美育课程体系，全面开创新时期高校美育工作新局面。

二、人格养成

欧洲早在古希腊古罗马时期就开设了艺术、哲学、历史、体育、数学

---

① 蒋勋：《美的觉醒：蒋勋和你谈眼、耳、鼻、舌、身》，台北远流出版事业股份有限公司2006年版，第25页。
② 参见《美育是一种价值观的教育——专家研讨新时代美育的理论建构》，载《中国文化报》，2022年5月29日，第3版。

等科目，我国先秦时期也倡导"六艺"——礼、乐、射、御、书、数，足以看出美育对人的综合素质和健全人格的培养与塑造的重要性。

美育的核心功能是个体塑造，通过审美课程教学和审美实践活动加强学生审美修养，使其具有审美意识和审美价值。西方著名美学家席勒先生认为，美育的实质是人性的自由解放和发展，美育的目的在于培养感性和精神力量，使其整体达到和谐。美育体现在人格培养上，属于德育的一种具体手段，是沟通理性与感性的桥梁，通过各种美的艺术形式作用于人的情感层面，从而进一步影响受教育者的性格、气质、修养、情感等方面，促进人自身精神层面的和谐与健康，实现理性与感性的协调发展。美育与德育、智育、体育以及劳动教育处于同等重要的地位，是培养全面发展的新时代人才不可或缺的重要环节。①

三、情感教育

近代中国最早提出美育思想的学者、近代中国美育思想的奠基人——王国维，曾明确表达"美育即情感教育"这一观点。在中西方美育思想影响之下，他接受了中国古代艺术与情感关系的艺术"言情"论的美育观点，其精神内核在于明确提出了情感教育是一种审美情感的教育，具有愉悦性、超功利性、间接性、个体性与整体性统一的特点，需要通过高尚的文学艺术作为实现美育的手段，达到培养"完全之人物"的目的。

由此可见，审美教育本质上是一种生命教育和情感教育。② 情感教育是审美的核心，也是审美和教育实现沟通的桥梁，是促进审美和教育有机结合的动力。心理学的研究表明，情感的激发能活跃人的感知、想象、理解等心理因素，促进人的心理结构的完善。在育人实践中，通过审美激发人的情感，能直接通达教育的底里。

四、综合性审美体验

综合性审美体验也是高校学生美育工作评价的重要标准之一。

体验，既是审美的主要方式，也是高校教育活动中不可或缺的重要环

---

① 参见高洪《美育铸魂：新时代中国美育的使命》，载《美术研究》2021 第 4 期。
② 参见杨琼《美育：一种生命和情感的教育》，载《课堂内外（教师版）》2019 年第 11 期。

节。一方面，在审美中，体验是主体与对象相互融合、创造新境界、实现自我超越的过程；另一方面，在高校教育活动中，如果没有体验，师生就会因无法融合而难以升华境界，外在的知识就会因为无法进入人的内心而难以促进人的发展。实践证明，只有经过体验，教育活动才能真正发挥内化知识、强化能力、启迪意义、完善人性的作用。所以，体验是实现审美和教育目的的重要方式。

美育能培养学生具有良好的审美体验，培养学生具有感受美、鉴赏美的能力。审美体验在审美活动中与人的精神需求相伴而生，是现实生活中人的心理活动的产物。生活中，美随处可见，同样，审美体验也是随处可得的。只要有人生活的地方，就有美的存在；只要存在美的地方，就会引发人的审美体验。形式是为内容服务的，无论哪一种形式，其最终目的都是让受教育者拥有良好的审美体验。因此，要使高校学生获得良好审美体验，应该从整体教育入手，把审美融于整个教育过程中，让学生时刻感受到美的存在。

第三节　坚持多样化的高校美育评价方法

多年来，大学教育系统设置教学课程，并建立了完整的评价体系，但在"五育"中，唯缺美育评价体系。积极探索中国特色现代高校美育评价制度，进一步完善高校美育评价体系，是教育部对新时代普通高校美育工作的新要求。

教育评价有诸多模式与方法，然而，由于高校学生美育工作评价理念的多元性、完整性和互动性，以及评价标准的差异化等，美育评价方法的选择和界定必须慎选、慎用。否则，不仅很难达到以评价促进学生"审美与人文素养发展"之目的，反而还会阻碍美育工作的实施。要想遵循美育规律进行美育评价，主流的评价方法包括总结性评价、形成性评价、体验式评价和个体内差异评价等。无论选用什么方法，都应力求合目的性、合规律性且具可行性。换句话说，评价的方法与手段应与评价的对象或内容相适应。评价的对象或内容不一样，需要采取的评价方法与手段也会不一样。

一、总结性评价

总结性评价又称终结性评价、事后评价，一般是在教学活动告一段落后，为了解教学活动的最终效果而进行的评价。学期末或学年末进行的各科考试、考核都属于这类评价，其目的是检验学生的学业是否最终达到了各科教学目标的要求。

作为一种集感知性、获得性和内生性于一身的教育形式，美育的教育效果难以像其他知识型或实践型教育一般进行定量或定性评价。一方面，美育影响的是学生的情感世界、精神境界、人性完善程度，这并非能简单地用数字说明的，我们应当按照定性评价的要求去建立评价标准、确定评价方法；另一方面，美育实践需要投入大量的人力、物力、财力，需要开展一系列活动，需要学生阅读一批经典作品，而这些又都是可以而且应该量化的。

对高校学生美育工作的总结性评价，首先，可以以美育目标的确定和实施为重点，考察美育实践者有没有确立目标，目标是否正确和明确，有没有让目标对活动的各个方面起统领作用，有没有体现出审美特点，有没有制订出相应的计划、采取必要的措施来保证目标的实现……通过这些方面的考查，我们可以对美育实践者的思想认识是否正确、是否到位做出定性判断。

其次，由于教育的目标在于促进人的全面和谐发展，总结性评价还可以围绕美育是否有服从并服务于教育根本目标的状况展开，重点观测学生的成长状况。具体来说，就是要考察大学生在以下三个方面的表现：一是大学生喜欢什么，这属于审美趣味方面的表现；二是大学生表现什么，这属于审美能力方面的问题；三是大学生发展什么，这属于审美理想方面的问题。

最后，从美育特性看，量化评价方法的运用应当以定性评价为基础，并且服务于定性评价要求。例如，针对美育评价的知识、技能等内容可进行量化考核并设定量化指标，进行量化评价可避免定性评价中主观意识。对学生的参与活动和学习的出勤率、组织纪律、技术技能的熟练程度和学习成效等进行客观性的评价，实施定量评价，给出相应的评价等级。

二、形成性评价

形成性评价又称过程性评价、动态评价,指在教学过程中为了解学生的学习情况,及时发现教学中的问题而进行的评价。形成性评价常采用非正式考试或单元测验的形式进行。评价表的编制必须考虑单元教学中所有的重要目标。通过形成性评价,教师可以及时了解学生在学习上的进展情况,从而获得教学过程中的连续反馈,为教师随时调整教学计划、改进教学方法提供参考。

鉴于美育对人的涵育属于"润物细无声"的类型,衡量美育课程难以在短期内形成简单明确的评价,而采用形成性评价方法,则能够更好地对正在进行的教育活动做出的价值判断。"形成性评价是在形成阶段中进行的,那就要尽一切努力用它来改造这一过程""找到各种方法",把过程中各个环节甚至细节得到的"评价的各个结果"跟被认为"重要和值得为之努力的各个学习与教学目标"联系起来。[①]

形成性评价是受到普遍欢迎的一种评价方法,也是美育评价适合采纳"学生、教师和课程编制者"都乐意接受的评价方法。然而,其价值还不止如此。在美育评价中,要结合美育目标、美育内容和美育教学独有的特点进行适应性改造,才能更科学、更有效地使用这种评价方法,并将其功能发挥到极致。

三、体验式评价

美育是且必须在审美活动与体验过程中进行。审美素养也只有在这个过程中才能体现出来,因此,比较合适的美育评价方式就是体验式评价。"既符合美育特征,又较有成效的是'体验'。所谓'体验',需要进入情境,调动各种感官,与对象互动,唤起深度情感,形成共情,从而获得审美享受。这一过程依赖于提升感官敏锐度,正如美学家乔治·桑塔耶纳所说,'美感教育就在于训练我们去观赏最大限度的美'。"[②]

体验式评价适合在任何审美活动、任何美育的形式中进行,在美育测

[①] [美]布鲁姆:《教育评价》,邱渊、王钢、夏孝川等译,华东师范大学出版社1988年版,第228-229页。

[②] 尹少淳:《有效实施美育》,载《人民日报》,2019年1月13日,第8版。

评或学生审美素养测评中，具有非常重要的价值。然而，评价者要驾驭这种评价方法，不仅要有娴熟的形成性评价理论和操作能力，还要有较高的审美素养和具体审美领域的知识、技能。美育必须通过审美活动且以美感体验为主线来实施，美育评价也应遵循美育的这一特性和规律，伴随审美活动与美感体验的实际过程来实施，这就是美育的过程性体验式评价。否则，所评价的既非艺术素质，也非审美素养，只是知识与情感的回忆结果罢了。

四、个体内差异评价

个体内差异评价也是应该大力倡导的美育评价方法。它是一种以被评价个体自身某一时期已有发展水平为标准（为参照），对现有发展状况进行对比和判断的评价方法。[①]

简单而言，个体内差异评价就是自己与自己进行比较的评价。比较的内容，既可以是个体身心因素、某些侧面之间的比较，也可以是现有水平与过去水平的比较。例如，个人的美术审美素养与个人的音乐审美素养比较，审美素养与道德素质、科学素质比较等。这类评价方法的最大优点是在充分尊重个体差异的基础上，更切实地判定个体的发展、长处和不足，扬长避短、因材施教，还能适当减轻个体与他人比较和在群体统一评价中的压力。对于美育评价而言，由于美的种类与审美活动的丰富多样，且与个人的身心条件和个性选择高度关联，因此，采用个体内差异评价法更有利于激发学生的学习养育的动机和兴趣。

---

① 参见赵伶俐、文琪《以审美素养发展为目标的美育评价》，载《湖南师范大学教育科学学报》2021年第3期。

第九章　新时代高校学生美育工作的创新发展

第一节　课程思政与美育工作协同育人

思政课是大学生接受思想政治教育的主要方式，但当前的思政课建设的协同效应还有待增强，需进一步探索教育课程的德育元素，实现融入式、浸入式、协同发展的育人模式。美育可以通过美好的体验与感知等多种方式教育学生，从而达到课程教学与思政教育的协调统一，提高课程思政的实效性、感染力。

一、美育与课程思政的背景

（一）美育的意义

美育指教师通过一些教学方法提升学生欣赏美、感受美、理解美、认识美、追求美的能力。这些能力的培养可以提升学生的思想品质与基本素养。中西方的教育工作者均强调美育教学的重要性。西方一些教育学者认为美育可以让学生修身养性，保持理性、豁达的态度。因此在西方，美育被看作培养健全人格的基础教育，良好的美育有利于整个社会的和谐发展。是否接受了良好的美育决定了一个人的理性和文明与否。中国自古以来就有美育。传统的中国礼乐、诗经，是通过诗歌的形式感受美，促进人性的形成与发展。新时代，陶冶中国的教育工作者强调美育日常化，如孩子从幼儿园时期就学习文学、舞蹈、音乐，陶冶情操。此外，在教学过程中引导学生形成良好的"三观"，帮助学生全面发展。当今，很多优秀的文化作品也无时无刻不显露良好的美育内容，从日常生活中对青少年一代进行美育教学。

(二) 美育与课程思政的关系

其一，美育作为教育的重要组成部分，具有涵养心灵、塑造人格、创新思维、价值引领的教化功能。很多教师在教学内容上都添加了美育等人文素材的内容，思政教师也认识到了美育在思政课教学的独特作用，有意识地把二者进行融合。这些都是有政策上的支持和引领的。习近平总书记在全国教育大会上明确提出要全面加强和改进学校美育的要求，思政育人应该是全方位的、全员的、全过程的，要挖掘其他课程和教学方式中蕴含的思想政治教育资源，实现融入式、嵌入式、渗入式的立德树人协同效应。其二，美育和课程思政的根本目标是一致的。贯彻以人为本，培养全面发展的社会主义建设者和接班人，二者在育人方法、方式互补，思想政治教育能保证美育坚持正确的政治方向，美育可使课程思政更富有趣味性、感染力。

二、美育与课程思政融合的现状

多种因素导致了现在高校大学生参与美育活动的热情和积极性不高的结果，接下来笔者针对这些原因进行逐一分析、破解，以确保大学生美育工作的全面落实。

(一) 师资能力有限

从某种程度上来讲，高素质的教师是教育取得成效的前提，教师能力对艺术教育与课程思政的融合效果起到决定性作用。一些教师只掌握本专业内容，在教学过程中没有将艺术教育与课程思政进行融合，无法做到兼顾。比如，艺术教育的教师只懂艺术专业知识，对课程思政的知识知之甚少。同样，课程思政教师在思想政治教育方面有扎实的理论基础，但在艺术知识方面积累不多。从学科特性的角度来分析，艺术教育与课程思政教育的教学方法不同。艺术教育偏向情感熏陶，而课程思政教育偏向理论引导。艺术教育轻松且具象化，而课程思政知识理论化、抽象化，没有一定的专业基础很难驾驭。而同时具备两种专业能力的教师可以说是少之又少。

(二) 美育学习氛围不足

一些高校缺乏重视美育课程的教学氛围，教师上课得不到学生的反馈，也无法调动学生的积极性，美育自然无法从书本走到学生中去；部分高校没有美育的教学方案，教学方式和教学方法基本上一成不变；一些普通高校只开设了艺术欣赏课程，以介绍简单的艺术知识为主，缺少深入的艺术交流和引导；部分高校存在教师会讲什么就开什么课，间歇性授课或以讲座、活动等形式代替课程等情况，美育没有贯穿学校教育的全过程。

（三）高校美育课程建设与课程设计滞后

有些高校的美育起步较早、基础较好、优势明显，相对在美育上的投入较大，美育的氛围也比较浓；有些高校虽然美育的基础并不是很好，但由于学校领导自身的学科背景或研究兴趣，在美育方面也开展了许多探索；有些高校的美育只停留在表层，没有结合学校自身实际出台相应的鼓励支持举措，处于"说起来重要，忙起来不要"的状态；一些高校没有把美育列入教学计划和教学大纲，仅把美育作为辅助性工具；还有一些高校把美育简单地看成技艺教育、课外活动教育，没有真正理解美育的精髓和内涵。总的来说，高校美育的不稳定性、随意性比较突出。

三、课程思政与艺术教育融合的必要性与可行性

（一）必要性

党的十七届六中全会提出深化文化体制改革，推动社会主义文化大发展大繁荣，为进一步发挥高校美育的作用创造了难得的历史机遇，同时也对高校美育工作提出了更高的要求。这就要求深刻、全面地认识高校美育的作用，通过美育来更好地陶冶人的情操、美化人的道德、净化人灵魂。在高校中推进社会主义核心价值体系建设，使大学生更好地坚持马克思主义指导思想，坚持中国特色社会主义共同理想，弘扬以爱国主义为核心的民族精神和以改革创新为核心的时代精神，树立以"八荣八耻"为主要内容的社会主义荣辱观，从而进一步形成强大的精神力量和道德风尚，推进全民族素质提高和社会文明进步。

（二）可行性

课程思政与艺术教育的融合具有可行性，体现在两个方面。一是美学基础。美学是美育的前提，也是复合式美育模式产生的必要条件。复合式美育分为自然美、社会美、艺术美、科学美、技术美等，这就要求美育包括高校美育不能局限于单一的美的形态的欣赏，而是要注重了解和把握各种形态的美，并将其渗透到教学、管理、思政、科研等各个方面。从审美

活动看，无论是审美心理、审美意识，还是美感的发生、发展、性质、特征及其规律，都反映了以审美意象为对象的人生体验，都带有一定的社会性和实践性，这就要求高校美育要综合考虑时代特征、文化传统、风俗习惯、高校特色等因素的影响。高校复合式美育模式既包括了丰富多彩的审美课程，又包括契合实际的审美实践，因此，复合式美育模式是美的，是充分体现美的要求的，是形式美和内容美的和谐统一。二是教育学基础。从教育学角度讲，教育可细分为德育、智育、体育、美育和劳动教育，其中，德育多指思想教育，注重健全人格品性；智育多指知识教育，注重智慧发展；体育多指身体教育，注重强身健体；美育多指情感教育，注重提高人的审美能力；劳动教育引导青少年树立以辛勤劳动为荣、以好逸恶劳为耻的劳动观，培养高素质劳动者。在高等教育学中，有一条大学教学规律即教学效果取决于教学系统的和谐优化规律，指教学过程的各个要素、各个环节协调地发挥其功能，并且进行有效控制才能达到最好的教学效果，其中包括教学要素的和谐优化、教学结构的和谐优化、教学环节的和谐优化。复合式美育模式避免了单一手段、单一内容、单一形式，把理论学习和开展实践结合起来，把直接知识学习与间接知识学习结合起来，把丰富载体与人才队伍建设结合起来，充分体现了教育学的规律和要求。

四、把握实际贯彻课程思政与美育的融合发展

（一）强化美育与课程思政融合发展的教育理念

高校在贯彻落实党和国家新的教育理念的过程中，要充分认识美育对思想政治教育的重要价值，准确把握二者之间的逻辑关联，以推动二者有机融合、协同发展。一是要将美育意识贯穿教育教学全过程。高校要将美育全面融入思想政治教育，融入高校人才培养的全过程，建立全面、科学、系统的美育工作体系。二是要加大对美育的投入和支持。高校要加强美育课程开发与改革，大力推进校园文化建设，在校园精神文化、物质文化、制度文化、行为文化建设以及美育研究课题资助等方面加大投入力度，为美育育人的深入开展提供坚实保障。三是要推进美育与思想政治教育的协同。高校要着力探索审美教育融入思想政治教育的新思路、新方法，注重挖掘各门课程的美育资源，加强对美育师资的人才引进和素质提升，通过美育教育实践，使课程思政更具实效性。

(二) 着力提升教师的专业素质

教师的专业素质在课程融合中起到很大的作用。教师不能墨守成规，要下功夫学习各方面的知识。艺术专业教师要加强课程思政学习，提升思政理论修养。思政课教师也要接触艺术知识，提高艺术修养。良好的教师榜样也能激发学生的学习兴趣。

(三) 引导大学生发挥主观能动性进行自我美育

学生要发挥主观能动性，主动提高自身欣赏美和创造美的能力，利用艺术社团开展文化艺术节等美育活动，使大学生体验真、善、美的统一。思政教师或者辅导员可以设置奖惩规则，激励创造美的行为，惩戒不美行为和思想。调动大学生审美的兴趣和积极性，应增进其对美的向往，促进从自在自为的美育发展到自主自为的美育。

第二节 基于第二课堂的美育工作创新

第二课堂在高校美育工作中具有不可忽视的作用，在当今新媒体的时代，基于第二课堂的美育工作创新显得尤为重要，但第二课堂的美育工作创新仍然面临一系列问题。

一、第二课堂的意义与可行性

(一) 第二课堂的含义与概念

"第二课堂"在教育教学过程中被广泛使用，但至今学术界对其尚无统一明确的定义。1983年，我国著名教育家朱九思等在《高等学校管理》一书中率先提出了"第二课堂"的概念。他指出，第二课堂是在教学计划之外，引导和组织学生开展的各种有意义的健康的课外活动。这个课堂的活动包括政治性的、学术性的、健身性的、娱乐性的、公益性的活动等。从教学内容上看，它源于教材又不限于教材，它是素质教育不可缺少的部分。从形式上看，它生动活泼、丰富多彩。它开展学习的空间范围非常广大：可以在教室，也可以在操场；可以在学校，也可以在社会、家庭。

(二) 第二课堂的具体表现

从教学广义概念讲，第二课堂教学是指学生在学校学习讲授为主的专业理论知识的全日制教学与计划课程集中学习过程之外，学生所能够从事的一切活动，即在第一课堂教学范围之外发生的其余所有活动。学生通过参与社会各类的课外活动项目，可以开阔视野、愉悦身心、锻炼各项能力，并在课堂讲练外获取其他知识、增强综合能力、积累丰富经验。从其狭义层面讲，第二课堂是相较于普通第一课堂内容（即课堂教学）而言的，是具有丰富素质教育内涵价值的知识学习及实践体验活动，即指在完成国家规定的计划课程内容之外，学生们可以自愿地参加能体现素质教育的其他校内外第二课堂的活动。按课外活动的形式和内容进行划分，第二课堂可分为学生思想道德基础教育、社会调查和实践、学术科技、实验、竞赛、社会工作、志愿公益及服务、学生社团、勤工助学、文艺卫生及文化体育等。第二课堂教育是推进学生素质教育发展的有效载体，是各高等院校全方位育人手段的重要延伸，是促进大学生进一步丰富人生实践教育、增加经验能力的主要阵地。

二、第二课堂与第一课堂的关系

第二课堂活动可以尝试与学校传统第一课堂教学进行互相渗透和沟通，二者同时具有相互吸收借鉴的有机联系。同时，这二者本身都应当保持学校自身和一定社会时期特有的活动基本与独立性。第二课堂是第一课堂的有效补充和拓展。学生在第一课堂跟随教师完成课程学习，接触丰富的理论知识；在第二课堂则利用第一课堂获得的知识进行实践操作训练。第二课堂独特的教学形式让学生学有所用，使每位学生将理论学习与实际操作相结合，与第一课堂知识学习形成互补，而非局限在书本的知识框架中。此外，第二课堂（实践教学）不仅比第一课堂更丰富，而且其形式新颖、设计多样。

三、第二课堂的独特优势

开展第二课堂给同学们提供了很好的社会实践机会，它以引导青年学生全面成长发展为主，带领学生自觉开展各类竞赛等，其内容生动丰富、形式活泼生动多样、富有鲜明校园特色风格。第二课堂活动为高校全体学生提供更为广阔自由而又更有校园文化的大学生个人学习发展实践活动空间，引导全校学生努力探索提高创新与发展的自主意识能力和具有创新的实践合作精神、提高个人独立自主学习意识、树立正面积极形象，正确地培育人生观、价值观，使全校学生的思想道德、文明素质等都可以获得充分地展示和教育实践与学习实践。同时，学生的个性也将得到进一步的锻炼与张扬，学生还能因此更加地懂得关注学校生活，培养善于调查问题、分析和解决各种综合问题的能力。随着我国高等教育全面改革创新，大学生群体规模不断增长，学生全面成长的渴望感必将被进一步激活。现如今，高校学生社团活动建设正在得到进一步持续快速发展，呈现阳光积极、健康活跃的氛围，反映了高校大学生朝气蓬勃、积极向上的良好精神风貌。

开展学生第二课堂活动，是增强学生人生发展内驱力的有效措施。第二课堂活动能给学生一个展示其爱好、特长的机会，更有利于培养学生的学习兴趣与特长，这符合素质教育的发展性的要求。对于因专业课程基础较差而缺乏自信的学生，可通过提供舞台，让他们在第二课堂活动中展示自己的文艺等特长，使其找到自信，增强人生发展的内驱力，从而培养其对专业学习的兴趣。事实证明，通过第二课堂的特长训练，可以培养"问题学生"的自尊、自信、自强等优秀人格品质，从而实现转化"问题学生"的目的。同样地，对于仅仅专业课程优秀的学生，他们也会由此看到自己能力的局限，这会促使他们通过积极参与第二课堂的学习，从而得到更多方面的锻炼和更全面的发展。

四、充分发挥第二课堂的作用

充分发挥思想教育的作用，转变教学观念。思想教育作用的发挥依赖于社会主义核心价值观在高校大学生的广泛传播，利用社会主义核心价值观引导大学生树立正确的价值观、人生理想，为高校大学生综合素质的提升奠定理论基础。以核心价值观作为凝结学校领导、教师以及学生的共同价值追求，可以促进教学观念的转变，从而提升第二课堂教学模式的创新性和时代性，为学生综合素质的提升提供有力支撑。

充分发挥思想教育的作用，创新班级制度和教学模式。班级作为大学生发展的重要载体，只有重视班级制度的创新，才能提高高校第二课堂的教育模式，实现教学目标。学分制的实行使得同一班级学生的课程存在差异，抑制了传统班级的作用。通过发挥班级在第二课堂的作用，创新教学模式，有助于充分体现每个人的作用，提升高校大学生综合素质。高校在进行素质教育时，应以国家、社会、青年的需求作为根本出发点，提高第二课堂的综合管理体系，可以采取学分管理作为考核手段，培养学生的操作、技能等综合素质，充分发挥第二课堂的作用，为国家培养现代化的"四有"新人。

充分发挥思想教育的作用，提高第二课堂的竞赛占比。这有助于发挥大学生的创新能力，进而提升大学生的实践能力，为提升大学生的社会竞争力奠定基础。高校可以创新竞赛形式，引导学生积极参加竞赛活动，提升大学生的实践能力。高校还可以加快建设大学生交流平台，为提升教育成果转化率，充分发挥第二课堂的补充作用。大学生实践能力的提升有助于提升大学生的社会竞争力，进而提升就业率，减轻就业矛盾，为社会的平稳发展提供支撑，同时还可以转变学生的就业观念，推进高新科技产业和大学生创业规模的发展。

第三节　新媒体视域下的美育工作升维

随着经济社会的迅速发展和科学技术进步，新媒体时代的信息传播能力飞速发展，使人们能够更加方便地获取多元化的信息，享有更为丰富的文艺生活。在新媒体时代的大环境下，高校美育工作该如何与当代科技相结合并进行教育转型成为社会问题。

一、高校美育工作的意义

我国著名教育家蔡元培先生曾在《对于新教育之意见》中，把美育列为五种教育之一，并提出"美感者，合美丽与尊严而言之，介乎现象世界与实体世界之间，而为津梁"的观点。1917年4月，蔡元培先生在他所著的《以美育代宗教说》中再次提及美育，他认为纯粹的美育能陶冶情操，使人变得高尚纯洁，使人超越人我之见。由此可见，美育能够提升人们的趣味和情操，建立良好的人生观和世界观。

高校美育工作有助于提高学生的审美能力，使其形成正确的审美观念，从而促进学生的全面发展。美育运用了艺术作品中具体的可感的艺术形象来感化人、愉悦人。随着社会的不断进步与发展，各类艺术作品呈现多元化发展的趋势，大学生的审美观念逐渐个性化，因此，高校必须通过正确的美育来帮助学生树立正确的审美意识，形成正确的审美观念，避免出现以丑为美的审美观念。高校可以在教学活动、日常生活、艺术实践等活动中进行美育，传播正确的艺术观念，提升学生审美能力，树立正确的审美观念。高校学生作为马上将要进入到社会工作的青年，他们的艺术审美将对未来社会普通大众艺术审美的影响不可忽视，所以高校美育工作对社会的意义重大。

美育对于当今高校学生拓展眼界、树立对世界的正确认识与判断、促进个人全面发展具有重要作用。而美育对于当今高校学生的感性认知有着深远的影响。感情的触动是人们最难以忘怀的，有助于让学生真正明白美的意义，使其在生活中善于发现美，传播美，净化社会环境保护，建立完善的人格，树立崇高的人生目标和追求，推动社会进步。美育还能培养、发展学生对于现实美和艺术美的兴趣，把美体现在生活、劳动和其他行动中，养成其对环境以及生活的美化能力和习惯，这便是美育的意义所在。

二、美育与新媒体相结合的优势

新媒体丰富多元的内容将不断增加高校青年获取艺术知识的路径，促进高校青年的个性化发展。2019年12月4日，中央美术学院与抖音联合举办了"DOU艺计划·短视频美术美育专场研讨会"，宣布双方将基于"DOU艺计划"在短视频艺术传播和美育领域展开合作。除了这些优质短视频，各种网课软件，如得到App（手机应用程序）、网易公开课和中国大学慕课等，通过线上课程直接传授知识也是在新媒体影响下产生的教育新趋势。这些课程不仅专业性强、知识浓缩、方便观看，而且可以通过互联网进行线上实时互动，为高校学生提供了一个交流互动的平台，对国内高校学生产生了相当大的影响。高校学生们能够更加便捷的利用新媒体去感受艺术的美。无论是美术作品还是音乐作品，或是从前离我们遥不可及的艺术作品，现在通过短视频的形式，我们只需要点点手指便可欣赏。我们与艺术之间不再遥远。当艺术变得亲切，全民美育也将成为真正的可能。

新媒体中通俗易懂的艺术形式与简易创作手法不断激发高校青年的艺术兴趣，增强青少年的学习自信心。"音乐诗人"李健带领五位来自不同领域的高知去探索国内的特色小镇，游览山水、解读历史、寻觅人文。学生在观看节目时，既可以看到自己喜爱的明星，也获得了美的教育，而且这种方式让枯燥的人文历史知识变得非常有趣。这有利于学生培养适合的兴趣爱好，促进其德智体美劳全面发展。与此同时，具有和谐价值观的新媒体也将不断提升青年生活新的幸福感，促进当代青年美育的健康发展。

三、新媒体视域下高校美育转型所面对的问题

高校对美育工作重视程度不足。在当前的高校教育中，高校教育的课程开设更倾向于专业化与实用性，更加注重学生的就业率，而忽略了本学科的内涵式建设。许多高校对当前美育的地位与作用存在着一定的困惑，进行美育时常常敷衍了事，学生们无法感受到美育的作用。这样不仅会导致当前高校出现一定程度的缺失美育，还会导致学生的综合素质出现一定的短板，不利于学生们的全面发展。虽然学生的文化水平得到了一定的提升，但学生却没有受到精神文化层面的美的教育。

网络中信息良莠不齐，各类信息同质化、盲目跟风现象严重，缺乏具有深度和不同视角的知识。在高校的美育工作中，新媒体作为学习的工具之一，是一把双刃剑，学生们在复杂的互联网中容易被各种不良信息所影响，导致其价值观判断混乱，易形成"以丑为美""以怪为美"的畸形审美观念，误导社会审美趋势，不利于社会美育的发展。与此同时，也会极大地影响学生们的身心健康的发展。

过多地使用新媒体教学会导致师生之间感情淡化。计算机能够集图画、影音、文字为一体。但无论计算机有多么的发达，也仅仅是我们教学中所使用的工具之一。若教师在教学中过多地使用计算机而忽略了与学生之间通过语言、手势、神态等进行最真切的交流，不重视教师在教学的主导作用，学生则会感到无聊和乏味，被动地接受教师所传授的知识，导致课堂上缺乏活力。这违背了新媒体对课堂的"辅助"的原则。

四、新媒体视域下高校美育的转型

随着互联网信息技术的发展，当今网络存在信息良莠不齐、鱼龙混杂的现象。由于部分大学生的自制力和判断力较差，在网络负面信息的影响下，他们极易出现心理健康问题，不利于其个人的成长。政府应进一步加强网络监管，对在网络上发言的人进行实名登记，对恶意散播不良信息扰乱社会稳定、影响大学生心理健康成长的人要追究查处。只有严厉打击诸

如此类的违法乱纪行为,才能减少负面信息的传播、净化网络环境,从而给大学生心理健康成长营造一个良好的网络环境。只有国家对此进行大力治理,才能实现网络环境的净化,减少负面消息对大学生心理健康的影响。另外,还可以进行立法,用强大的法律武器来威慑不法分子,以减少违法行为,建立良好的网络环境。

新媒体与传统教育模式各具千秋。高校应积极探索美育教学的新方法,结合当今新媒体的技术优势与传统教育方法的优点,形成符合当今时代特点的教育方法。可以在线上开展美育教学活动,并设置一定的奖励措施,鼓励学生积极参与美育工作。教学方法应与时俱进,以提高学校的教育质量,培养出更多的优质人才,为社会做出更大的贡献。

高校应该注重教师队伍的培养。对在职教师进行培训,提高教师的信息化素养。把教师的培训成果以及信息化素养作为职称评比的重要依据,提高教师们参与培训的积极性。高校教师也应紧跟时代步伐,适应时代的发展,了解新的技术与方法,充分利用新媒体技术,提高美育教学的教育质量,提升教育工作的活力。在教学过程中,教师要积极利用新媒体强大的传播力,通过在微信群聊中每日分享优秀的视频或好词好句,提高学生对美的兴趣,以有效提高美育的教学质量。与此同时,由于新媒体的信息具有复杂性与不确定性,教师应利用自身的知识与经历教导学生甄别网络上的各种信息,增强其信息甄别能力。教师在美育教育过程中应该以身作则,提升自身的专业性,为学生树立一个优秀的榜样。

高校学生作为新时代的未来,应该积极配合学校开展美育工作,积极参与到学校所组织的各种美育活动中去,而不是仅仅局限在本专业的狭小空间中;也可以通过丰富多样的线上学习渠道,对自己进行美育的熏陶。此外,新时代的学生应全方位地学习各种不同的科目,以此促进自身的全面发展;更要摒弃"美育无用"的观念,转变自身的思想,积极参与美育;要认识到美育的重要性,从而推动美育工作的发展,推动美育的转型升级。

下编

美育实践

第十章　艺韵撷英

新时代的高校美育正当其时。本章内容包括教师美育工作案例和学生实践参与体悟两大部分，介绍了中山大学（简称"中大"）的美育特色与成果。

第一节　美育工作案例

本节以中山大学民族乐团建设、中山大学"红色三部曲"的创编演出、"百歌颂中华"新时代高校融合性美育育人实践范式、高校校园文化环境育人四个案例，讲述中山大学以美铸魂、以美启智、劳美共进和以美聚力，积极探索思政教育、艺术教育与劳动教育紧密结合的融合型美育新范式。

一、以民乐之美，传中华之魂

（一）以文化人，以乐育人

中山大学民族乐团成立于2003年，秉承传播民乐文化的理念，为热爱民乐的同学提供展示自我的平台。乐团以传承中华民族优秀乐韵、弘扬民族精粹为己任，是展现高素质的中大人形象的一个窗口。乐团宗旨为"弘扬民族文化，提高个人素质"，其目标是培养出一批具有较高音乐素质和思想素质的人才，珍视传统、弘扬国粹，通过定期开展一系列乐团精品活动来推广民乐艺术，丰富校园文体娱乐生活。乐团通过日常排练、秋季招新、定期举办音乐会等丰富多样的社团活动，不仅充实了学生的校园生活，更潜移默化地在校园内弘扬中华优秀传统文化，扩大了传统民乐在青少年群体的普及度，以文化人，以乐育人。

习近平总书记指出："中华优秀传统文化是我们最深厚的文化软实力，

也是中国特色社会主义植根的文化沃土。"① 中华文化源远流长、博大精深，而最核心的是其中的思想理念、价值观和民族精神。它赋予了中华民族伟大的生命力和凝聚力。我们今天的一个重要任务，就是大力传承发展中华优秀文化，坚定文化自信，担当起实现中华民族伟大复兴中国梦的历史使命。与传统意义上的教学不同，音乐对于人的影响往往不见形迹，需要经过一定的周期、精心的设计与筹划、大量的实践活动方能显现。

中山大学民族乐团的指导教师多毕业于中国音乐最高等学府——中央音乐学院。他们运用自身扎实的演奏功底和丰富的表演、教学经验给予乐团学生最专业的指导。指导教师以在中大校园内弘扬中华优秀传统文化、实现校园美育为己任，力图让越来越多的学生了解民乐、走近民乐、欣赏民乐、热爱民乐，扩大中华优秀传统文化在校园内的影响力，提高大学生群体欣赏传统民乐的审美能力，提升学生的民族自豪感和民族自信心。

美育可以促进学生共产主义道德品质的形成，它对于培养学生高尚的道德情操、陶冶心灵、树立正确的世界观具有特殊的意义。习近平总书记强调："做好美育工作，要坚持立德树人，扎根时代生活，遵循美育特点，弘扬中华美育精神，让祖国青年一代身心都健康成长。"② 引导新时代的年轻人接近和感受优秀传统文化和艺术，有利于树立和坚持正确的历史观、民族观、国家观、文化观，有助于赓续优秀文化传统，增强做中国人的志气、骨气、底气。美育正当其时，民族乐团的指导教师致力于学生的全面发展教育，以树立学生正确的世界观、价值观、人生观，培养他们成为德智体美劳全面发展的社会主义建设者和接班人。

（二）以赛促练，以演促学

中山大学民族乐团的成员由音乐专业学生与非音乐专业兴趣爱好生组成。中山大学民族乐团坚持每周日常态化排练（图10-1），通过艺术学院专业教师的指导和专业学生的参与带动非专业学生，提升乐团整体水平。通过日常的训练与熏陶，非专业学生的演奏水平、乐理知识、鉴赏能力都有了明显的提升。此外，常态化的排练增强了乐团的凝聚力，学生之间互帮互助、共同进步，乐团内部形成了良好的团队氛围，培养了学生们

---

① 《中华优秀传统文化是中国特色社会主义植根的文化沃土》，见人民网（http://theory.people.com.cn/n1/2019/0116/c40531-30544538.html）。

② 《习近平：做好美育工作 弘扬中华美育精神》，见中国网（http://news.china.com.cn/2018-08/30/content_61109087.htm）。

的集体意识与合作精神。

乐团还利用日常排练将校园美育的影响向乐团之外辐射。乐团每周日的排练开放参观,对民乐感兴趣的师生们可以近距离观看乐团排练的全过程,并与乐团的师生们深入交流。通过排练开放参观活动,乐团不仅吸引了更多热爱民乐的学生加入,还面向全校师生普及民乐相关的知识,引领校园"国潮"风。这是舞台表演之外民族乐团对校园师生进行音乐美育的重要途径。

图 10-1 中山大学民族乐团排练现场剪影

乐团指导教师鼓励学生积极参加国内外具有影响力的比赛和艺术展演活动,通过备赛激发他们自主练琴的能动性,帮助其克服对舞台的恐惧感,培养学生勇于拼搏、积极进取的精神,达到加速提升学生个体演奏水平、乐团整体水平的最终目标。

中山大学民族乐团曾获得广东省第三届大学生器乐比赛甲组一等奖、广东省第五届大学生艺术展演活动艺术表演类一等奖、广东省第八届中国民族器乐大赛合奏组金奖,荣获中山大学2021年度"优秀学生社团"、2021年全省高校艺术作品征集展演活动艺术表演类二等奖等多个重要赛事的奖项。来自计算机学院和管理学院的高铂书、肖遥程希同学分别获得广东省第八届中国民族器乐大赛总决赛爱乐成年A组独奏金奖、铜奖。

除了以赛促练,乐团指导教师还以演促学,给予民族乐团的优秀团员登上国家级舞台的机会。借助录制中央广播电视总台多档音乐类栏目的机会,乐团对乐团学生进行密集且高效的技术训练,让他们在演出实战中迅速成长。通过节目在电视台的播出,既能够在全国范围宣传中山大学民族乐团，又能够激发乐团学生们力争成为国乐传播践行者，面向全国乃至世界弘扬中国传统民乐的责任感与使命感。

至今，中山大学民族乐团已出演中央广播电视总台音乐频道《风华国乐》、《全球中文音乐榜上榜》、国庆特别节目《我和我的祖国——美丽中国篇》、春节及元宵特别节目《新春的交响——张灯结彩闹元宵》等栏目，向世人展示中国民乐之美，传播中国优秀传统文化，弘扬中华民族精神。

（三）民乐音乐会

1. "诗乐党史"草地音乐会

2021年11月4日，"诗乐党史"草地音乐会在中山大学广州校区南校园中区草坪如期举行。中山大学民族乐团参演"诗乐党史"草地音乐会古筝合奏《唱支山歌给党听》（图10-2）。通过精彩的艺术演绎和生动的党史讲述，以传统国乐表现爱国主义，不仅向校园师生传播了传统国乐文化，更将美育与爱国主义情感相结合，达到了立德树人的美育效果。

图10-2　"诗乐党史"草地音乐会古筝合奏《唱支山歌给党听》

2. "我和我的祖国"民乐专场音乐会

中山大学民族乐团举办民乐专场音乐会，利用直播技术，让全校师生共享"云端迅音"。2021年11月20日，由共青团中山大学委员会和艺术学院主办，中山大学广播台协办，中山大学民族乐团出演的"我和我的祖国"民乐专场音乐会在广州校区南校园梁銶琚堂举行(图 10-3、图 10-4、图 10-5)。音乐会结合直播的形式打破了空间上的界限,中山大学"三校区五校园"的国乐爱好者们齐聚云端,领略中华民族传统国乐历久弥新的独特东方神韵。

图 10-3 "我和我的祖国"民乐专场音乐会之合奏《庆典序曲》

图 10-4 "我和我的祖国"民乐专场音乐会之合奏《万马奔腾》

图 10-5 "我和我的祖国"民乐专场音乐会之琵琶合奏《龙船》

此外,直播这种形式对于演奏者的舞台水平有很大的考验,任何一个微小的错误都能即刻被场外的观众们捕捉到。为了保证整场音乐会能够高质量呈现给观众,中山大学民族乐团和艺术学院的全体师生苦练演奏曲目,精益求精。兴趣爱好生作为乐团的重要组成部分,为艺术学院的学生带来了交叉学科交流的宝贵机会,激发了乐团的整体活力、丰富乐团的声部配置、增强了团队凝聚力。艺术学院的专业同学在排练过程中发挥带头作用,及时帮助兴趣爱好生解决演奏技术问题,助力提高乐团整体的演奏水平。音乐会开场之前,中山大学民族乐团的师生们反复进行舞台表演训练,不断测试各个节目的舞美灯光,调整节目前后顺序,力求在音乐会上呈现乐团最好的精神面貌。

别开生面的民乐专场音乐会带给观众的,不仅是那一晚的筝鼓齐鸣、细乐声喧,更在于刻在灵魂深处的,通过传统国乐对人的审美品格的塑造。中大人将勇担时代使命,接续民族复兴征程。

(四)非物质文化遗产的创新传承

中山大学民族乐团特别设立文化传承专项项目,助力非物质文化遗产广东音乐的传承和发展。作为中国传统民族音乐大观园中的一朵奇葩,广东音乐经过漫长的发展和演变,自成一派、历久弥新,形成了带有岭南地域文化特色、反映岭南风土人情、承载岭南古老岁月的地域音乐。

广东音乐兼具音乐风格的开放性、放射性、兼容性以及善变性,使其超脱于一般民间音乐的或过于典雅或过于粗犷或过于呆板的局限，形成了清新明快、活泼优美的气质。它既是岭南人在这片土地上的倾情创作，又是岭南人民在历史长河中对生命意义的思考与探索。广东音乐发展出民歌、民乐、戏剧音乐等多个分支，成为岭南地区人民精神文化生活不可或缺的部分。

乐团的成员们着眼广东音乐的现状，在新一代年轻群体中创新性地传播广东音乐文化，以青年学子喜闻乐见的方式扩大广东音乐的影响力，让传统古朴的广东音乐在新时代重新焕发生机。中山大学民族乐团在校园内传播广东音乐文化，不仅达到了乐团传承民族乐韵、弘扬民族精粹的初衷，而且有助于在大学生群体中提升广东音乐的普及度、塑造大学生的审美观念，其更是中山大学展现扎根岭南大地办学理念和强烈社会责任意识的窗口。因此，中山大学民族乐团的学生有能力也有责任为传承广东音乐这一非物质文化遗产做出贡献。

乐团在排练中加入了《彩云追月》等广东音乐的著名曲目。这些曲子风格轻快独特、彰显了典型的广东民间音乐特点。此外，乐团里艺术专业的学生们还开展了针对广东音乐知识的问卷调查，深入研究全校师生对广东音乐的乐器、音乐特点、代表曲目的了解情况，为乐团后续的工作开展提供了有价值的参考，以期通过师生们的努力在传承广东音乐的路上继续迈出坚实的步伐，为在高校内创新传承广东音乐贡献绵薄之力。

乐团就传承广东音乐进行了一系列工作，包括录制并出版发行广东音乐主题专辑、聘请作曲家为专辑编曲、举办广东音乐主题音乐会等，为后续的文化传承项目提供宝贵经验，助力非物质文化遗产在高校内的创新传承与活态保护。同时，出版的音乐将在各大音乐平台发行，以扩大广东音乐的影响范围，使之从校园向全国辐射。

（五）新媒体传播方式

中山大学民族乐团利用艺术学院"中大艺术团在线"官方微信公众号发布推送，借助新媒体传播手段，以青年学子喜闻乐见的方式开展校园美育。例如，民族乐团在"中大艺术团在线"官方微信公众号上发布的多条推送，阅读量逾千次。民族乐团在传播中国传统民族音乐的同时，传播手段也与时俱进。新生代学子习惯于通过网络了解各类信息，因而通过官方微信公众号发布乐团招新信息、音乐会预告推送等，可以高效、便捷地向学子们传播与中华优秀传统文化相关知识，让青年学子们更乐于接受。

中山大学民族乐团以"传承民族乐韵、弘扬民族精粹"为宗旨,打造中山大学国乐文化名片。乐团的全体师生以传承和弘扬中华优秀传统文化为己任,以民族音乐为载体,在校园内开展浸润式的校园美育,达到美育无时不在、无处不在、全方位覆盖。通过组织日常排练、举办专场音乐会、开展文化传承专项项目等活动助力中华优秀传统文化在校园内的推广与非物质文化遗产的创新传承和活态保护,可以不断提高学生对传统民乐的兴趣和审美能力,提升全校学生的民族自豪感与民族自信心,从而最终达到"以文化人、以美育人"的目的。

二、以艺术作品传承红色基因的美育实践
——中山大学"红色三部曲"的创编演出

从 2016 年起,中山大学着力打造"红色三部曲"——《中山情》《笃行》和《奋斗的岁月》。《中山情》以音乐舞蹈,以诗情才华,刻画了伟人孙中山先生为民族复兴和国家昌盛而思索、战斗的一生。《笃行》以中山大学校史上的真实历史事件改编而成,讲述了中大师生"读书不忘革命,革命不忘读书"的革命精神和红色基因。《奋斗的岁月》作为"红色三部曲"的第三部,正在筹备剧本撰写,力图深入挖掘和展现中山大学的红色基因,激发师生的爱国热情和奋斗精神。这是全面加强和改进学校美育、实现以美育人和以文化人的重要举措,是以创新形式开展"不忘初心、牢记使命"主题教育的重要探索,是学校开展的一堂生动的"大思政"课。2016 年以来,中山大学组织 40 多位高水平艺术教师,发动 5000 多名学生参与排演《中山情》和《笃行》,共出演 24 场,实现了校区全覆盖,吸引近 7 万名师生观演。中山大学"红色三部曲"深入挖掘展示学校红色基因,弘扬爱国奋斗精神,展现了中大师生始终与党和国家同心同向的家国情怀。

(一)革命精神,浸润中山深情

音画诗剧《中山情》以"天下为公、振兴中华"为主题,用"中山少年""革命理想""中山手创""中山情怀"四个篇章讲述了孙中山先生的宝贵精神、革命人生和创立中山大学的历史。自 2016 年"纪念孙中山先生诞辰 150 周年"首创首演以来,《中山情》作为新生入学第一课、校庆活动等形式不断上演。

1. 以文化人、以文培元

2021年10月9日，习近平总书记在纪念辛亥革命110周年大会上发出了这样的呼吁：海内外全体中华儿女更加紧密地团结起来，发扬孙中山先生等辛亥革命先驱的伟大精神，携手向着中华民族伟大复兴的目标继续奋勇前进！中山大学党委高度重视，以习近平总书记在纪念孙中山先生诞辰150周年大会、纪念辛亥革命110周年大会上的重要讲话精神为指导，在学校团委指导下，依托艺术学院对《中山情》剧本、朗诵、作曲、表演等做了全面修订。在音乐方面，增加了《序曲》《天下为公》《振兴中华》等主题原创曲目；在戏剧部分，表现了中国共产党继承孙中山先生革命事业、团结带领中国人民取得举世瞩目伟大成就的光辉历史，反映了孙中山先生创立中山大学为振兴中华培养人才的历史；在演员队伍方面，由艺术学院学生、交响乐团、合唱团学生自主组成。整部《中山情》以更加完美的形式和内容呈现，深入贯彻落实习近平总书记重要讲话精神，发扬孙中山先生的宝贵精神和辛亥革命先驱的伟大精神。

2. 以演促学，推陈出新

《中山情》以戏剧、朗诵、独唱、合唱、交响、多媒体等多种形式动态结合的方式，构成一部剧情连贯、精神传递的音画诗剧。《中山情》在创作之始就牢牢把握习近平总书记的重要讲话精神。2021年11月13日，修订后的《中山情》在广州校区南校园演出（图10-6、图10-7）。所有演职人员均为在校学生，由校园的广播台、话剧社、主持礼仪队、合唱团、交响乐团等近300名学生共同参演，构成了完全属于中大人自己的精神血脉，表现了青年学子们爱国爱党爱人民的大爱大德和家国情怀。此后，中山大学每年对剧本、歌曲等进行优化，尤其是2021年适逢中国共产党成立100周年、辛亥革命110周年等多个历史交汇点，艺术学院的老师们从戏剧结构、音乐语言、朗诵文本等对《中山情》进行进一步的调整和修改，韩闻赫老师创作的主题曲《天下为公》《振兴中华》奠定了整部剧的主线思想。在2021年的复排中，戏剧和朗诵部分也加入了党领导人民取得的新成就、新胜利以及对未来的新展望。《中山情》的制作，就是为了传承红色基因、进一步培养学生的爱国主义情怀、塑造"学在中大、追求卓越"的校园文化精神，加强和改进学校美育，培养德智体美劳全面发展的社会主义建设者和接班人。

图 10-6　2021 年 11 月 13 日历史学系楼前广场《中山情》演出现场

图 10-7　《中山情》戏剧片段

3. 立德树人，成效斐然

2021 年 11 月 13 日晚，《中山情》在中山大学南校园进行展演，除了现场有师生观看演出，中山大学官方视频号也同步直播，在线观看人数达 4.3 万人次，点赞 14 万次，引发热烈反响。此外，中山大学还制作了《中山情》视频光盘，作为重要的国情教育素材定期组织港澳台学生观看，以加强对港澳台学生的教育引领，培养港澳台学生的国家和民族认同感。《中山情》以多种艺术表现形式动态结合，其气势恢宏的交响乐合奏、慷慷激昂的和声以及身临其境的舞台剧表演，让观众深深感受到艺术的魅力、美好精神的滋养（图10-8、图10-9）。《中山情》弘扬了中华优秀传统文化、革命文化、社会主义先进文化，发扬孙中山先生的宝贵精神，在庆祝中国共产党成立100周年之际发挥了示范引领作用。

图 10 -8 　《中山情》演出现场观众

图 10 -9 　《中山情》全体演出人员合影

（二）红色基因，革命远志笃行

1. 根植红色沃土，赓续红色血脉

中山大学"红色三部曲"之原创音乐话剧《笃行》"华美诗篇歌中大，跌宕话剧颂伟人"。这部剧在 2018 年 11 月首次演出后，于 2019 年 11

月再次成功演出（图 10-10）。《笃行》在文史资料的基础上，以中山大学校史上的真实人物和历史事件为背景进行创作，故事发生在 1926—1949 年，讲述了建校之初到中华人民共和国成立前，中大师生辗转广州、莫斯科、昆明、桂林、粤北、太行山等地，为革命理想和国家民族大义前赴后继、赴汤蹈火的动人故事。全剧以"红色的猜想"发端，共分为"革命之都的黎明""风雪中的倾诉""颠沛流离""它的样子"四幕。他们的故事原型包括周文雍和陈铁军"刑场上的婚礼"、在党领导下的抗日救亡运动、农学家丁颖的事迹、1938 年广州沦陷后师生辗转办学、以曾生为代表的师生参加东江纵队开展革命斗争等。《笃行》传播了"读书不忘革命，革命不忘读书"中大精神，激励中大学子把自己的理想同祖国的前途、把自己的人生同民族的命运紧密联系在一起，理想坚定、信念执着，做新时代的奋斗者。

图 10-10　2019 年 11 月 3 日的话剧《笃行》演出海报

2. 讲好红色故事，烛照未来光亮

1928 年 2 月 6 日，在广州红花岗畔的刑场上，两位青年男女革命者，面对敌人的枪口，从容不迫地举行结婚典礼。他们是广州起义行动委员会负责人之一周文雍同志和当时中共两广区委妇女委员陈铁军同志。陈铁军出身于华侨商人家庭，在"五卅运动"革命浪潮的冲击下，她由一个追求

个人上进的大学生,转变为关心国家、民族前途,积极参加进步活动的革命者,并于1926年加入了共产党。1927年,蒋介石在上海发动"四一二"反革命政变后,广州也发生了"四一五"反革命事件,白色恐怖笼罩着广州。这时党派她协助周文雍同志工作。周文雍是中共广州市委工委书记,正夜以继日地准备武装起义,反抗国民党的屠杀政策。因为工作需要,党指示周文雍和陈铁军合租一个房子,建立秘密联络点。为了掩护工作,他们假称夫妻,秘密进行活动。对党的忠诚,对人民的热爱,工作上的互相帮助和生死与共的斗争,把这两个年轻人紧紧地联系在一起。1927年广州起义失败后,广州陷入敌人大屠杀的血海中。积极参加这次起义的周文雍和陈铁军,在起义失败后,继续在广州坚持地下斗争。由于叛徒的出卖,两人同时被捕入狱。在狱中,他们不屈不挠,坚持斗争。周文雍在墙上写下了这样的诗篇:"头可断,肢可折,革命精神不可灭。壮士头颅为党落,好汉身躯为群裂!"1928年2月6日,周文雍和陈铁军被敌人押上刑场。两位烈士态度从容,昂首挺胸,高唱《国际歌》。在广州红花岗刑场上,陈铁军向周围的群众宣布:"我们要举行婚礼了,让反动派的枪声来作为结婚的礼炮吧!"一对革命情侣就以这样的英勇气概慷慨就义了。

3. 音乐有机融合,彰显时代温度

音乐具有极强的历史厚重感,紧紧抓住中大和中华民族的命运紧密结合的主旨,将校歌和国歌的重要元素融入《笃行》的音乐创作中,突出音乐的岭南特色和地方色彩。主人公罗钦的人物主题音乐和第四章里面的采用粤语歌曲演绎的男声合唱"饿",即采用了广东音乐的代表乐器高胡和粤剧的音乐表现形式。音乐在剧中的作用极为突出,包括演员表演、形体造型、舞蹈等与音乐密不可分,融为一体,以加强了全剧的观赏性。第一幕"革命之都的黎明"的核心事件是从反动派手中巧救同学,音乐营造出的氛围是紧张的急迫的(图10-11)。第二幕"风雪中的倾诉"的核心事件是"一二·九"运动及荔枝湾惨案,紧扣来自东北的流亡学生金嘉胜的到来与告别展开,音乐的特点是悲伤和彷徨的,整个国家民族陷入了苦难、陷入了死亡,血流成河,国破家亡(图10-12)。第三幕"颠沛流离"以迁校办学历史为背景,核心事件是转送学生到东江纵队,为部队输送了一大批政治觉悟高、战斗力强的优秀干部,这一幕用音乐叙述主人公罗钦和靳伟为了理想,为了国家,为了民族付出青春、献出爱情(图10-13)。第四幕"它的样子"的核心事件是1947年"反内战、反独裁"

"抗议美军暴行"等运动,音乐在此处得到了升华,点点星火可以燎原,脉脉星河朝阳喷薄,灿烂的生命生生不息(图10-14)。

图10-11 话剧《笃行》第一幕演出剧照

图10-12 话剧《笃行》第二幕演出剧照

图10-13 话剧《笃行》第三幕演出剧照

图 10-14　话剧《笃行》第四幕演出剧照

突出理想信念，塑造人物形象。许求这个人物作为早期的共产党人形象，是众学生的启蒙者，虽然在第一幕牺牲了，但他是引导学生们走向光明的灵魂人物。靳伟作为剧中主要人物，经历了对共产主义理念从怀疑到坚信并成为中国共产党重要地下工作领导者的过程。剧组为靳伟设计多段独唱和领唱，使该人物的舞台形象更加丰满。罗钦作为从懵懂无知追求婚姻自由的广东女青年到成熟的、为民族、为新中国的诞生奉献生命的革命者，与她相关的音乐设计紧紧抓住了纯真、清新和岭南特点，在重要的音乐段落"叙事曲"中，更把这些元素通过高超的作曲技巧和光明主题结合在了一起。邵思平这个人物的音乐设计此次用粤语歌曲"饿"突出了其憨厚幽默的性格，也将1948年国统区人民"反饥饿、反内战"和物价飞涨、民不聊生的情景描写的活灵活现。

描摹时代画像，明辨未来指针。中山大学是伟大的民族英雄、伟大的爱国主义者、中国民主革命的伟人先驱孙中山先生亲手创立的大学。中山大学是一所有着光荣革命历史和爱国奋斗传统的大学，始终与国家和民族的命运紧密相连，始终与党和国家同心同向同步同行，始终站在时代发展的前列。1924年11月11日，在广东大学举行成立典礼时，孙中山先生亲笔题写"博学、审问、慎思、明辨、笃行"十字校训。为深入挖掘和展现中山大学的红色基因，继承革命传统，在全校师生中弘扬爱国奋斗精神，音乐话剧《笃行》由此孕育而生。《笃行》追溯了中大人血脉中流淌着的红色基因根源，展现了进步青年们"读书不忘革命，革命不忘读书"的革命精神、理想信念和家国情怀。自2018年创编演出以来，《笃行》不断激励着师生传承红色基因，成为以美育人、以文化育人、立德树人的鲜活教材。

（三）举精神之旗、立精神支柱、建精神家园

"文变染乎世情，兴废系乎时序。"文艺工作、哲学社会科学工作，是时代前进的号角，最能代表一个时代的风貌，最能引领一个时代的风气。习近平总书记指出，要把红色资源利用好、把红色传统发扬好、把红色基因传承好，让红色基因、革命薪火代代传承。《中山情》和《笃行》围绕"天下为公、振兴中华"和"读书不忘革命、革命不忘读书"的主题，以戏剧、朗诵、独唱、合唱、交响、多媒体等多种形式动态结合，构成一部剧情连贯、精神传递的"音画诗剧"。

在新时代背景下，文艺作品应具有振奋人心、催人奋进的力量。未来，中山大学计划从两个方面以艺术作品传承红色基因：一是根植中山大学的红色传统，深挖更多感人的革命故事，综合运用音乐、舞蹈、多媒体等手段，以更加完美的形式呈现中大的红色基因；二是将中山大学"红色三部曲"——《中山情》《笃行》《奋斗的岁月》塑造成影视课程，打造为校本思政必修课，覆盖所有本科生，将中山大学的红色基因代代传承。

三、"百歌颂中华"——高校融合型美育育人实践范式

中山大学管理学院品牌活动"百歌颂中华"自1993年创办以来，已成为中山大学传播度最广、影响力最大、参与度最高的活动之一。它是在中山大学管理学院党委领导、中山大学管理学院团委指导下开展的以爱国主义为主题的大型思想文化教育活动，是成功的高校融合型美育实践（图10-15、图10-16）。"百歌颂中华"活动采用师生喜闻乐见的文艺表演的形式，涵盖舞蹈、朗诵、合唱等多种艺术表现形式，学生以班级为单位组织参与比赛，包括本科和硕士、博士研究生各个学生层次。历届"百歌颂中华"以思想政治引领为核心设立主题、紧贴时事，体现了贴近学生、成效显著、凝聚力强的特点。对于管理学院的师生而言，"百歌颂中华"有着非同寻常的意义——超过4万名师生倾力参与，超过1.5万名工作人员无私奉献。"百歌颂中华"是管理学院师生和校友一年一度的盛大聚会，是全体管理学院师生心目中的"春晚"，其早已远远超越了文艺表演的价值，而成为管理学院精神家园一株茁壮的大树。"百歌颂中华"活动打破了传统单一的美育模式，真正做到以美铸魂、以美启智、劳美共进和以美聚力，积极探索思政教育、艺术教育与劳动教育紧密结合的融合型美育新范式，在激发广大学子艺术创作热情的同时，引导学生关注时事、爱党爱国。

图10-15　1993年中山大学管理学院首届"百歌颂中华"合唱活动节目剪影

图10-16　2020年管理学院35周年院庆晚会暨第二十七届"百歌颂中华"晚会全体演员合影

（一）以美铸魂，培育青年爱国主义情怀

"百歌颂中华"打造了思想政治教育和美育相互融合、互相渗透的融合型美育新范式。为了更好地做好广大青年学生的思想政治引领工作，"百歌颂中华"这一大型爱国主义思想文化教育阵地应运而生。从最初的合唱比赛，到现今的多种表演形式的融合，"百歌颂中华"不断创新发展，唯一不变的是爱国主义教育的初衷。"百歌颂中华"将美育与革命传统教育、爱国主义教育、思想道德教育相融合，推进红色基因渗进血液、浸入心扉，让广大青年敢于有梦、勇于追梦、勤于圆梦，努力成为担当民族复兴大任的时代新人，在美的陶冶和激发中建设新中国、逐梦新时代。

"百歌颂中华"在坚持思想政治引领工作主线的基础上，致力于推动青年学子不断从中华优秀传统文化、革命文化、社会主义先进文化中汲取养分，培养昂扬向上的价值观、健康的审美观，特别强调从源远流长的中华文明中获取奋进力量，助力形成浓厚的文化自信氛围。近三十年来，"百歌颂中华"的舞台上不断涌现出与我国先进文化紧密相连的精品内容：2003年，"众志成城抗非典　终圆百年飞天梦"在数十位英雄模范和时代楷模的故事中提炼和展示优秀传统文化的精神标识；2016年，"长歌展气韵　征途颂华章"就党的青年运动史描绘了中国特色社会主义先进文化图谱；2019年，大型歌舞节目《沁园春·雪》将红色文化与舞蹈编创在作品中巧妙融合（图10-17）……"百歌颂中华"创作的一部部经典文艺作品表达着深刻的民族精神和民族情感，让学生在欣赏艺术之美的同时，更直观地学习党史。它既是一次艺术熏陶浸润，也是一场精神思想洗礼，引导青年学子树立正确的价值追求，帮助青年学子"扣好人生第一粒扣子"。

"百歌颂中华"在坚持遵循教育规律、思想政治工作规律和学生成长规律的基础上，以最贴近青年学生实际需要，最满足青年学生需求的理念办活动、创作精神文化产品，服务育人大局，作为爱国主义教育基地，根据时代特征不断被赋予新的内涵。一年一度的"百歌颂中华"鞭策大学生们始终走在时代的前沿，关注国家和民族的重大历史事件。历届"百歌颂中华"的主题都具时代气息，富含民族底蕴，引导师生深切关注祖国命运：1998年抗洪救灾，其主题为"众志成城　抗击洪水"；2005年神舟六号成功发射，其主题为"精英祖国　腾飞一代"；2022年，站在"两个一百年"奋斗目标的历史交汇点上，以"携手·向未来"为主题……"百歌颂中华"力求提升每一位"百歌人"的社会责任感，始终坚持引导青

图 10-17 2018 级本科生表演节目《沁园春·雪》

年学子以昂扬奋进、主动作为的崇高姿态绘就理想蓝图。

"百歌颂中华"是美育与党建联动、党团班一体化建设的成功实践。每一场活动的举办都是一次大型的党史学习教育,学生挖掘红色资源、编排创作节目。这不仅是党史学习形式的创新,更是内容和表现手段的创新。各学生组织、班团组织充分发挥自身优势,实现"资源整合、优势互补、共同提高",这是党史学习教育形式的新思路、工作形式的新探索、班团组织学习的新做法。与此同时,为了保持和增强活动的政治性、先进性、群众性,"百歌颂中华"坚持在学院党委的领导,在学院团委的指导下,以学生党支部为核心,由党员骨干对接班团进行指导,班团合作开展,活动的筹备和组织中,涌现出了一批意志坚决、行动迅速、思想过硬的学生骨干。"百歌颂中华"以党建工作为引领、党团班建设为载体、"三全育人"为抓手,"以党建带团建,以团建促班建"为纽带,充分发挥了党支部、团支部、班级的学生主体作用和"大思政"育人合力。近三十年的恪守,风雨无阻的坚持,"百歌颂中华"紧跟时代要求,因时而进,因势而化,不曾中断,愈久弥坚。现在,"百歌颂中华"已成为先进文化的传播阵地,其艺术性地服务于思想教育工作的开展,成为团结带领广大青年学生听党话、跟党走的重要阵地。

（二）以美启智，打造第二课堂育人品牌

"百歌颂中华"是美育与智育相融共促、第一课堂和第二课堂协同育人的生动实践。在美育方面，"百歌颂中华"将文化的浸染与学生审美展示相结合，借助动态演示、静态呈现等方式提升学生的文化认知，锻炼学生的艺术技能，展示学生的成长收获，助力学生的美育拔节（图10-18）。在智育方面，近三十年的发展，"百歌颂中华"形成了常规化运营管理模式，商科学子将管理学理论和知识在活动开展中学以致用，例如，物资组采用零库存思维采买物资，通过及时跟进物资使用情况，适量采购；宣传组依据市场营销原理，合理规划宣传周期……活动中，处处展现了商科学子独树一帜的管理能力。"百歌颂中华"的开展也为学生能力的锻炼和培养提供了重要平台，学生骨干充分发挥榜样辐射作用，带动各班级在比赛过程中凝心聚力、创先争优，展现出青年学子昂扬向上的精神风貌。"百歌颂中华"已成为培养德智体美劳全面发展的社会主义建设者和接班人的优秀载体，激发青年学子爱国爱校、敢于担当、知行合一，勇于追求更有意义、更有价值、更有情趣的人生。

图10-18　2015级本科生年级队伍表演节目"EIEI"

与此同时，"百歌颂中华"把握了美育的时代性特点，创造性地构建了个性化、特色化的美育方案。该活动要求学生在把握主题内涵的基础上进行艺术创造，用舞蹈、合唱、情景剧等多样艺术形式表现时代精神，引导学生自觉追求有高度、有境界、有品位的人生，积极投身于社会主义文化强国建设。从选题到编排、从策划到组织、从服化道到灯光设计，整个节目筹备过程均由学生独立完成。超过半年的精心准备过程，使许多从未接触过音乐舞蹈的学子摇身变为舞台上从容自信的歌者、舞者、表演者和专业的幕后工作者。"百歌颂中华"给所有学生提供了一个锻炼能力、展示才能的平台，让学生们能在筹备和表演过程中灵活运用所学知识，了解艺术和提升审美能力，聚焦学生学习品质和核心素养，让学生们立于舞台正中央，在舞台中发现美、体验美、收获美。

以第二十六届"百歌颂中华"为例，活动以"凝心聚力，共创辉煌"为主题（图10-19），分为"东方破晓，朝阳满天""青年意气，挥斥方遒""追忆过往，铁血忠魂""阔步前进，共创辉煌"四个篇章。各个节目组立足盛世，回首祖国走过的艰辛与收获的荣耀，挖掘其间蕴含的民族精神，构思如何用歌舞的形式将之表现出来；班级成员科学高效分工，节目组日夜认真排练，后勤组保证物资供给；各个学生组织骨干成员主动担当，承担活动现场的舞台和后台工作……全体参与者都在属于自己的岗位上奋力坚守，齐心协力让"百歌颂中华"舞台能够承载起每一位管院人的汗水和荣光、承载起近三十年的厚重历史。"百歌颂中华"是全体师生的智慧结晶和第二课堂实践育人的生动实践，是广大师生心中永不磨灭的精神记号。

图10-19 2019年第二十六届中山大学管理学院"百歌颂中华"全体演员合影

（三）劳美共进，厚植"劳动最美丽"价值观

"百歌颂中华"是磨炼意志的活动，通过让学生动手实践、出力流汗、接受锻炼、锤炼品性，培养其成为具有正确劳动价值观和良好劳动品质的时代新人。为了最终呈现出来的"美"，师生反复练习，学生组织精心筹备。历时半年的准备，学生党员、班团干部与文艺骨干积极配合，贡献智慧，全院师生紧密团结，全心投入。一代又一代学生通过身体力行"百歌颂中华"，高歌时代旋律、深化爱国情怀。

"百歌颂中华"结合德育和思想政治教育，向学生讲述了什么才是我们追求的"美"；结合"四史"学习教育，向学生展现了我们曾经创造过什么样的"美"；结合中国梦教育，向学生描绘了我们要继续创造什么样的"美"；通过实践活动和身体力行的劳动，让学生真切地感受到我们如何才能创造更多的"美"，并带领学生创造属于时代的"美"，真正践行了美劳并进、学用结合、知行统一，让非艺术类专业的学生在实践中大展所长。

正如2000级管理学院学生罗毅所说："对于我来说，'百歌'① 成了历练我的舞台。有一次'百歌'，有位同学在表演过程中脚部受伤，但为了集体的荣誉他毅然坚持下来，这让我很感动。'百歌'是一种磨炼意志的活动，体现了管理学院学子坚持不懈、奋勇向前的精神。"曾经的学子在毕业后已经成长为会计师事务所合伙人，并曾为第十八届"百歌颂中华"提供赞助支持，罗毅说："十多年来，'百歌'规模越来越大，内容也越来越丰富。当时作为参与者和组织者的我，很忙碌，投入很多，也收获了很多。现在，我是从欣赏者的角度来看待'百歌'，看到它一届一届在成长，感到很欣慰，也在活动中更好感知管理学院的精神文化。"

（四）以美聚力，赋能校园文化建设

"百歌颂中华"以社会主义核心价值观为引领、科学精神与人文情怀相交融、文化传承与创新相统一，是校园文化建设的典范和"灯塔工程"中最耀眼的明灯。"百歌颂中华"作为青年学生喜闻乐见的"接地气"的美育形式，为学生提供了审美体验，激发其审美自觉，春风化雨、润物无声般地强化学生对社会主义核心价值观的理性认识，增强学生感受美、欣

---

① 指"百歌颂中华"，下同。——编者注

赏美和创造美的能力,进而充实其精神世界,达到情感与认知上的相互统一(图10-20)。历届"百歌颂中华"始终坚持以文化经典和艺术经典引导青年寻找人生意义,追求更高、更深、更远的境界,始终大力弘扬中华美育精神,让青年能够在美的表演和氛围中提升审美素养、陶冶高尚情操、塑造美好心灵、激发创新活力。

图10-20　2018级本科生会计三班表演节目《红旗颂》

"百歌颂中华"是培养科学素养、人文素养、艺术素养兼备的全面发展型人才的重要平台。"百歌颂中华"不断探索不同时代背景下面向中国青年的最佳美育形式,用新时代的美育培养新时代的青年,把美的种子播撒在肩负民族复兴大任的社会主义建设者和接班人的心中,使他们成为具有审美素养、高尚情操、美好心灵和创造活力的时代新人。

"百歌颂中华"是文化传承与创新相统一的校园文化建设的典范。"百歌颂中华"将创新视为生命线,在近三十年的坚守中保持对节目内容、开展形式、表演方式等方面的持续创新,走出了一条以美育人、向美而歌的美育探索之路。

"百歌颂中华"是文化传承与创新相统一的校园文化建设的典范。"百歌颂中华"将创新视为生命线,在近三十年的坚守中保持对节目内容、开展形式、表演方式等方面的持续创新,走出了一条以美育人、向美而歌的美育探索之路。1993年,我们在简陋的舞台上以单一的大合唱开启了"百歌颂中华"这一华美乐章的前奏。跟随着时代的步伐,街舞、相声、舞台剧等丰富多彩的艺术形式不断被吸纳到"百歌颂中华"的表演中来,我们有了更为专业的主创团队、更为完备的舞台设施、更为舒适的排练场所。第十六届"百歌颂中华"我们正式启用由同学们自己设计和编创的"百歌徽标""百歌主题曲";第十八届"百歌颂中华"为了迎接EQUIS(欧洲质量发展认证体系)的国际教育质量认证专家,我们第一次全程采用中英文宣传和主持;第十九届"百歌颂中华"我们加入全新的个人节目单元——"我要上百歌"……到了第二十六届"百歌颂中华",我们将舞台设在了设施更加完备、更加现代化的中山大学梁銶琚堂,邀请了专业的舞台公司,拥有了更加绚丽的舞美;第二十七届"百歌送中华",我们将第三十五周年院庆和"百歌颂中华"结合,让"百歌"作为所有管院人欢聚一堂的大舞台;第二十八届"百歌颂中华",我们充分考虑新冠肺炎疫情防控要求而简化赛制的同时,探索线上直播的新型参与方式……一步步走来,"百歌颂中华"荟萃百家之长,不断创新、不断完善自身体系,用持之以恒打造了一个耀眼的美育品牌——"百歌"。

从内容上看,"百歌颂中华"既有水袖脉脉,又有硬汉性情;从表演方式来看,既有学生翩翩起舞,又有师生共舞同乐;从台下观众来看,既有管理学院师生,也有自发参加的兄弟院系和社会人士,还有倾情指导的校外艺术专家。各种形式刚柔并济,各类人群共同参与,"百歌颂中华"打造的美育平台越发异彩纷呈。"百歌颂中华"以其厚重的文化底蕴,专业的主创团队,丰富多彩的表现形式,走出校园,累计辐射超过10万人次,成为校园文化建设的品牌与典范。

近三十年来,"百歌颂中华"立足管理学院,辐射中大,影响全国,面向世界。据不完全统计,"百歌颂中华"累计受到媒体报道近80次,覆盖超过5万人次。"百歌颂中华"荣获"全国高校校园文化建设优秀成果"特等奖、"首届广东高校校园文化建设优秀成果"二等奖等殊荣,所在院系中山大学管理学院荣获"全国教育系统先进集体"等荣誉。"百歌颂中华"也吸引了来自社会各界的关注,除了受到校内外媒体的争相报道,还得到了包括TCL、可口可乐在内的众多知名企业的倾情赞助,以及广东卫视专业拍摄团队的全程跟踪拍摄。此外,"百歌颂中华"也已成为国际认可的中国"名片"。不少国际顶尖商学院专家曾观看"百歌颂中华",他们无不对这场由没有相关专业基础的学生们自导自创自演的演出感到惊叹,对中国学生的精神风貌和创意才能赞不绝口。

回首过去,"百歌颂中华"作为中国青年美育工作的探索者和先驱者,形成了具有示范性、突破性、引领性的做法、举措和经验,是新时代高校融合型美育育人的成功实践。展望未来,"百歌颂中华"将继续坚持守正创新,深刻把握青年特征,不负坚守中华文化立场、坚定文化自信、培养高素质文化人才、弘扬中华美育精神的历史使命,用中华美育精神塑造时代新人。

四、高校校园文化环境育人
——"诗乐党史"草地音乐会

中山大学的校园氛围为校园艺术文化的蓬勃发展提供了一片多元的沃土。中山大学将美育作为立德树人的重要载体,坚持弘扬社会主义核心价值观,强化中华优秀传统文化、革命文化、社会主义先进文化教育,引领学生树立正确的历史观、民族观、国家观、文化观,陶冶高尚情操,塑造美好心灵,增强文化自信。在源远流长的校园文化建设过程中,中山大学营造校园艺术氛围,凝聚成多个智慧结晶,打造出一批精品艺术品牌活动,如师生草地音乐会。草地音乐会历史悠久,对营造良好的美育氛围、展现人文艺术精神有着十分重要的作用,为有兴趣的师生提供展现自我的舞台的同时,拉近了师生距离,让师生们其乐融融,共同感受音乐的熏陶,提升艺术涵养;没有绚丽的聚光灯,没有精美的舞台,夕阳西下,洗去铅华,用音乐吸引师生驻足聆听。

(一)策划前期准备

第一,学习百年党史。师生积极开展学"四史"文化活动,全面系统学党史。"历史是最好的教科书",学习党史可以使我们了解党的优良传统,提高解决问题能力。因此,要将党史学全面、学深入,不断从党史中升华理想信念。要学党史著作,认真研究文献资料、影像资料,请老党员讲述他们亲身的所见所闻,做到学史明理、学史增信、学史崇德、学史力行,为诗乐党史音乐会的创编提供理论指导。

第二,系统搜集红色诗乐文化艺术资源。从文化角度看,红色诗歌、音乐是红色精神文化的生动载体。井冈山精神、长征精神、抗日斗争精神、延安精神,这些我们耳熟能详的红色精神文化,无一不能从红色诗歌、音乐中找到它们的影子。中山大学以培育学生审美和人文素养为目标,弘扬中华美育精神,以美育人、以美化人、以美培元,把美育纳入各级各类学校人才培养全过程,贯穿学校教育各学段,培养德智体美劳全面发展的社会主义建设者和接班人。在草地音乐会策划阶段,按百年历史线索全面搜集经典红色诗乐作品，丰富创作内容，能够以更直观、更全面、更生动的形式去了解那些峥嵘岁月中悲壮动人的历史。

（二）基本内容及进展过程

为庆祝中国共产党成立100周年，2021年11月6日，中山大学举办了"诗乐党史"草地音乐会。草地音乐会在中山大学党委办公室的支持下，由学生工作部、校团委、艺术学院承办，艺术学院徐红副教授担任总导演。

"诗乐党史"草地音乐会通过一首首承载着家国记忆和民族梦想的诗乐作品，展现百年来中华儿女在中国共产党领导下谋幸福、谋复兴的奋斗史，回望千年文化长河，重温百年峥嵘岁月，赓续红色精神血脉，砥砺奋斗报国精气神。"诗乐党史"草地音乐会用"四大历史篇章"进行回溯（图10-21、图10-22、图10-23）。

图10-21 "诗乐党史"草地音乐会节目单

（1）序曲：千年溯源。中华文明源远流长，从诗书礼乐到钟鼎彝器，从诸子百家到丝路文明，积淀着中华民族最深沉的精神追求，代表着中华民族独特的精神标识。《梦舞敦煌》《扇舞丹青》梦回千年，看那些震撼心灵的文化传承。

（2）第一篇章：点亮前行的灯塔。中国共产党一经诞生，就把为中国人民谋幸福、为中华民族谋复兴确立为自己的初心和使命，点亮了实现中华民族伟大复兴的灯塔。从《觉醒年代》《南湖望月》《唱支山歌给党听》中,我们感悟中国共产党人的理想信念。那道光,划破苍穹,照亮中国革命的胜利之路。那道光,穿越时空,指引奋进新征程。

(3) 第二篇章:风雷激荡革命志。红旗漫卷,风雷激荡。中国共产党领导中国人民经过二十八年浴血奋斗,终于推翻了三座大山,带领中国人民结束了一百多年来被侵略、被奴役的屈辱历史,中国真正成为独立自主的国家,屹立于世界的东方。《共和国英雄——周文雍与陈铁军》《保卫黄河》《七律·人民解放军占领南京》带我们重回那段革命岁月,感受澎湃的精神力量。

(4) 第三篇章:铭记奋斗的岁月。在中国共产党的领导下,中国人民艰苦奋斗,实现了从站起来、富起来到强起来的历史性飞跃。通过《我爱你,中国》《不忘初心》我们一同铭记那些披荆斩棘、乘风破浪的奋斗岁月,镌刻时代的光荣与梦想。

(5) 第四篇章:大国崛起,吾辈自强。中国人民在长期奋斗中深深懂得:没有中国共产党,就没有新中国,就没有中华民族伟大复兴。不屈不挠的中华民族,因为自立自强,所以蒸蒸日上。中大学子,灼灼其华,要听凭时代的召唤,以振兴中华为己任,投身到新时代建设中。"请党放心,强国有我!"

图 10-22 "诗乐党史"草地音乐会现场 1

图10-23 "诗乐党史"草地音乐会之党史讲述

(三) 主要特点

(1) 原创性。中山大学开展的草地音乐会充分挖掘校园文化特色,积极贯彻落实习近平总书记关于教育的重要论述和全国教育大会精神,强化学校美育育人功能,将思政内容与优秀艺术作品有机结合,师生共同创作、讲述与演绎。

(2) 创新性。中山大学深化美育综合改革,坚持德智体美劳"五育"并举,将音乐和百年党史与红色诗乐文化艺术相结合,整合美育资源,并强化学生对美育的实践体验,不仅为有兴趣、有理想、有天赋的师生提供展现自我的舞台,而且拉近师生距离,让师生们其乐融融,共同感受音乐的熏陶,提升艺术涵养,形成充满活力、多方协作、开放高效的学校美育新格局。

(3) 实效性。习近平总书记指出:"做好美育工作,要坚持立德树人,扎根时代生活,遵循美育特点,弘扬中华美育精神,让祖国青年一代身心都健康成长。""诗乐党史"草地音乐会将党史学习与艺术体验相结合,课堂教学与实践育人相结合,以美育与思想政治教育相结合,选取融思想性、艺术性、教育性为一体的诗乐作品为载体,用艺术回望党的历史,传承红色基因,弘扬红色文化,致敬伟大时代,旨在以红色文化涵育时代新人、用红色情感激发使命担当。

(4)典型性和影响力。"诗乐党史"草地音乐会通过精彩的艺术演绎和生动的党史讲述,唤起每一位师生的情感洪流。在美丽的校园,阳光下闪耀着青年学子的青春、诗乐和笑容,师生们聆听经典音乐、诵诗歌唱,学习革命诗词和红色音乐背后的党史知识,感悟党的初心使命,汲取奋进的力量;共同回望千年文化长河、重温百年党史,于诗乐文艺中汲取前行的力量。

通过开展草地音乐会积极推动高雅艺术进校园,持续建设中华优秀传统文化传承学校和基地,创作并推广高校原创文化精品,以大爱之心育莘莘学子,以大美之艺绘传世之作,努力培养心灵美、形象美、语言美、行为美的新时代青少年(图10-24、图10-25)。激励广大青年学子坚定理想信念,增强民族自豪感,深化社会主义核心价值观教育;引导广大师生深切感受百年峥嵘党史,增进爱党情怀,勇担兴党使命。"诗乐党史"草地音乐会不仅是一场文化盛宴,也是一堂别开生面的思政课,对党的各个历史时期具有代表性的音乐作品及经典党史故事进行了全新演绎,让党史学习"声"临其境、"声"入人心,激荡奋进之路!为实现第二个百年奋斗目标、实现中华民族伟大复兴的中国梦而不懈奋斗。

图10-24 "诗乐党史"草地音乐会现场2

图10-25 "诗乐党史"草地音乐会现场花絮

　　起舞奏乐，诵诗歌唱。在蓝天白云下，重温百年党史。于诗乐文艺中，汲取前行力量。用贴近学生、有趣丰富的形式，传承红色基因，涵育时代新人。和着古老的敦煌乐舞声，走进五彩斑斓的传统文化。挥动丹青画扇，品味古彩神韵。衣袂飘飘，舞步翩翩，优美的舞姿展现着传统艺术的魅力。回溯千年中华文化博大精深、兼收并蓄，彰显着中华民族最深沉的精神追求，代表着中华民族独特的精神标识。

　　穿越风云激荡的百年时空，我们与觉醒年代共产党人对话。唱起一支献给党的山歌，歌声中犹见南湖上升起的明月。中国共产党的诞生点亮了前行的灯塔。循着光芒，中国共产党人坚定理想信念，不断前行。革命风雷激荡，红旗漫卷山岗。"刑场上的婚礼"故事，诠释英雄真谛。"万泉河水清又清，军民团结向前进！"一首《万泉河水清又清》，唱尽军民鱼水情。游击、保卫、反攻、解放，无数个危急时刻，革命先驱挺身而出。挽狂澜于既倒，扶大厦之将倾。"虎踞龙盘今胜昔，天翻地覆慨而慷。"磅礴的气势彰显着中国共产党人的革命豪情。不忘来时路，方知向何行。从沉沦而奋起，由苦难而辉煌。百年恰是风华正茂，今朝更是扬帆起航。少年接过时代接力棒，朝着星辰大海奋勇向前。

中大学子听从时代召唤，必将以实现中华民族伟大复兴为己任，投身到新时代建设中。"强国有我，请党放心！"夕阳西沉，手中的旗帜仍迎风飘扬。寒意来袭，心中的火焰却持久不息。在《中山大学校歌》与《没有共产党就没有新中国》的合唱声中，草地音乐会圆满落幕，而学习党史、砥砺前行的征程，却永远没有止境。回望千年文化长河，重温百年峥嵘岁月，赓续红色精神血脉，砥砺奋斗报国精神，让声声诗乐，化作前行的动力，振兴中华，永志勿忘。"诗乐党史"草地音乐会在校内外影响深远，在"学习强国"等媒体广泛传播，并列入中山大学2021年党建重要成果。中山大学举办了系列"诗乐党史"草地音乐会，不仅在校园，还将融入美育浸润、乡村振兴等文化活动，使其成为学校美育与思政教育相结合的校园艺术品牌活动；充分发挥高校校园文化环境育人的功能，使学校成为校园环境优美、教育理念先进、育人氛围浓厚的立德树人阵地。

第二节　实践参与感悟

本节为学生在艺术学院孔庆夫"粤剧经典唱段赏析与实践"课程上对于《白蛇传·情》《谯国夫人》《搜书院》《帝女花》《花月影》《刑场上的婚礼》等传统戏剧的课程感悟，展现了美育对于学生领悟能力、判断能力、情感理解能力等的提升作用，体现了融合型美育新范式的教育成果。

【案例一】

《白蛇传·情》戏评[①]

《白蛇传》作为中国戏剧的经典剧目，在粤剧中也是必看的经典，而

---

① 作者：王宇航（中山大学2019级本科生）。

我有幸得以欣赏曾小敏老师版本的《白蛇传·情》。说实话，这部戏剧的演绎效果对我来说还是足够震撼的。

一部戏剧的魅力，通常来说首在唱功，次在唱词。而作为一个浅尝梨园的听客，无论美妙的婉转腔调如何动人，我这糙耳虽是听不出来；但作为一个对文学有一定浸润的诗客，一部戏剧的每一句戏词，其中雅而不俗、俗而不闹，不拘一格，甚是可见一斑。在许仙与白娘子初遇的第一幕中，首先就是许仙所吟的一首诗，既为整个故事奠定了基调，也为许仙的人物塑造了典型的文人形象。而文字的交叠错落，典故辞藻浅埋的雅意，曲调佐伴惊艳诗句浮现的想象，这让我更看重文字本身的美感。这一点，在与西方的歌剧对比中更能体现出来。一方面是人声和乐器令人震撼的协调，另一方面是无尽的情愫藏在了短短几段的汉字中，各有自己的美感。而我作为一个想要在小说中有所建树者，毫无疑问，戏剧的表现形式可以对小说的创作有新的启发。

在人物的表现上面，《白蛇传·情》的处理颇为有趣，这也是粤剧的一大特点。在人物交谈的时候，即还没有伴奏和唱词时，粤语声的抑扬顿挫，那种略微夸张的声调，带着更多生活气息的问答，有一种特别的幽默感。仿佛这故事就是在广东市井街巷中发生的，一对恩爱夫妻相处甚是有趣，让所有粤语受众会心一笑。演员可以利用夸张的手法勾起观众的熟悉感，用这种生活气息把你我拉近，表现出各种快乐、活泼甚至严肃的情景。

还有一点必须要讲的是《白蛇传·情》对人物装扮的处理。尤其是女主角白素贞登台亮相的那一刻，我仿佛和历史古今的观众一同见到了白素贞的真容，我见犹怜，一眼千年。这种戏剧美人的惊艳，在那一刻真正传到我的心中。以往我也看过类似《霸王别姬》的戏剧作品，对其中的角色感受更多的是新奇，十分不解其他爱好者对于美的沉浸。但现在我懂了，白素贞刚好在那个晚上出现，许仙如我，我如许仙，见此美不可方物，便自此不拔。

但是，《白蛇传·情》和绝大多数的戏剧一般，在故事叙述上有一个先天的不足，当然，这是它们处于现代社会的一种水土不服。那便是，为什么所有的爱情都一面定终生，此情绵绵无绝期？这个问题，其实并不算什么问题，这是因为现代人比起近古代的人们，接受了更多文学或者娱乐作品的熏陶，而老生常谈的爱情主题更是被创作者变化成了无数的花样，那么诞生于简单娱乐时代的《白蛇传·情》等戏剧便不能满足当代人的需求。因为二者的创作要求是不一样的，《白蛇传·情》只需要表现出爱情这一简单的元素即可，而在当代则需要更多的内容予以填充。这也就为我们当代如何改造戏剧指明了一条可行的道路，即对戏剧的内容运用解构主义，在不损害其主干的情况下，以此诠释一种符合现代人道德伦理逻辑的表现。

从故事的完整性来看，《白蛇传·情》无疑是完整的。因缘而起、因情而终，起承转合，脉络清晰，是一个已经阐述完备的故事。这在短短几个小时的戏剧中，可以说是做到了最佳。但是，如果我们把粤剧和话剧做对比，我们又可以清晰地把这种故事的完整度做出区分。我们可以发现，白蛇传的故事是许仙和白娘子生活的切面，而切面之间的延续性并不多，我这里所强调的延续性并不是指不存在故事发展的因果性，而是指在叙事上的发展延续。作为当代接受过了丰富的文艺作品熏陶的观众，电视剧、电影、小说甚至游戏让我们习惯的叙事结构应该是更偏向于话剧的时间叙述，而粤剧不同幕间的切面叙述则让人感到节奏过快，转折略微生硬，不太符合现代人的观赏习惯。

作为一个文学爱好者，我更关注的一个问题是，戏曲在文字上面的传播。时至今日，各种戏曲的复兴已是随处可见，自不用说与之最为相近的音乐领域，然后是早就有过交互的影视领域。这一艺术形式如何在文字上展现她的美丽，一直是我思考的一个课题。但无论是以往语文课本对舞蹈的描写，还是鲁迅先生对社戏的记叙，都让我觉得不过是文学修饰无力的吉光片羽。就好比只听过美丽的名字，却从未有人传唱佳人的容颜。我一直相信，文字也是有不输于其他艺术的美感，她只是缺乏一个表述的题材，而戏剧则是我为她寻找的一个尝试。

于是，我有了两个选择：通过描绘场景的震撼、观众的反应，将之运笔如神迹；或者直接记叙戏曲的词文、角色的感情。前者毫无疑问是一篇完美的戏评，但不是我想要的文字里的一场生活戏剧；而后者却又太过冗长，毕竟我不是撰写戏作的剧作家，这也不利于其作为文学作品的传播。我需要的是将之化为一个主要的元素，让读者在文字中可以看到，剥离开现实，作为人类想象中更符合艺术性本身的东西。这毫无疑问，是最符合心中预设的存在了。

不过，这好像就否定了演员、音乐等现场元素的作用，因为那只是文学用来"借鸡生蛋"的手段，粤剧的发扬还是要回到其根本的地方。可能是我对于戏剧的音乐了解不多，我发现它们的音乐好像十分地相似，换句话来说，并没有什么突出的特点。本学期，我同时选修了古典音乐的鉴赏课，我可以明显地听出歌剧音乐的不同。可能是二者的侧重点不同，戏曲侧重于戏，而歌剧的重点的演奏的音乐，所有的人声无论是宣叙调还是咏叹调都是为音乐服务的，他们是交响与合奏。当然，我们的戏曲是和英国莎士比亚的戏剧类似，更注重的是剧情，但不能否认音乐可以起到的重要作用。就好比梁祝，除了经典戏曲爱情故事，更加有名的应该是那首同名的曲子吧。因为有的时候，旋律是更好的记忆。

说完音乐，我们再来谈谈演员。我认为，在新媒体的语境下，演员更加重要了。其实，演员在戏曲行当从来都是排在第一位的。我们都知道，现在戏曲者的传播载体不再仅仅是梨园一隅，而无论是表演戏曲者还是观看戏曲者都不能落后于时代，互联网是现代戏曲必须深耕的领域。也就是说，虽然我们还是用两只眼睛观看，但是我们却可能不在现场，而是通过大大小小的荧幕欣赏。观众不在现场，也就是说演员就可以更轻松了吗？不是的，这意味着演员们需要适应新形势。在更符合现代人习惯的拍摄手段下，演员要如何表现演技和表情，如何去适应新的场景和特技，如何做到雅俗共赏、古今结合、协调如一，都是值得思考的地方。在这些方面，粤剧电影《白蛇传·情》做出了很好的探索。

最后，我还想要提一点最重要的看法，即粤剧的改革要分清主次。作为表演艺术，观众在接受时精力是有限的，并不是所有人都会为了写戏评去反复咀嚼同一部戏，也就是说，一部戏剧必须有一个能抓住人心的亮点。如果盲目地把各种现代纷繁的技术手段都加进戏曲中，会导致观众们一开始感到很新奇，但看下来什么也没记住，囫囵吞枣，反而会认为这不是粤剧了。欲鱼与熊掌兼得，往往二者皆失。所以我们必须把握好主次，是以提升观众的体验为主旨进行改良。

【案例二】

评《谯国夫人》[①]

"我事三代主，唯用一好心"，这是冼夫人被人们广为传颂的一句话。这句话完美地概括了她的一生，她也用这句话勉励自己的子孙。在观看她波澜壮阔的一生后，听舞台上冼夫人缓缓说出这句话，不禁让人感慨

---

① 作者：朱海琳（中山大学 2019 级本科生）。

万千。

我有幸在今年（2021）十月到广东粤剧院，在现场欣赏了这部戏。剧院的氛围、舞台的设置让第一次走进剧院的我感到非常新鲜，同时我也认识到，隔着屏幕观看粤剧，和坐在台下看演员们演出，是完全不一样的感受。身边观众的情绪也是观赏体验非常重要的一部分，大家对笑点的发笑、对精彩之处的赞叹、热烈的掌声强烈地感染着我，让我不仅对舞台上的悲欢感同身受，还让我觉得与台上优秀的演员们产生了共鸣。

粤剧《谯国夫人》讲述了岭南圣母冼英冼夫人的传奇人生，在其扮演者曾小敏的带领下，我们见证了她从青春年少到垂垂老矣，从天真烂漫到胸有丘壑，见证了她为岭南发展殚精竭虑的一生。曾小敏塑造了一个气度不凡、文韬武略、目光长远的领袖形象。

许愿树下天真活泼的少女，伴随着清新的民谣惊艳亮相。她接过长老手中象征俚民首领权力的犀杖，开始她为俚族团结繁荣、俚汉交融努力的征程。她与汉人太守冯宝结为夫妻，不仅因两情相悦，还有促进俚汉交融的目的。伟大的冼夫人也曾少女怀春，一袭嫁衣的冼夫人尽显娇羞，拉近了伟人与观众的距离。

达猛鲁莽冲动，险些挑起俚汉战争，幸而冼英、冯宝两人及时赶到，劝住陈霸先。冼夫人第一次展现她刚柔并济的手段，便是在此次"劝架"中。她为了和平，先是好言相劝，为达猛的冲动道歉。见陈霸先仍不肯放过，便展示俚族强盛的兵力，一刚一柔，双管齐下，避免了一场流血冲突，尽显冼夫人的智慧。冼夫人的智慧还体现在她对战争与和平的态度，她历经三朝，都没有让俚族因朝代更替受到战争的侵扰：陈朝新立，她送去爱子冯仆与犀杖，向陈武帝表忠心；隋朝统一，她放下丧子之痛，归顺新朝。让人不禁感慨，好一位谯国夫人！

除了曾小敏饰演的冼英，文汝清饰演的冯宝也给观众留下深刻的印象。他风度翩翩，温文尔雅，与妻子携手共进，助俚汉交融，忠心保卫梁朝。虽英年早逝，但他留给冼英和俚族宝贵的精神文化财富。

此外，达猛、陈霸先、华乃等角色亦深入人心，特点鲜明，让人难以忘怀。我了解到，《谯国夫人》由广东粤剧院和广州粤剧院联合创排，因此，我们可以见到曾小敏、欧凯明、黎骏声等优秀的粤剧演员同台演出。黎骏声饰演的华乃是全剧的亮点之一，尤其体现在他快马急传陈朝灭亡消息、隋帝招安诏书一幕。黎骏声对舞台表现的掌控能力，让观众不住喝彩。从他精彩的表演中，我们看到一位老臣急切地翻越高山峻岭，不顾年迈的身体，甚至跌落下马。黎骏声的表演非常有张力，把观众的目光紧紧吸引在自己身上，最终他摔下马的一跃，让观众的心也随之一颤。

除了阵容强大，这部戏在许多方面都体现出精心的设计安排。

在服装方面，冼英与冯宝的婚礼上，两人身着宽袍大袖的汉服，而没有用传统的水袖。冼夫人对俚族的重要贡献之一是促进其汉化，因此，这部戏从人物的服饰上体现这一过程。冼夫人是首领，在首领继任典礼中，她穿的是俚族的服饰，而到婚礼时她率先穿着汉服，作为万民表率。在第一场戏的婚礼中，冼夫人提裙摆的动作、稍有凌乱的步伐，表现她对汉服的不适应。时间拉到婚后十多年，第三场中，冼夫人穿着黄色长裙、写汉字，则表现她对汉族文化的日益了解。到冼夫人老年时，俚族男女均穿汉服，此时表示冼夫人推动汉族文化进入高凉（今广东茂名）已颇有成效。服饰的变化，象征俚族的发展，也彰显出冼夫人的丰功伟绩。

作为一部历史剧，《谯国夫人》演绎了冼夫人的一生，时间跨度极大。因此，冼夫人从少女到老妪，年龄的跨度也大，这对表演者的要求非常高。曾小敏展现了她深厚的功底，为我们呈现了天真开朗的少女冼夫人、兢兢业业的中年冼夫人、沉稳慈祥的老年冼夫人，用甜美的子喉和沧桑感十足的平喉让观众感受到冼夫人青春年华的流逝。

当然，这部戏也存在着许多让人不够满意的地方。汉服虽能体现俚汉交融，但它对习惯传统水袖演员也有了限制，减少了演员运用肢体语言表达情绪的宽度。《谯国夫人》全剧时间跨度极大，从冼英未成年到八十多岁。这样的时间跨度实现难度极大，要以戏曲形式反映冼夫人的整个人生基本是不可能完成的任务，只能选取若干节点、若干事件进行叙述，突出冼夫人一个或多个人物特质，哪怕做不到"一戏一事"，至少要做到"一时一事"，即一个时间段讲清楚一个完整事件。但是，本剧在事件的完整度方面把握有所欠缺，重点偏移，如冯冼联姻缺缘由，冯宝领兵平叛过于侧重二人感情，对平叛的表述反而较少。

在冼英人生的表现中，她的思想品质没有较为明显的进步。她的"人设"从一开始过于完美，以至于没有给后期留下足够的发展空间。她年轻时便一心为民、深明大义、忠君护国，老年仍是如此，没有给观众陪伴冼夫人成长的机会，有些遗憾。此外，以专工刀马旦、闺门旦、花旦出名的曾小敏，运用的平喉少了几分故事感，在我现场观看的这场表演中，曾小敏的平喉情绪外放较弱。在我看过的曲目中，曾小敏用平喉不多，因此我第一次看《谯国夫人》的时候，对她的平喉感到相当的惊艳，逝者如斯的感觉瞬间涌入。然而在我现场观看的此次演出则缺少了她平喉的冲击力。

粤剧《谯国夫人》受到广大戏迷的好评,它将这位伟大女性的形象展现给世人,让我们走近她的一生,了解她的伟大。冼英终其一生心血,谱写了"我事三朝主,唯用一好心""盛名皆虚妄,孑然一老身"的千秋传奇,也留下了民众万古景仰的"岭南圣母"神话。

【案例三】

一纸风筝叙不尽浮生种种——观粤剧《搜书院》有感[①]

经典粤剧《搜书院》讲述了婢女翠莲与书生张逸民从初遇、相识到相爱的曲折故事。翠莲自少失怙,被卖进琼州镇台府充当婢女,任人摆布,处境苦楚。重阳时节,琼台书院书生张逸民(以下简称"张生")登高游览,偶然拾得断线风筝一只,题字于风筝之上,寄情于诗词之间。翠莲奉命寻回失落风筝,却被镇台和夫人发现题词,误会翠莲勾引情夫,对翠莲严拷毒打后还要送她与道台为妾。翠莲易装偷逃,寻至书院,得会张生,诉说遭遇。两人情投意合,愿同患难,互定终身。镇台闻讯,带兵围搜书院。书院掌教谢宝得知详情,既怜翠莲悲惨身世,又感两人相爱真诚,毅然挺身而出,设法营救。他巧施妙计,挫折了镇台威风,解救了翠莲危难,庇护二人周全。之后翠莲与张生脱离险境,奔回故里,终成眷属。

风筝,这一传统闺阁玩物,在《搜书院》一剧中,不仅是翠莲与张生初遇诉情时的"定情信物",更是全剧的线索,起到了贯穿始终的重要作用。此外,风筝还具有象征美学的意义——一种代表封建社会下女性悲惨命运与苦楚处境的时代符号。从观剧直觉来说,风筝或许是翠莲的"命"。翠莲这个人物的行动是和风筝紧密联系在一起的,她的命运走向也和风筝的飘荡密不可分。"那风筝,可叹它摆布由人,尽操在人家手中线。前路茫茫,线断便随风飘荡。一似我翠莲无告,羡谁怜?"幼失父母,被卖做丫鬟,又时常遭凌辱,真是身世堪怜,如同断线风筝飘零。

张生在看到风筝落下时不禁感慨:"好一只美丽的蝴蝶风筝!不幸线断飘零,落得身沾尘土。可惜可惜!"此处一语双关,表面上是张生对风筝飘零发出的感慨,实质上是以风筝喻人,剧作者借张生之口发出对翠莲身世的叹息。"不羡红丝牵一线,扶摇直上遥空。几曾愁梦绕芳丛。栖香

---

① 作者:林升德(中山大学 2020 级本科生)。

心宛转,写影骨玲珑。　　信道黄花还比瘦,无端轻落泥中。拼将弱质斗西风。命虽同纸薄,身肯逐飘蓬。"张生的题词极具文学韵味,既传达出张生哀叹命运多舛的感性思绪,刻画了张生谦谦如玉的温润书生形象,又为下面剧情中张生同情翠莲的悲惨命运埋下伏笔。

　　起初,我对"风筝"这一意象的解读仅局限在象征孩童时期的天真与美好,却在《搜书院》一剧中初识"风筝"象征漂泊命运的意象作用,殊不知在历来文人墨客的笔下,"风筝"的文化内涵极其丰富。宋代的寇准、陆游,明代的徐渭,清代的高鼎、孔尚任、郑板桥等文人都曾以风筝为主题进行诗歌创作,寄思抒怀。在诗歌中,"风筝"通常被用来展现民间娱乐的繁荣场景,渲染轻松欢快的生活氛围,有时也借以暗喻个人漂泊的命运,或借喻情爱的波折缠绵。

　　经典粤剧《搜书院》,与清代李渔创作的一部爱情主题的戏剧——《风筝误》,在"相遇生情"的戏剧情节上有异曲同工之妙。另外,"风筝"都是贯穿戏剧首尾的中心意象。《风筝误》讲述了:书生韩琦仲在风筝上题诗,公子戚友将其放出,不料风筝落在了詹家院里,被貌才皆有的二小姐詹淑娟拾得,她在风筝上和诗一首,将其归还,韩琦仲因此对其念念不忘,以风筝为题又作了一首情诗,故技重施。但此次风筝落到了貌才皆无的大小姐詹爱娟的手里。詹爱娟密约韩琦仲,韩琦仲与她见面后大吃一惊。之后,韩琦仲状元及第,詹烈侯欲将二小姐许配给他。韩琦仲既因误会不肯答应,又怕以下犯上而屈从,在洞房之夜方将误会解开,二人终得圆满。

　　在这部戏中,贯穿始末的"风筝"既是男女主人公互抒情意的通信工具,又是全剧情节发展的线索。李渔由"风筝"串联起男女主人公的爱情发展历程:因风筝而识真情,启祸端,生误解,最终获姻缘。风筝的每一次起落,都暗示着故事情节的跌宕变化,从而增强了戏曲剧本的感染力。

　　风筝,从起初为了刺探敌方军情而制成的工具演变成孩童少年们的春夏玩物。它不仅走进了万千民众的安定生活,更走进了文学与艺术,成为创作者笔下传情达意、寄寓哲理的意象。一纸风筝,叙不尽浮生种种,抒不尽情丝缕缕。

【案例四】

看《帝女花》有感[①]

  粤剧《帝女花》，可谓是家喻户晓之作，自上演以来，版本颇多，故事甚至传播到戏曲之外，被改编成影视作品。这部戏剧主要讲述了这样一个故事：明末，长平公主爱慕周世显才华，将其招为驸马。闯王李自成起义，崇祯帝诛妻女后自缢。大臣周钟见长平公主伤臂尚存一息，便将她救回家中。驸马周世显闻妻已死，痛不欲生。周钟父子欲把长平公主出卖换取荣华富贵，长平公主则匿居维摩庵。

  明亡，长平公主、周世显庵堂相遇，长平公主力劝周世显离去，周世显却宁以身殉方博得妻子相认。周世显带清大臣访长平公主，长平公主误会周世显忘节。周世显解释崇祯未受葬，太子又被掳，若长平公主入朝陈情，清帝一定会答允所求。长平公主为安葬崇祯及救太子而假意降清。事后二人在成婚之夜，双双服毒殉国。

  1956年任剑辉与白雪仙合作的《帝女花》以精湛的演技和动人的唱腔成为经典之作，而1976年由吴宇森执导的《帝女花》更多了一些电影与导演的艺术。

  粤剧电影《帝女花》虽然拍摄于20世纪50年代，很多拍摄技术不成熟，但这并不妨碍任剑辉与白雪仙两人精湛演技的发挥。同之后的梅雪诗版本相比，该版本最大的优点在于最大限度保留了戏曲风格，从而最大化地保留了任剑辉、白雪仙两位艺术家的表演艺术。

  任剑辉女扮男装饰演的周世显，举手投足自然真切，毫无脂粉之气。她演得自然真实，全是内心的真情流露，紧握着长平公主的手，没有任何身段动作，只有一句念白，却把周世显内心的悲哀和坚定表现得淋漓尽致，实在是让人惊叹。白雪仙饰演的长平公主跨度有点大，刚出场的长平公主是一个未脱稚气而又忧心家国的少女，既要有淡淡的幽怨，又要不失十五岁少女的稚气。而经历王朝覆灭之后，长平公主则又是另外一种情形。在"庵遇"一场中，长平公主面对周世显，极力隐瞒身份，心情复杂。在白雪仙的演绎之下，一个因心虚而伶俐，因回思带出伤情的长平公主跃然而出，角色的转变之快让人拍案叫绝。

[①] 作者：何橦（中山大学2020级本科生）。

剧中关于死亡的戏也很值得回味。崇祯欲杀长平公主时，周世显苦苦哀求，与长平抱头痛哭，难舍难分，不忍其死去。而在剧中结尾部分，却是周世显与长平公主决然赴死，这种变化让人体会到了社会变化的险恶，让人意识到了人性的善变和复杂，和新旧王朝变更下完整的社会形态。周世显与长平公主的爱情，就是这样的生死相随。周世显决定与长平公主一起赴死，更是为了对长平公主表达自己的志向与对她的真挚爱情。

故事丰富多面，表演精彩细腻，珠联璧合，相映成趣，使得《帝女花》这部戏成为戏曲宝库的一颗璀璨明珠。它写的是人之常情，展现的是人之常态，完全经得起时间和技术的考验，不会因为科技的变换和时代发展的而失去色彩，是一部真正的经典戏曲之作。

相比于舞台上演出需要将近3小时的足本粤剧《帝女花》，电影把整个故事浓缩在1小时43分钟内。仔细对照二者发现，整部戏的场次在电影中一场不少，重要唱段基本全部保留，情节完整。影片用电影的叙述方式来讲述故事、在保证影片艺术质量与故事情节完整的同时，删除了相对而言更适于舞台表现欣赏的唱段和程式化虚拟做派。而原本舞台上人物的上场、舞台的排场、情节的过场等统统化为电影神奇的蒙太奇镜头，使情节紧凑的同时并没有为了将就电影而削弱戏曲的特质。

影片一开始便是长平公主于凤台自选夫婿的情节，影片略去了原本戏曲舞台上的一切铺呈。譬如长平、昭仁两位公主姊妹间的谈话，风雨飘摇的江山赋予长平内心的情感愿望，以及长平的才华、长平的极受宠爱、长平的自恃才高等。这些都留给观众去思想、也会随着情节的展开而得到相应的交代。舞台上人物随着自我表白和自报家门的登场亮相，在镜头前都被合理删减。

空间环境的变化，带动了时间的变化和事态的推进。虽然两人经历了危险、分离、误解等磨难，但最终完成了厚葬父亲、救弟弟出囚笼的愿望，并双双死于连理树下，永不分离。在精神层面上，电影则是自由的又再度获得自由，遵循了戏曲舞台上常用的完整的、循环的叙事模式。

影片在舞美设计上，尊重、复原了剧本中所描述的场景，而玉楼的设计则更为电影化，片中第一个镜头从"乱世姻缘经风雨，肝肠寸断催人泪"，桥下水中倒影缓缓摇上，宫女们提着灯笼走到殿内，公主在众人的簇拥下缓缓走上殿来。这个画面中有横向移动和纵向的推拉，摄影机始终在环境中运动，把影片的空间关系交代得清清楚楚。而同时处于运动状态的人和摄影机之间相互交融，形成了视空运动的造型艺术。不到两分钟的时间，一场戏的环境全部被展现出来，画面突显了气势宏大的皇宫、等级森严的秩序、公主的尊贵，营造出了"环佩声传凤来仪，等闲谁敢轻咳嗽"的氛围，同时也展现出了以实景为主体的舞美设计，亭台楼阁错落有致，室内环境注重细节。这与舞台上的表现形成了鲜明的对比，画面引领着观众进入电影的世界——与舞台有很大不同的空间环境。影片十分关注空间划分，楼上楼下既有身份地位不同象征意义，也有互为舞台的灵活性。

【案例五】

《花月影》：花月有情，影下人悲[①]

粤剧《花月影》作为粤剧史上由"传统"转向"现代"过程中极具经典意义的剧目，成功突破了传统粤剧对于人物形象、剧情走向、配乐形式的束缚，融合了东方与西方、传统与现代、旧式意象与新式元素等多维度多向度的特点，细致而生动地讲述了青年官员林园生与红船歌女杜采薇从一见倾心、相知相恋到无奈分手、天人两隔的悲情故事。故事控诉了封建社会压榨百姓、腐朽黑暗的官场生态，和封建落后、矛盾突出的封建社会现实，但同时也暗含对美好未来的些许期待。

《花月影》虽呈现了一部令人惋惜的悲剧，但其仍借花月等"有情"之物生动地刻画人间宝贵的情谊和真挚。一方面给人以希望和幸福，另一方面又凸显阴暗社会现实下的"无情"之悲，全剧流畅而有起伏，主旨突出，令人甚为震撼。

一、人间情尚在

《花月影》虽以杜采薇投江而死、林园生丢去官职、贪官逍遥法外的无情悲剧作结，但其之有情却是剧情发展与转变的关键。剧中不同人物由于不同"情"而产生不同的更深层次的心灵的交流，将人物间的关系刻画得更加饱满，也使得剧情转变产生了更大的冲击力。

杜采薇与新参将林园生的"爱情"贯穿全剧。林园生初到戏园，点了一曲《江城子》，从此两人的爱情之火就已然点燃了。直至杜采薇为林园

---

① 作者：王佳鸿（中山大学2020级本科生）。

生写大赋、林园生邀杜采薇中秋赏月，两人如知己一般相依相恋，谈风花雪月、谈人生未来，甚是美好。全剧围绕着两人的爱情，由生起，到逐渐热烈，再到被迫消逝的过程展开，既生动地表现了爱情之于人的那种心动的欣喜与美好，又将"人间有情"推至顶峰，与后续情节中骤然"无情"形成强烈对比，极为有力地调动了观众的情感并引发观众对全剧主旨和情节的反思，取得了极佳的效果。

林园生对功名与正义的"热情"是全剧的焦点之一。林园生多年苦读终于考取功名，当上参将，怀满腔的热情准备在官场做出有利于人民百姓的大事，与其他腐败丑陋、压榨人民的官员形成鲜明对比。林园生因对美好的热情大力夸赞杜采薇，而得罪何镇南；因对正义的热情不愿送走杜采薇，而与何镇南理论；也因对功名的热情选择了仕途，而与杜采薇天人两隔……虽然林园生对生活与未来的热情最终被黑暗的社会现实浇灭殆尽，但他的这一份热情在这样一个麻木不仁的时代是尤珍贵的，是无数苦难中的百姓殷切希望官员应有的热情，也正是改变社会现状、创造一个人民百姓能够安居乐业和幸福生活的社会所必需的一种热情。

红船班主三哥对杜采薇的"人情"同样令人动容。三哥与杜采薇原本毫无交集，只因偶遇杜采薇在悲痛之中欲投河自尽，不愿见其丢了性命而邀她上了红船，开启了两人的戏曲故事。杜采薇性格刚烈不愿对权贵阿谀谄媚；而三哥在社会中摸爬滚打多年，不愿与他人产生矛盾而处处让步，多次为杜采薇打圆场，避免事态升级。在三哥身上，除去因生存需要而不得不有的圆滑，我们可以感受一种难得的珍贵的善良，一种"愿世界和平，众人安乐幸福"的善良。正是这种善良让陌生人之间能够产生情谊，让人与人能够和谐相处。

此外，杜采薇与其婢女和其他歌女的"友情"等情谊都能让我们感受到在繁杂纷乱的世间尚存的那种与人为善、由己及人的人文关怀，也正是这些令人向往的美好情谊为无数身处困境的人带去了宝贵的希望。这是《花月影》着力渲染和刻画的主旨之一。

"人间情尚在"是《花月影》在悲剧之外传递出的对人间美好的希冀。

二、何奈情难存

人间之情越是丰富和美好，在其被迫消散的时候，则更显无奈与痛苦。在封建社会的黑暗现实之下，纵然情可贵，何奈情难存。这也是《花月影》结局甚悲的原因之一。

"爱情"短暂，难以圆满。杜采薇与林园生的爱情虽有甜蜜美好的一面，却在强权的压迫下显得不堪一击。在面对爱情与仕途的单项选择时，林园生道出"寒窗十载，一生梦求功成名就，当是前程为大"，自私的人性就已赤裸裸地暴露出来。他不惜亲手碾碎已萌芽的爱情种子，用爱人来换取其一生功名。对爱情的渴望和对仕途的志向皆为人间的美好情感，可当二者产生冲突时，爱与仕无法兼得，被迫做出的任何选择都显得尤为悲痛。

"热情"空乏，终被扼杀。第一次当官的林园生意气风发，对正义的热情形成了与腐朽强权的对抗。可惜在封建社会黑暗的现实下，其热情却毫无生长与壮大的可能。由于热情，林园生在初次见面便得罪了何镇南；由于热情，林园生尝试了写违背真心的大赋（虽然最后上交的是杜采薇写的大赋）；又由于热情，林园生亲手割断了与杜采薇的爱情，最终落得情场失意、仕途中断的下场。林园生对功名的热情与悲惨社会现实的矛盾作为全剧焦点之一，是情节转折的至关重要的因素。

"人情"有限，难抵重压。红船班主三哥因性本之善救下杜采薇，只要不真正伤害其利益都处处包容和保护她，确实建立起了深厚的友谊，但这样的友谊并不"强大"或坚固。当粤州总兵何镇南要将杜采薇送与海盗，三哥既无法为杜采薇申诉，也无法带其远走避灾，只得眼睁睁地看着她在送亲的路上自杀，留下几声叹息而无法改变现实。"人情"虽珍贵，可在强权和重压之下，"人情"双方又如何维系这段感情呢？只不过是悲痛万分而无济于事罢了。

《花月影》中多段令人羡慕和欢喜的感情都被黑暗的社会现实所扼杀，曾经的美好更显孤苦和悲凉。"何奈情难存"是导致《花月影》悲剧之深的直接因素。

三、花月有情，影下人悲

《花月影》以花月等有情之物，首先刻画了一个初入官场、踌躇满志、有着刚正不阿的英勇性格和远大抱负的年轻军官林园生，和一个欲自尽而被救、在红船上一展才能歌技、为人正直有原则、从不阿谀谄媚的歌女杜采薇，二人作为主角，展开故事的叙述。林园生以意气风发的姿态出场，与总兵对话时傲气十足，初见杜采薇时风流倜傥，全然是一个满怀志气的"新人形象"。但他却在强权和现实的压迫下，逐渐暴露了懦弱妥协和无勇自私的一面，逐渐显现出一种颠覆性的却又极其真实的伪君子形象。

　　从林园生、杜采薇等人的遭遇和经历来看，他们只是在已固化的黑暗腐朽的社会与官场人群的缩影。以林园生为例，走上仕途、成为官员是那个时代大多数男性所期盼的理想和未来，而由于这种理想的驱动与复杂的社会现实和利益牵扯难以兼容，定会导致某些东西的牺牲，爱情便是其中之一。纵然爱情的幸福给许多人带去了无限的向往和期待，但在人生发展前途面前，绝大多数人不得不像林园生一样，无法放弃自己费尽多年心血所达成的功名而去追求所谓的爱情。这是一种自私，一种"人之常情"的自私，但我们也无法站在当代的道德制高点对这种选择做出批判。在那样一个刻板腐朽的社会中，这就是必然的趋势，也是古代社会所难以摆脱的一种延续性的无奈和悲哀。

　　《花月影》以林园生与杜采薇作为主角构建了现实、美好与惨痛交杂的一部悲剧，两位主角都是时代的牺牲品和遗弃物，而这不仅是他们自身的悲剧，更是那整个时代的悲剧，这才是最致命、最棘手的部分。一场悲剧让我们明白，在黑暗腐朽的社会中，人与人之"情"虽有，却难以真正长久。既然我们都向往人间的美好真情，那就应该为这些"情"营造能够正常发展的环境，即构建一个真正和谐的、人人平等的美好社会。

　　纵观全剧，《花月影》既向我们展现了无数人间之情的美好，又表现了有情而不得的悲伤。二者强烈的冲突更凸显了有情之美与无情之悲，表达了对"有情"之人间的深切期望与对"无情"之现实的愤懑控诉，实为发人深省、具有强烈现实意义的优秀剧目。

【案例六】

满城尽戴木棉花，革命粤剧换新颜
——粤剧《刑场上的婚礼》简评[①]

　　"这是一幅家喻户晓、凄美动人的历史画卷，它好像远离我们，却又近在眼前一样，又如黄钟大吕般响彻神州大地的史诗般的故事，代代相传、生生不息。"

---

① 作者：姚橦（中山大学2020级本科生）。

这是影视版革命粤剧《刑场上的婚礼》的戏首题词。它带领着我们逐渐步入20世纪20年代风云变幻的广州……它以半个多世纪以来在羊城广为传颂的一则悲壮动人的革命浪漫故事为题材，以独特的视角再现了20世纪20年代第一次国内革命战争时期的历史风云，着重描写了周文雍、陈铁军的爱情故事。

《刑场上的婚礼》在唱腔方面着重突出了粤剧的本色，在舞美方面也体现了岭南的文化色彩，在观感上更呈现了水墨画般的写意和大气。

随着场景变幻，有着浓郁的岭南文化气息的珠江畔码头、广州西关大屋等一一作为舞台布景呈现在舞台上。随着情节的跌宕起伏，该剧运用了现代科技的灯光效果营造出不同的舞台效果。该剧的编剧、天津剧本创作室的国家一级编剧王维忠（笔名"卫中"）老师着重渲染"木棉花"，就是为了突出90多年前那段发生在南国广州的"红色记忆"。

一、舞美设计效果和唱腔的守正创新

在音乐效果上，该剧没有局限于传统粤剧以锣鼓为主要乐器的音乐模式，而是采用了交响乐乃至流行音乐《真的好想你》的旋律，赋予新时代粤剧以不一般的"雅"文化气息。同时，也顺应了时代科技进步对传统文化提出改革创新要求的趋势，大胆地将现代音乐效果纳入粤剧表演过程，更能给观众带来沉浸式体验。

在灯光效果上，该剧一改传统粤剧那种全剧本"亮堂堂""一拉平"的舞台灯光效果，积极融入了现代灯光技术，随着情节变化而造成不同的灯光变幻。如乔装周文雍妻子的陈铁军，为及时协助组织与周文雍取得联系，前往监狱送饭。但当她出现在监狱后，国民党警察、周文雍和陈铁军各自都产生了不同的内心独白。此时，该剧为营造更为生动鲜活的具体人物形象和独特的戏剧氛围，在各方吐露心声时采取了"独白曝光"的声光聚焦形式，给予每一位"发言者"独到的灯光效果。例如，对警察们着重显示为阴影、阴暗的一面，不给警察正脸以灯光，而对周文雍、陈铁军二人则给予完全澄亮的出场形象，生动地突显了各自所代表人物的性格、情感倾向和价值色彩。此外，在刻画特务群舞和起义者投身战斗时，也分别赋予不同的灯光效果：前者明显是阴暗的、夹杂着手电筒挥舞的白色灯光，鲜明地刻画了"白色恐怖"的阴冷局面；后者则采用了"大红大亮"的表现效果，反映出他们艰苦斗争的情态和积极奋斗的革命乐观主义精神。

上述两种主要舞美元素的交融,尤其是及时的灯光效果与独特的音乐效果、音乐旋律相结合,给观众带来了观看影视大片的切身感受和体验。

在演出过程中,该剧基本上坚持了传统粤剧唱腔,在存续核心粤剧元素的前提下,为唱段和唱腔填上了新唱词,这也是该剧在守正创新上的一大尝试和重要体现。

因此,笔者认为,该剧在舞美设计上的守正创新,确实能够给观众尤其是年轻观众群体带来震撼和新鲜感,并能起到引导更多青年关注粤剧发展的积极作用。这恰恰是该剧的一个成功之处。

二、革命题材思想主线和"才子佳人"情感主线的创新性融合

无论是传统粤剧,还是内涵更为广阔的中国传统戏剧,其核心主线之一大多数都是"才子佳人"式的爱情故事。当然,传统戏剧中也不乏在兼顾爱情线索的同时仍能表现国家和民族大义者,如《帝女花·香夭》。而本剧在刻画革命者坚持崇高革命信念和坚定的理想信念、为革命事业奋斗终身而英勇牺牲的同时,还融入了周文雍和陈铁军之间的感情发展线索。比如,周文雍与陈铁军的"吻戏",周文雍为陈铁军遮挡皮鞭毒打,周文雍为陈铁军在其病时无微不至的照顾所感动而深化了对陈铁军的爱,两人互诉心声,到最后两人被捕后幻想新婚情景等,都真实可信地表现了周文雍、陈铁军二人从革命战友之情,到彼此倾慕的男女之情的波澜壮阔之转变。在这个意义上,在情感线索上,英雄人物走近了观众。

但在另一个意义上,每当两人就要深陷情网之时,往往有雷声或革命战友的呻吟声和呼唤声传来,打断了两人的互通情愫,使得两人迅速转到从事革命斗争的坚定革命者身份。两人在牺牲前留下合影后回答摄像师提问时所说的"就寄给中国人民吧!"——在令观众感动的同时,鲜明地体现了两人之为革命者,愿为革命事业献身、英勇不屈的大无畏牺牲精神和视死如归的深广情怀。在这一点上,在思想性上,两人之为英雄人物的形象又得到了升华,进而和在场观众拉开了一定距离。

一远一近,一疏一亲。在思想线和情感线的交织中,两人的关系和形象随着剧情发展不断变换。我们看到了剧中主要人物之为鲜活个人的丰富面向,既能让观众逐步打破以往那种认为革命戏剧只能有清一色的说教和

残酷斗争的元素的那种固化、僵化思维模式，又兼思想性和情感性于一体，让观众自觉地与剧中人物发生共情、"移情"作用，产生情感共鸣，更好地投入戏剧，从而获得全新的欣赏效果。

三、宏大叙事和精炼表演的创造性结合

《刑场上的婚礼》在剧情的展开上突破了传统粤剧那种一幕往往只有几个人发生互动和表演的局面，采取了人物群像"共同刻画、一时展现"的表演模式。在刻画起义过程、白色恐怖等历史场面时，均采取了大视角、多主体、全对话"三位一体"的展开形式，尽可能地做到了将历史故事情节兼容在一幕幕短小精悍的戏剧中，从而深化剧中情节冲突、反映人物心理斗争、推动情节紧凑发展。加之上文提到的全新舞美效果等因素，该剧尽管在内容和内涵上是丰富多彩的，但完全能在短短的两个小时内完成演出。

以戏剧形式演出的《刑场上的婚礼》和以电影形式演出的《刑场上的婚礼》最关键区别在于，尽管二者所需演出时间相差无几，但现场戏剧的演出没有后期剪辑和编排，一切艺术性成分和效果都是靠演出人物鲜活的现场表演及其与观众的互动塑造、构成的。而作为戏剧的《刑场上的婚礼》，不但能够涵盖电影版《刑场上的婚礼》的内容，还能更为真实生动地表现人物的情态，无疑做到了宏大历史叙事和精炼表演的创造性结合。在笔者看来，这也是该剧成功的一部分。

第十一章 艺路同行

为贯彻"以美育人,以文化人"的学生培养思想,促进学生德智体美劳全面发展。下面以中山大学为例,介绍此思想的一些践行经验。中山大学艺术学院主办或协办了一系列校园艺术活动,包括"让音乐走进校园""我和我的祖国""奋进新征程"等系列音乐会,促进了以艺术创作抒发情感、礼赞英雄的师生文化创作诞生。

第一节 文化建设服务校园

本节将展现中山大学艺术学院与艺术团积极开展的艺术团专场音乐会、新年音乐会等活动。这是提高校园艺术氛围、做好新形势下思想宣传工作的重要举措,也是丰富学生课余生活,推进以美育人的重要实践。

一、"我和我的祖国"民乐专场音乐会

2021年11月20日,由共青团中山大学委员会和艺术学院主办、中山大学广播台协办、中山大学学生民族乐团出演的"我和我的祖国"民乐专场音乐会在广州校区南校园梁銶琚堂举行(图11-1)。

图11-1 "我和我的祖国"民乐专场音乐会演出现场

演出开始,笙箫羌笛并奏、唢呐锣鼓齐鸣。欢腾的《庆典序曲》为整场音乐会定下欢快慷慨的基调(图11-2)。

图11-2 民乐合奏《庆典序曲》

"惊涛澎湃,掀起万丈狂澜",艺术学院郎奥博的男中音独唱《黄河颂》,唱出了万里黄河的壮阔豪迈,颂出了华夏儿女奋力图强的民族之魂(图11-3)。

图11-3 男中音独唱《黄河颂》

琵琶演奏《龙船》洋溢着节日的欢快气息,鼓舞着中华儿女"心往一处想,劲往一处使",乘风破浪,克服艰难险阻(图11-4)。

图 11-4　琵琶演奏《龙船》

"一线桥光通越水,半帆寒影带吴歌。"在舞蹈《碇步桥水清悠悠》中,舞者和乐起舞留下抹不去的乡愁(图11-5)。

图 11-5　舞蹈《碇步桥水清悠悠》

二胡合奏曲《战马奔腾》再现气势磅礴的战争场面:"铁蹄奋起百钧轻,长刀驱虏若奔雷",边防战士一往无前、保家卫国的铮铮誓言响彻耳畔(图11-6)。

图11-6 二胡合奏《战马奔腾》

八百里秦川辽阔,千百年历史厚重绵长。豪放激扬的西北笛曲《秦川抒怀》歌颂祖国的大好河山,歌颂广大人民的质朴勤劳,引人无限怀思(图11-7)。

图11-7 笛子合奏《秦川抒怀》

"唱支山歌给党听,我把党来比母亲。"笛子、琵琶与古筝合奏的《唱支山歌给党听》环绕礼堂,党的光辉照亮中国前行的路(图11-8)。

图 11-8　笛子、琵琶与古筝合奏《唱支山歌给党听》

笙、单簧管与钢琴三重奏的《天地人和》蕴含着中华民族"天时、地利、人和"的处世观念（图 11-9）。

图 11-9　笙、单簧管与钢琴三重奏《天地人和》

朱琴玉指拨开盛唐之景。古筝合奏的《蹀马倾杯舞千秋》含盛唐之韵，融胡汉之风；穿越时空，让人倍感生逢盛世、使命在肩（图11-10）。

图11-10　古筝合奏《蹀马倾杯舞千秋》

琵琶淙淙，牙板清脆；歌声婉转，舞步轻逸。《青花瓷》响起，勾勒出青花瓷瓶古朴典雅的神韵（图11-11）。

图11-11　琵琶、合唱与舞蹈《青花瓷》

带着对美好生活的向往和对伟大祖国的祝福，全场唱响恢宏壮美的《我和我的祖国》（图11-12）。

图 11-12　小组唱《我和我的祖国》

这场音乐会在艺术学院张喜秋老师演唱的《跟你走》的歌声中落下帷幕。"跟党走，就是跟着那太阳走"，中大人将勇担时代使命，接续奋斗征程（图11-13）。

图 11-13　独唱《跟你走》

"我和我的祖国"民乐专场音乐会，是中山大学献礼中国共产党成立100周年、庆祝中山大学建校97周年系列活动之一，彰显着中大人厚植家国情怀、传承红色基因的使命和担当。

二、"奋进新征程"手风琴、吉他专场音乐会

百年波澜壮阔,恰是风华正茂;吾辈扬帆起航,续写时代荣光。中山大学手风琴乐团和吉他协会联袂献上专场音乐会,穿越百年时空,唱响礼赞中国的青春之歌,谱写新征程的奋斗旋律。

这场音乐会由舞蹈《渔光曲》拉开序幕,中山大学舞蹈团选取舞剧《永不消逝的电波》中的一曲,舞蹈优美,内敛优雅,展现出革命者的理想和浪漫(图11-14)。

图 11-14 舞蹈《渔光曲》

手风琴合奏一曲《打虎上山》,气势磅礴,旋律激昂,展现侦查员杨子荣跨雪原、翻山岭的艰苦卓绝和不屈不挠的决心与斗志。

图 11-15 手风琴合奏《打虎上山》

一段历史承载了人们对峥嵘岁月的记忆。女声小合唱《十送红军》，展现了烽火岁月的军民鱼水情。

图 11-16　女声小合唱《十送红军》

追忆党史，缅怀先烈。手风琴重奏与男声小合唱《弹起我心爱的土琵琶》《游击队之歌》，讲述了抗日战争时期，中国共产党领导八路军、新四军深入敌后，广泛开展游击战，使观众感受到游击队员的革命斗志和英勇气概（图 11-17）。

图 11-17　手风琴重奏与男声小合唱《弹起我心爱的土琵琶》《游击队之歌》

大气磅礴，振聋发聩，一句句铿锵有力的朗诵展现了中国巨变，一字字掷地有声的呐喊宣告中国的《强国力量》（图 11-18）。

图 11-18　朗诵《强国力量》

扬帆起航，劈波斩浪，琵琶合奏《龙船》展现了人们在端午节龙舟竞技时的欢乐情景和中华民族昂扬向上的精神风貌（图 11-19）。

图 11-19　琵琶合奏《龙船》

赶不上时间的脚步,但想抹平父亲脸上的印记,充满张力的手风琴、吉他二重奏《再见诺尼诺》,奏出了那份虽不善言语但顶天立地的爱(图11–20)。

图 11–20　手风琴、吉他二重奏《再见诺尼诺》

时光如水,理想如诗,青春如歌,吉他、小提琴二重奏《如歌》用婉转音符与观众产生共情,音乐像是划过夜晚的流星,碰撞了充满回忆的青春(图 11–21)。

图 11–21　吉他、小提琴二重奏《如歌》

当风吹过西班牙，光影中闪现出古战场的悲壮史诗，吉他、手风琴重奏《阿斯图里亚斯》展现着西班牙的历史光影和人文魅力（图11-22）。

图11-22　吉他、手风琴重奏《阿斯图里亚斯》

"正当梨花开遍了天涯，河上飘着柔曼的轻纱！喀秋莎站在峻峭的岸上，歌声好像明媚的春光。"《喀秋莎》强大的心灵力量，激励着无数青年奔赴战场，保家卫国（图11-23）。

图11-23　演奏《喀秋莎》

作为新时代青年,肩负时代使命,乘风破浪,奋楫争先!手风琴重奏《你鼓舞了我》将充满启迪力量、催人奋进青年之音奏响(图11-24)。

图11-24 手风琴重奏《你鼓舞了我》

时光如水,理想如诗,青春如歌。是草原就会敞开绿色胸怀,是雪山就会喷涌白色浪花,是种子就会绽放美丽花朵——吉他弹唱《那些花儿》,歌唱出那些美好而真挚的青春时光(图11-25)。

图11-25 吉他弹唱《那些花儿》

披荆斩棘,向前奔赴,收获属于自己的那片《星辰大海》(图11-26)。

图11-26　演唱《星辰大海》

器乐合奏《自由探戈》将古典音乐、阿根廷民族音乐与现代音乐结合在一起,用绚丽的音乐色彩表现出美好奋进的人生情怀(图11-27)。

图11-27　器乐合奏《自由探戈》

复兴之路，披荆斩棘，薪火相传，再谱华章。艺术学院张喜秋老师独唱《把一切献给党》，表达了祖国人民共同的心声（图11-28）。

图 11-28　独唱《把一切献给党》

感恩党，感恩祖国，感恩人民，扬起理想的风帆，唱响青春之歌，建功新时代，奋进新征程，这场音乐会在合唱《我的祖国》中结束。

图 11-29　合唱《我的祖国》

三、"冬日幻想"古典与浪漫钢琴音乐会

寒凉的十二月,让人期盼冬日里的暖阳,也希冀精神上的富足。2021年12月5日,钢琴社为同学们奉献了一场视听盛宴——"冬日幻想"古典与浪漫钢琴音乐会(图11-30)。音乐厅的现场里,在各位演奏同学的演绎下,可以远眺贝多芬所描绘的月光、倾听肖邦对祖国与自己人生的叙述,能够仰望李斯特的指尖流淌着的传说、静聆拉赫玛尼诺夫的手下飞舞着的故事。

图11-30 "冬日幻想"古典与浪漫钢琴音乐会
全体演出人员合影

第一首是由艺术学院张雪莹演奏海顿的《D大调钢琴奏鸣曲》。作品第一乐章中含有大量突兀的转句,充满了激越而高亢的情绪;第二乐章有一种沉思内敛的情绪;第三乐章表现出虽对逆境痛苦不堪,但保持着乐观、亲切、真诚、幽默(图11-31)。

图 11-31　钢琴演奏《D 大调钢琴奏鸣曲》

第二首是理工实验班曾美慧演奏贝多芬的《升 c 小调第十四钢琴奏鸣曲》("月光")第一乐章。第一乐章给人以一种沐浴着冰冷月光中,眼前浮现大海,却在大海上隐隐看见"所谓伊人"的朦胧感(图 11-32)。

图 11-32　钢琴演奏《升 c 小调第十四钢琴奏鸣曲》("月光")第一乐章

第三首是艺术学院朱正南演奏贝多芬的《升 c 小调第十四钢琴奏鸣曲》("月光")第二乐章和第三乐章。第二乐章节奏轻快、旋律优美,与第一乐章形成鲜明对比;第三乐章疾风暴雨般的旋律中包含复杂技巧,表达出愤懑情绪和高昂斗志(图 11-33)。

图 11-33　钢琴演奏《升 c 小调第十四钢琴奏鸣曲》("月光")
第二乐章和第三乐章

第四首是中山医学院江越天演奏肖邦的第一叙事曲《g 小调叙事曲》。肖邦的《g 小调叙事曲》是历史上第一首以叙事曲为体裁的钢琴作品,它具有非常自由的奏鸣曲式结构,包涵丰富情感,其中英雄气概和悲剧色彩使它带有强烈的戏剧性(图 11-34)。

图 11-34　钢琴演奏《g 小调叙事曲》

第五首是信息管理学院毛见天演奏肖邦的《b小调第三钢琴奏鸣曲》第四乐章。肖邦的《b小调第三钢琴奏鸣曲》是其在巴黎时创作的,甜蜜的爱情和稳定的生活给了他创作的灵感与激情。这首曲子既体现了肖邦的细致,也体现了他的豪迈洒脱(图11-35)。

图11-35　钢琴演奏《b小调第三钢琴奏鸣曲》第四乐章

第六首是人文实验班谢佳烨演奏李斯特的《根据恶魔罗勃而作的回忆》地狱圆舞曲。这首圆舞曲作于1841年,是李斯特根据梅耶贝尔歌剧《恶魔罗勃》第二、第三幕的主题进行创作的。演奏充分还原了歌剧的戏剧张力,很好体现了乐曲主题(图11-36)。

图11-36　钢琴演奏《根据恶魔罗勃而作的回忆》地狱圆舞曲

第七首是艺术学院黄紫荧演奏拉赫玛尼诺夫的《音画练习曲》Op.39

No.1。由于创作灵感来自瑞士画家勃克林的《波浪》,拉赫玛尼诺夫将这首曲子定义为"暴风雨"。这首作品创作于 1916 年 10 月,正是拉赫玛尼诺夫精神状态低迷接受心理治疗的时期,再加上其父亲的去世,因而这首曲子会给人带来不安、沉郁之感(图 11-37)。

图 11-37　钢琴演奏《音画练习曲》Op.39 No.1

第八首是计算机学院郑学敬演奏拉赫玛尼诺夫的《音画练习曲》Op.39 No.2。这首练习曲的主旋律像是海鸥,大海在其下呼应,二者相互依存着。先是阴沉而平淡的灰白画面,后来大海像是要将海鸥吞噬,最后海鸥从大海的狂暴中挣脱出来,恢复平静(图 11-38)。

图 11-38　钢琴演奏《音画练习曲》Op.39 No.2

第九首是艺术学院王晨怡演奏拉赫玛尼诺夫的《音画练习曲》Op. 39 No. 6。该曲重现了小红帽与大野狼的故事，将小红帽的天真无邪与大野狼的凶猛残暴通过音符展现给观众（图 11-39）。

图 11-39　钢琴演奏《音画练习曲》Op. 39 No. 6

第十首是艺术学院徐伊霖演奏德彪西的《12 首钢琴练习曲》第一首《车尔尼先生之后的〈五指练习曲〉》。这首练习曲引入了车尔尼五指练习曲的标志性音阶练习手段，但并不像车尔尼五指练习曲那样局限于纯手指的跑动。它使各具特色的和声语汇交织在一起，伴随复杂多变的节奏、较多的力度和速度变化，营造出一种印象派特有的氛围感（图 11-40）。

图 11-40　钢琴演奏《12 首钢琴练习曲》第一首
《车尔尼先生之后的〈五指练习曲〉》

最后一首是艺术学院褟名莎演奏吉纳斯特拉的《阿根廷舞曲》（图 11-41）。这首阿根廷舞曲作于1937年，是吉纳斯特拉的早期作品，运用了极富色彩性的乐句和极具有能量的民族主义风格。全曲分为三个乐章：第一乐章为老牧羊人之舞；第二乐章为可爱的少女之舞，有南美舞蹈摇曳生姿的流动感；第三乐章为热情的牧人舞。

图 11-41　钢琴演奏《阿根廷舞曲》

古典熠熠生辉，浪漫至死不渝。在这场视听盛宴中，观众不仅感受到了古典主义与浪漫主义时期的美好与多彩，还感受到了那个时期的温暖与精神力量。

四、"奋进新征程"新年音乐会

白云山高，珠江水长。岁序更迭，载道日新。百年继往，共赴征程。力量生于团结，幸福源自奋斗。乘风破浪开新局，凌青云啸九天歌。2022年1月3日，中山大学"奋进新征程"2022年新年音乐会在广州校区南校园马丁堂前草坪举行（图11-42）。

图 11-42　中山大学 2022 年新年音乐会现场

胜利在召唤,奋进正当时。中山大学交响乐团演奏气势磅礴的乐曲《胜利》,拉开音乐会序幕(图 11-43)。

图 11-43　中山大学交响乐团演奏乐曲《胜利》

中华民族一家亲，同心共筑中国梦。附属中学带来舞蹈《中华民族风情画》（图11-44）。

图11-44　附属中学舞蹈《中华民族风情画》

赤子之心，报国之志，强国之行。附属第一医院精准医学研究院青年团队带来经典歌曲《我的中国心》（图11-45）。

图11-45　附属第一医院精准医学研究院青年团队表演
歌曲《我的中国心》

黄河之水天上来，万里长河忆峥嵘。艺术学院学生带来钢琴演奏《黄河钢琴协奏曲》第四乐章（图11-46）。

图11-46 艺术学院学生钢琴演奏《黄河钢琴协奏曲》

"保卫家乡！保卫黄河！保卫华北！保卫全中国！""风在吼，马在叫，黄河在咆哮，黄河在咆哮。"学生合唱团演唱歌曲《保卫黄河》《雪花的快乐》（图11-47）。

图11-47 学生合唱团演唱《保卫黄河》《雪花的快乐》

浏阳河弯又长,两岸歌声唱四方。艺术学院师生带来古筝合奏《浏阳河》(图11-48)。

图11-48 艺术学院师生古筝合奏《浏阳河》

"问苍茫大地,谁主沉浮？""可上九天揽月,可下五洋捉鳖,谈笑凯歌还。世上无难事,只要肯登攀。"主持礼仪社团朗诵毛泽东诗词《沁园春·长沙》《水调歌头·重上井冈山》,追忆革命理想和伟大精神(图11-49)。

图11-49 主持礼仪社团诗词朗诵

人生是一场奔向未来的旅途,青春在奋斗中绽放。校园歌手演唱"Flashlight"《不为谁而作的歌》"Halo"《不同凡响》(图 11-50)。

图 11-50　校园歌手歌曲联唱

莫道浮云终蔽日,严冬过尽绽春蕾。艺术学院张鼎老师萨克斯演奏"Sax-o-phun",让我们共盼春来(图 11-51)。

图 11-51　萨克斯演奏

蒹葭苍苍，白露为霜。所谓伊人，在水一方。遥望理想的彼岸，愿逆流而上。锲而不舍，不改初心。教工合唱团带来朴实亲切、诗韵盎然的合唱《在水一方》（图11-52）。

图11-52　教工合唱团合唱《在水一方》

"红梅不屈服，树树立风雪。三九严寒何所惧，一片丹心向阳开。"艺术学院杨悦老师二胡演奏《红梅随想曲》，唤醒百花齐开放，高歌欢庆新春来（图11-53）。

图11-53　二胡演奏《红梅随想曲》

梦想的光芒照耀你我，让我们凝聚青春力量。艺术学院张海庆、郎奥博、张晓祎、詹钰婷演唱歌曲《共筑中国梦》（图11-54）。

图11-54　艺术学院师生演唱歌曲《共筑中国梦》

家乡桥水清悠悠，岁月静好寄乡愁。江山多娇美如画，时光如梭不驻留。中山大学舞蹈团表演舞蹈《碇步桥水清悠悠》（图11-55）。

图11-55　中山大学舞蹈团表演舞蹈《碇步桥水清悠悠》

礼之用,和为贵。天地人和,是中华民族的智慧。艺术学院师生带来合奏《天地人和》(图11-56)。

图11-56 艺术学院师生合奏《天地人和》

我的太阳,是炙热的理想,是永恒的希望。艺术学院张喜秋老师表演美声独唱《我的太阳》(图11-57)。

图11-57 独唱《我的太阳》

蓝图已经绘就，奋斗创造未来，新征程的号角中，我们再一次出发。艺术学院张喜秋、郭慧娴、冼兆海、林欢欣演唱歌曲《再一次出发》（图11-58）。

图 11-58　艺术学院师生演唱歌曲《再一次出发》

南海之滨，珠江之畔，新岁序开，筑梦远航。全体大合唱《中山大学校歌》（图11-59），立志笃行，振兴中华，永志勿忘！

图 11-59　全体大合唱《中山大学校歌》

五、艺术学院周末实践音乐会

在艺术学院学生基层团组织"喜迎二十大、永远跟党走、奋进新征程"主题团日上,学生们齐聚一堂,用歌声和琴声讴歌新时代、重温峥嵘岁月、回溯中华文化古韵。音乐会上,学生们演唱了凄婉动人的《秋风词》、意境深远的《蝶恋花》,带领观众领略传统诗词格律之美;琵琶曲《龙船》再现了端午节赛龙舟时锣鼓喧天的场景,使在场观众置身传统佳节的喜庆氛围;琵琶曲《春蚕》《虚籁》或高亢辽远、或舒缓自由,表现出演奏者内心的坚持与追求随着琴声徐徐诉说。学生们还共同欣赏了经典钢琴曲《奏鸣曲》No. 21 第一乐章、肖邦《第三叙事曲》Op. 47 等优秀作品(图 11-60、图 11-61)。

图 11-60　艺术学院学生歌曲表演

图 11-61 艺术学院学生器乐表演

第二节 师生文化作品展示

中山大学重视师生的艺术文化生活，努力为师生营造充满灵感、创作自由的校园文化环境。近年来，中大师生积极进行文化创作，创作了大量优秀作品。譬如林帝浣老师的二十四节气作品、姚友毅教授的中国画作品、师生共创的歌曲《研途与你　青春名义》等，在丰富师生文化生活，创造良好的校园文化的同时，表达了师生的情感和创作热情，展现了中大师生昂扬向上的精神风貌。

一、教师作品

（一）林帝浣作品

"春雨惊春清谷天，夏满芒夏暑相连。秋处露秋寒霜降，冬雪雪冬小大寒。"这首《二十四节气歌诀》将二十四节气连在一起，以诗歌的形式吟咏而出，让民众以最简单的方式记住二十四节气，按时务农，诗歌自身也极具美感。

从 2012 年起，林帝浣以自己的画笔，用圆形的构图，画出了美丽的国画二十四节气。2016 年 11 月，林帝浣的《二十四节气》画作亮相联合国教科文组织保护非物质文化遗产政府间委员会第十一届常委会，作为"二十四节气"申遗推介宣传册的国画配图出现，让更多人感受到了中国文化之美。

东风解冻，蛰虫始振，鱼陟负冰
春意萌动
茶碗酒壶
在尘影间
清光晕墨的晨曦里
一朵花开
就是整个春天

立春 | 岭南

獭祭鱼,雁北向,草木萌动
天一生水　东风解冻　散落为雨
江湖夜雨　一灯如豆
客舍青青
灯前细雨檐花落

雨水　|　乌镇

桃始华，仓庚鸣，鹰化为鸠
农家的新犁
耙出青翠染柳如烟
燕子回时　水流花开
那田边
又是一年桃花开

惊蛰｜珠海

玄鸟至，雷乃发声，始电
青梅如豆
蝴蝶纷飞
暖风拂面熏人醉
人间最美二月春

春分 | 呼伦贝尔

桐始华,田鼠化为鴽,虹始见
烟雨锁重楼
茶山绿遍阡陌新
都分付这良辰美景奈何天

清明 | 湛江

萍始生，鸣鸠拂其羽，戴胜降于桑
山间采茶正忙
水田里白鹭飞起
浅绛新绿　樱粉杏黄
写不成那一窗的荼蘼花开晚

谷雨 ｜ 临江屯

蝼蝈鸣,蚯蚓出,王瓜生
小巷幽深　花木扶疏
有时骤雨一霎
清溪水满　青梅尚小　油菜结籽

立夏 | 承德

苦菜秀，靡草死，麦秋至
漫山栀子花　散发香气
圆荷浮小叶　细麦落轻花
小小的满足
便是大大的幸福

小满 ｜ 苏州

螳螂生,鹎始鸣,反舌无声
青梅煮酒　小麦黄熟
天地充实
万物丰满的盛夏
正在降临

芒种 | 内蒙古

鹿角解，蜩始鸣，半夏生
木槿花开　瓜豆满架
稻穗挂地　沏茶薰香
宵漏夜短　夏梦正长

夏至 | 厦门

温风至，蟋蟀居辟，鹰始鸷
家乡的小暑
田里蓄满了水
找一张小网
召集几个小伙伴
牵网赶鱼忙乎上半天

小暑 | 南海

腐草为蠲，土润溽暑，大雨行时
炎夏季节　吃冷面　喝苦瓜汁
正好幽游静思
致虚极　守静笃
清凉自生

大暑 ｜ 呼伦湖

凉风至，白露降，寒蝉鸣
苹花渐老　梧叶飘黄　暑去凉来
清商时序　万物收敛
只待凉风一夜至
满阶梧桐月明中

立秋 | 韶关

鹰乃祭鸟，天地始肃，禾乃登
海边开渔后　河灯放起
秋雨泼寒时
稻谷收成
秋风日紧　珍重添衣

处暑 | 绍兴

鸿雁来，玄鸟归，群鸟养羞
白棉满缀　石榴挂枝　夜寒日燥
枕上诗书闲处好
门前风景雨来佳
蒹葭苍苍　白露为霜
不觉秋夜长

白露 | 黄山

雷始收声,蛰虫培户,水始涸
丹桂飘香　柿子红熟
冬麦初收　甜枣满仓
一年好景君须记
秋高气爽正当时

秋分 | 庐山

鸿雁来宾，雀人大水为蛤，菊有黄华
竹几一灯人做梦
嘶马谁行古道
牵牛数朵青花小
所幸秋太淡
添红枣

寒露 | 坝上

豺乃祭兽,草木黄落,蛰虫咸俯
冬已近　秋阴未散
寒霜飞上枯荷
冷露横江　百草衰败
如有风刀严相逼

霜降 | 西湖

水始冰，地始冻，雉入大水为蜃
秋收冬藏　一年冬信
便是万物归贞
春初早韭　岁末晚菘

立冬｜江南

虹藏不见，天气上腾地气下降，闭塞而成冬
檐下负暄　煮酒读书
只等那
一场初雪　三两梅花　来赴旧约

小雪｜天山

鹖鴠不鸣，虎始交，荔挺出
瑞雪飘飘　舟楫闲泊
天清地静　山河冷落
客舍里浊酒一杯
人生宜向醉中看

大雪 | 吉林

蚯蚓结，麋角解，水泉动
风雨如晦　新年将至
来日绮窗　寒梅发几枝
举杯踌躇
故人安否

冬至 ｜ 雪乡

雁北乡，鹊始巢，雉始雊
九寒隆冬　至此为盛
严寒的深冬
花信赴约而至
梅花点点　清枝萧疏
幽香岑寂

小寒｜漠河

鸡始乳,征鸟厉疾,水泽腹坚
岁晚灯火　处处归心
总有一些地方一些人
在一直等你
让你毫不犹豫
踏上遥远归途

大寒 ｜ 灵隐寺

（二）姚友毅作品

姚友毅，中山大学艺术学院副教授，中山大学校徽设计者，教育部全国学校艺术教育工作先进个人，广东省高校美术与设计教育专业委员会理事。

这里集结了其花鸟系列画作。这些作品色彩丰富、气韵生动，展现了不同风物的多姿多彩，一花一木间充满了对生活的体悟和闲趣。通过传承中国传统绘画以艺载道的特点，其艺术风格上大巧若拙、章法布局上疏密错落。他用笔用墨道媚苍润，平衡和谐变化生动，既展现了四时四季的美景，也传承与发展了中国传统绘画美学的特色。

同时，这些画作兼采现代手法，融入新的意趣。例如，《虎踞》一图，题源于毛泽东17岁写的第一首诗《咏蛙》："独坐池塘如虎踞，绿荫树下养精神。"在新的阐释下，青蛙也有了锲而不舍、努力追求的品质，表达了画作者幽默乐观的心境。

虎 踞

鸟语华香

秋静清华

九秋风露鹤精神

野 香

独爱清幽

彩羽鸣春　　　　　　　晨　鸣　　　　　　　幽绪芳华

氤氲香气　　　　　　　　　　浮　香

小品之一《国色》

小品之二《争艳》

大福大贵

鱼之乐

四条屏之一

四条屏之二

四条屏之三　　　　　　　　四条屏之四

二、师生作品

（一）原创歌曲《研途与你 青春名义》

歌曲《研途与你 青春名义》是中山大学"建党百年原创音乐大赛"入选作品，由中山大学硕士研究生创作、艺术学院徐红副教授担任艺术总监和MV导演、艺术学院制作出品。该歌曲曲风清新律动，充满时代特色和青春力量。在建党百年的大背景下，描绘展现了青春洋溢的校园气息、别具一格的南粤特色、磅礴大气的中国气派和放眼未来的全球视野。作为粤港澳大湾区的青年学子，从三尺讲堂到科研一线，他们在祖国最需要的地方志愿公益、科研攻坚，歌曲旨在表达求学岁月里当代粤港澳大湾区青年的爱国之志、报国之行。歌曲结尾"见证百年奇迹"则表达了青年学子一心向党，建功新时代的决心。

《研途与你 青春名义》[①]

共驻珠水江畔
华灯璀璨映壮美山川
我是南粤青年
德才兼备悬希望风帆
共赴白云山巅
壮阔波澜溯丝路绵延
我是中国青年
磨砺奋斗铸豪迈誓言

南粤的木棉
满山遍染
我们以青春之花礼赞
复兴的夙愿

研途与你
在学海探秘

---

① 作词：杨巨声；作曲：迟超；编曲：超声波音乐工作室；演唱：何玺、黄宝庆。

研途与你
在赛场竞技
以青春的名义
奏响逐梦的旋律
在星海里
唱响奋斗的序曲

研途与你
去实践天地
研途与你
去志愿公益
以青春的名义
舞动逐梦的双翼
在星海里
见证民族的崛起

共集怀士堂边
红墙绿瓦载人文书笺
我是中大青年
领袖气质竖亮眼名片
共聚中山像前
十字规语胜万语千言
我是研会青年　家国情怀成奋斗源泉

康乐的湖岸
绿意盎然
我们以青春之露浇灌
梦想的彼岸

研途与你
在学海探秘
研途与你
在赛场竞技

以青春的名义
奏响逐梦的旋律
在星海里
唱响奋斗的序曲

研途与你
去实践天地
研途与你
去志愿公益
以青春的名义
舞动逐梦的双翼
在星海里
见证民族的崛起
见证百年奇迹

（二）其他师生作品

中山大学抗击疫情原创歌曲纪念专辑《逆行》是中山大学美育成果——校园文化建设项目《康园雅韵》系列之一，由艺术学院徐红副教授担任艺术总监和制作人。

在中山大学党委办公室的支持下，《逆行》由艺术学院联合党委学生工作部、校友总会及出版社（音像出版社）出品。专辑收录了在疫情期间中山大学师生、校友、各附属医院医务人员所创作及演唱的优秀抗疫歌曲作品。歌曲内容真挚、曲调动听、饱含深情，创作者用歌声表达了在新冠肺炎疫情这个特殊时期的中大师生情牵家国、心系疫区、赞美逆行者的心声。

此张专辑共收录了《中山医之歌》《逆行》《敬畏》《从此以后》《武汉武汉》等 16 首原创歌曲。其中，《我们是中国，我们是一家人》由我校一线医护人员、海内外众多师生、校友线上接力演唱，在学习强国、人民日报、中国教育电视台、广东卫视等媒体，以及"云上三院"掌上智慧医疗的《方舱之声》栏目播出，并产生了广泛的影响，鼓舞人们众志成城、共克时艰。

1. 《从此以后》[①]

一

从此以后,清风明月相守
从此以后,粗茶淡饭足够
从此以后,把真实与简单参透
从此以后,把脱缰的梦想回收

二

从此以后,学会敬畏也懂得静修
从此以后,学会逆行也懂得顺流
从此以后,与世间万物风雨同舟
从此以后,让爱与缘分相伴白头

三

从此以后,不为浮名奔走
从此以后,不为奢华折寿
从此以后,光阴不再廉价兜售
从此以后,知道该放手时就放手

四

从此以后,学会敬畏也懂得静修
从此以后,学会逆行也懂得顺流
从此以后,与世间万物风雨同舟
从此以后,让爱与缘分相伴白头

2. 《生命的颜色》[②]

一

阳光

[①] 作词:陈小奇(中山大学校友);作曲:高翔。
[②] 作词、作曲:邓文聪(中山大学校友)。

照进来吧
阳光
照进来吧
头顶上的乌云
阳光穿透出裂隙
照亮　此刻的你

二

别哭
让悲伤在花儿芬芳里消散
昨日留下的遗憾
随眼泪一起风干
仰望
用心去感受那一抹生命的颜色
不受寒冷的约束
不受时间的约束
会盛开

三

你看
春风拂来
你看
花儿会开
或期待或无奈
纸飞机跃过窗台
明天　依然因你而在

四

别哭
让悲伤在花儿芬芳里消散
昨日留下的遗憾
随眼泪一起风干
仰望

用心去感受那一抹生命的颜色

不受寒冷的约束

不受时间的约束

五

像冬日里的傲霜

顽强开出一朵蔷薇

任四季在变换轮回

也无法忘却你的美

六

别哭

让悲伤在花儿芬芳里消散

昨日留下的遗憾

随眼泪一起风干

仰望

用心去感受那一抹生命的颜色

不受寒冷的约束

不受时间的约束

3. 《俟春风》①

一

青青河边草　待春风　绿江畔

盈盈一水间　难相盼

啾啾闻啼鸟　与飞燕　相泪别

冥冥中相思　不能言

庭前已种下茶花　待君归来

花泛香引蜂蝶徘徊

悠悠思故人心难了　添岁老

等不到　徒思添人恼

---

① 作词、作曲：吴泽瑜。

二

　　旦旦夕夕　空自对江离叹息
　　　念旧日佳期　难寻觅
　　凄凄清清　风拂过无人街面
　　　轻轻落入你绮帘
　　　　春来　冬去
　　　　朝夕待　夜幕续
　　与君相约　来日共把花月酌
　　　　春风来　冬霾驱
　　　　杜鹃开　冷霜去
　　寄君双鲤鱼　抒我长相思

三

　　又是一年　谁家相识燕归去
　　春风入帘　谁人长相思绵绵
　　借问洛神　为何同心而离居
　　　有心人　梦相遇
　　又是一年　春华落碧水潋滟
　　空自留恋　可惜暗香无人怜
　　　留一朵　待君归　莫牵念
　　　有心人　长留香
　　　　香长留

第十二章 艺文荟萃

"艺术不是技艺，它是艺术家体验了的感情的传达。"艺术学院的学生们经过学习与体验之后，因其多样的人生经历，对艺术产生了多样的思考与想法，他们与艺术碰撞，向我们讲述了一个又一个动人的故事。"寻门而入，破门而出。"艺术学院的学生们也正以此为目标，在精进专业知识的同时，不忘回归实践与生活，从中寻找真正的范本，从中吸收终于生活的艺术语言。本章收录了艺术学院部分学生的文字作品。

第一节 共赏艺海芳华

牛顿面对寰宇奥秘，自诩海边拾贝的孩童。而艺术的海边，也少不了躬身拾贝的艺术学院学子。他们有人早早探到了蚌壳里的美珠，锚定了毕生的艺术志向；也有人几经波折、因缘际会，时间如浪花，洗涤冲刷而不减其色；还有人不住地探索，流连在艺术的海滩，期待着一次次心动与灵感的碰撞。

【案例一】

筝情筝意，艺无止境①

回首过往，提笔思忖万千。人生起落浮沉，竟已经过许多年。蓦然发现，岁月变迁，纵然道路曲折，艺术却已深深烙印在我的生命之中。

我与古筝的缘分起始于七岁那年，父母朴素的理念是"有投入就要在自己能力范围内做到最好"。像每一个琴童那样，我每天放学练琴、写作业，经年累月，水滴石穿，懵懵懂懂考级。因为自己小时候学习成绩一直

---

① 作者：郁江昕（中山大学艺术学院2020级学生）。

不错，除了上奥数课、英语课，就是弹弹琴，去草长莺飞的山野撒野。我听到风入松的呜咽，看到满天星斗的璀璨，心里古筝的音符，也散落在细碎而葳蕤的草木星子之间。

2010年1月，我站在清华园的冰湖边，好奇地打量蒙民伟楼，看到形形色色的人才来来去去，心生怯意，却又如同初生牛犊，冬天冷得发抖，接过工作人员递过来的暖宝宝，终于拿下清华大学第22届全国中学生艺术冬令营艺术特长生测试古筝一级优秀和国画二级证书。同期，我还拿到了中山大学、厦门大学等校艺术冬令营测试的录取函。那时候，我学习比较吃力，在重点高中有许许多多的"学霸""学神"日常给予降维打击。我抱着乐谱，在一首首作品里找寻着心灵的慰藉，也早早地通过我手中的乐器走过国内很多地方，那些地方都是在家乡不曾体会过的人情和风景。彼时彼刻，快要面对人生中第一次大考，我迷茫多过焦虑。那时校内网流行，通过校内网认识的许多大神给予青春期的我很多思考和抚慰。

2010年高考季，我还记得夏夜高中操场上的青草香味和毕业时的烟火。那年，我以甘肃省前百名成绩考入中山大学岭南（大学）学院经济学专业。9月，我站在中山大学珠海校区的岁月湖边，望着湖水波光粼粼，突然意识到，从此我将与家乡长别离，迈入人生的新阶段。在大学里，同学们有许多选择，做什么选择都没有错，都向着不同的方向发展罢了。那时的我，活跃在学校的民乐团、舞蹈团，偶尔会参加岭南学院组织的一些与国内外学校交流的晚宴演出。在互联网的神奇连接下，我在大二下学期认识了中央音乐学院的苏畅老师，从此我便风雨无阻几乎每个月前往北京上课学习。大四那年我曾极度迷茫，去考过公务员，去地产公司、银行上过班。之后，我心底的想法越来越明确，是的，我想走上艺术之路。身边不少人都劝我寻找安稳的工作，父母的不理解，也一点点蚕食着我的意志。那时候几乎是我人生的低谷，我暴食变胖，感情不顺，唯一没有放弃的就是继续钻研古筝。在毕业后，我投入古筝教育行业，日常创业上课的同时，继续保持去北京学习，不断提升。我突然萌生出想要跨专业考研的冲动，没有人告诉我有多么艰难。我甚至在北京小住了半年，走南闯北，仿佛忒修斯之船，打碎，再重组，跌倒，再爬起。2015年伊始，我搭上了短视频的快车，开始在美拍App（手机应用软件）录制许多的曲子给我线下学生做示范。没想到，这使我的粉丝迅速达到万人，建立了粉丝交流群。一直到2017年，我在Finger音乐平台的网络课程授课过千，广受好评。我办集训课，天南地北的学生来到广州；我参赛，获得盛世华筝国际古筝比赛青年专业组金奖、"一带一路"中德音乐器乐比赛获中国赛区专业组金奖；我演出，我带领学员举办自己的师生音乐会；我联络东莞玉兰大剧院管理委员会申请政府专项文化补贴，为苏畅老师策划筹办公益专场音乐会，与苏畅老师出演二重奏《西部主题畅想曲》《炎》的同时，我主持了整场演出。其间，我有过不少迷茫，经历过目标学校导师的去世，但更多地，古筝于我而言还是那么重要。多少次想要放弃这艰难的跨专业考试之路，却因为骨子里那份韧劲和痴迷而坚持着。前路未知，我也要继续走下去。

终于有一天，我听说母校新建了艺术学院，隐隐觉得，我与中山大学的十年情似乎又能延续。恰赶上2020年新冠肺炎疫情来袭，我在家中闭关考研。通过每日8小时以上的练习和辛苦地备考，在当年5月20日这个充满爱的日子里，我被中山大学艺术学院录取，成为古筝表演专业硕士研究生，师从高阳老师。在艺术学院，我终于可以以古筝专业学生的身份学习、演出，这一切来得太不容易。在校期间，我获得广东省第八届中国民族器乐大赛专业成年组独奏金奖、《今夕》演奏网络展演职业组银奖、敦煌杯第六届北京国际民族器乐大赛专业青年组金奖，以及中山大学珠江·恺撒堡一等奖学金、中山大学研究生国家奖学金。此后，我在第十三届金钟奖获得广东省金钟选拔赛第九名，在兰州现场赛获得甘肃省金钟选拔赛第三名，获得甘肃省音乐家协会推荐进入杭州全国选拔赛。

浮生倥偬，人生在世本就是一场修行，迷茫过、彷徨过，终其一生都在追寻自己的方向。我深深地知道自己并不是一个天赋异禀的人，也不是一个绝顶聪明的人，一路波折直到现在，但好在一切都不算晚。三十而已，对我来说艺无止境，只需筝情筝意，就这样认认真真地弹下去，用好奇去探寻未知，用虔诚的心去追求自己心中音乐的高度。也许未来不论何时、不论何地，我都能保持内心的平静与自恃，在人生之外永远拥有我的艺术人生。

【案例二】

我和光影的追逐[①]

虽生于1995年，但实不相瞒，到今天为止我仍在找寻自己的过程中。

---

① 作者：瞿婷（中山大学艺术学院2021级学生）。

在南方的一个小山村，阳光洒在遥远的土地上，谷物从土地钻出与天连接，这是我最常看见的风景。

从使用诺基亚非智能手机到如今的智能手机，我保持了随时记录生活的热衷。但这种热衷的最根本起源，是因为遗憾。我总听外婆谈起她的童年，在那个物资匮乏的年代，母爱仿佛是一个皱巴巴的苹果，啃在嘴里，甜在心里。但当我问起外婆的妈妈长什么样子时，她的眼睛就会眯起来，说："这哪还记得清哟！"在那一刻我认识到，生命在时间的长河中不过是沧海一粟，我们不断证明自己存在于这个世界上，然后被人遗忘。但是，谁能忍受被他人遗忘？

于是在我的镜头里，有外婆在田间地头寻觅的身影，有她为外出工作的孩子们准备特产时的欣喜，也有她忙完一整天，坐在院子里伴着晚霞吃晚饭的安逸时光，更有不善言辞的外公牵着吃饱了的牛，从远山走来的稳重。不说话不代表无话可说，默不作声的人可能内心极为不平静，只是这种情绪要通过形式，如画面、手势和表情才能表达。贝拉·巴拉兹一再提醒人们：电影的诞生不仅意味着一门新艺术的诞生，而且意味着一位新人的诞生——具有复杂的理解力，足以理解电影这一新的艺术形式的新人。所以，我一边成为研究电影艺术的人，一边成为理解电影艺术的人。借用惠特曼那对于摄影最具权威的探讨的主题：我毫不怀疑，这个世界的崇高和美就蕴含在这个世界的每一个角落。

后来我出省求学，外婆的生活琐碎已无法成为我镜头里的日常，影像成为寄托思念的最佳出口。在我触手可及的生活中，一份食物旁总是蹲着一只认真吃饭的小流浪猫，旁边是满脸笑容抚摸着它的小女孩。早起上课时，叽叽喳喳的鸟儿也在一路随行，我的幸福感油然而生，世界的本质不是别的，是和谐，艺术也是如此。它产生在漫长的人类历史中，艺术也能使生命变得像水绕山行那样美丽的过程。正如卢米埃尔仅仅把电影看作顾客早晚会玩腻的玩具，但狂热、有怪癖、不求名利的先驱者——伯纳特·贝利希为了获得几秒钟摇摇曳曳的影像而甘愿烧掉自己家具，他是耽于幻想的人。

我也愿做电影的逐梦人，克服对时间的恐惧，把和谐的美留存于世。

【案例三】

柠檬黄[1]

从本科毕业之后，我卸下了包袱，远离社交，避免忙碌。等待中山大学硕士研究生开学的日子里，我享受了我目前人生里最长的一段清闲时光。

差不多有两个月的时间，我几乎是一个人做饭，一个人吃饭。一日三餐，嗜荤茹素，全凭喜好，自己想吃什么就做什么。但因为麻烦，三餐或许变成一日双餐，有时甚至一日一餐。其实我也不忙，我只是花大量时间待在楼顶天台，拿着黄色蜡笔画着日升日落，看着云卷云舒。

午后的阳光透过窗户，撒下片片筛网状的柠檬黄，宛如青春活泼的少年在田野里嬉闹，这是我最喜欢的颜色。每天，我都会记录下不同色彩的生活照片，为它们编写一段故事，写在我的笔记本中，充满惬意。但只有我知道，每一张图片背后都藏着我无法言表的孤独与迷惘。看着手中的相机，我突然思考到底是什么时候开始，我希望像电影创作者一样，去关注和创造出平淡生活背后的内心世界了呢？

在来学校报到的前一天，我和往常一样，准备做点吃的，但不知道为什么很想做手抓饼。当我大快朵颐之后，我想起了2016年3月5日在北京的第6天，那个时候距离高考只剩下100天了，我终于买到了一张22小时车程的回家火车票。

那一年，我参加了央美[2]的艺考[3]，那个时候的北京，不冷也没有下雪，但雾霾很严重。来到北京的我，一个人待在宾馆里，并没有怎么外出。一是不敢，另外也不知道要去哪里。

其实，我大可不用去北京的，也可以不选择艺考，但一些无法面对的家庭痛苦，让我在高中逃离家乡，选择了书法集训，这是从小到大第一次幻想流浪和寻找。对我来说，童年的缺失、父母婚姻的闹剧、友情的纠葛让我十分想逃离家乡。于是我寻找机会，去了许多不同的城市，一个人独自走过不同的街道，我想看看这个世界究竟是什么样子。然而，漫无目的

---

[1] 作者：蓝添（中山大学艺术学院2021级学生）。
[2] 指中央美术学院。——编者注
[3] 指艺术类高考。——编者注

的寻找始终没有找到照进我内心的柠檬黄。

那年艺考，北京是我回家的最后一站，也是我高中长时间远行后的第一次归家。对于回家，我是忐忑的、害怕的。选择回去，这个想法在我离开央美校区的时候产生的，我拖着行李箱，走在出校的路上，已经天黑了的路上，没有一点灯光，昏暗无比。糟糕的空气和黑暗的压迫感让我不禁泪下，我感受到了北漂人的无奈和委屈。祸不单行，这样的我被偷了钱包，身无分文。幸存的身份证和车票让我镇定了下来，但接下来的饥饿，让我第一次感到了害怕。高中以来，我第一次哭了出来，这样无助的我却并不想联系家人，因为我知道这将换来的是责骂。那天晚上，北京下雪了，但我没有闲情欣赏，只是顺着微弱的车灯，呆呆地往地铁站方向走去。快一小时过去了，到了地铁站，我看见最狼狈的自己，饥饿和疲惫让我坐在入口陷入崩溃。许久，一双温暖的手出现在我面前："孩子，最后一份煎焦了，趁热吃了吧！"话音刚落，大妈就收拾着推着小车像灯光深处走去。我掏出手机拍下了那被柠檬黄色灯光笼罩的背影，同时也拨打了家里人的电话。

时至今日，我没有延续之前的书法艺术道路，而是本科读了广播电视学，硕士研究生选择了电影方向专业型硕士，或者这就是我那次逃离后寻找到的答案。正如我并不觉得手抓饼有多好吃，但却成为我每次临行前必吃的一餐。

小时候，我不争不抢，听话懂事，父亲把我放心地放在家里，母亲把我放进了各种琴棋书画的培训班里，他们试图用各种色彩的画笔填满我整个童年，但我想要的不过只是那只独一无二的柠檬黄蜡笔。长大后，一本书、一支笔、一台相机、一页故事，也成为我现在努力做的事。

这就是，我与"艺术"的故事吧。

第二节　美育浸润心灵

入宝山，不空还。艺术学院学子乐享中山大学文化积淀，投身专业领域美育实践。有的人心系校园精品活动，助力美育进校园陶冶心灵；有的人视美育为毕生志业，热心艺术活动悦己娱人；有的人远赴边陲支教，将美育的种子播撒在广袤大地。面向校园、面向社会、面向未来，他们用自身专业知识服务美育活动，实现个人价值与社会价值的统一。

【案例一】

忠于内心就是人生面临抉择时最好的那把钥匙①

把时间拉回21世纪初,那时我还没有上小学,妈妈带我去琴行挑选乐器并学习演奏。我一眼相中了黑黑长长的管子,开始了我与单簧管的缘分。2006年,我还是一名小学生,学校的行进管乐团开始招人,由于要给女生腾出轻便的乐器,我吹响了上低音号。2011年夏天,那年我初二,是美国歌手Carey(凯莉)的粉丝,但是当我听到她和Luciano Pavarotti(鲁契亚诺·帕瓦罗蒂)合作演唱的"Hero"(《英雄》)时,帕瓦罗蒂那高亢明亮、极具金属质感的声音一下就击中了我,原来美声还可以这么唱!我转而成为帕瓦罗蒂的忠实拥趸。但在这之后的数年中,我被学业压榨的体无完肤,放下了心爱的管和号,成为越发优秀的"小镇做题家",音乐似乎仅仅成为生活的调味剂、背景声……

2014年的初秋,我刚刚升入高三,无意中阅读到包括清华、北大、中大、南大在内的几十所高校招收艺术特长生的政策文件,虽然降分不多,但以我的成绩完全可以叩开中国顶尖高校的大门。利用特长并发挥成绩优势,我选择了"两手抓"。在启蒙恩师王子艳的教导下,我成功拿到了包括中大、厦大等顶尖学府的降20分录取名额,并最终圆梦中大,进入到旅游学院学习。在中大的广阔平台上,我积极参加合唱团、草地音乐会、高雅艺术进校园、《中山情》等各种演出,并在2016年任合唱团团长,亲手操刀策划了"Mini Concert"和"声如夏花"专场音乐会。在学院,我也选择继续在会展经济管理领域研究,进入了深耕节庆、活动研究的张骁鸣教授的导师组。对艺术管理的研究和学习,让我能从侧面更多了解这个行业,但逐渐地,深埋已久的舞台梦想又在我内心重新开花。那时的我犹豫、彷徨、迷惘,加上赴法国留学渺茫无期,在身心压力巨大的2018年,我选择了休学。

休学的日子里,我过得很充实,也捋清了很多原先纠结的问题。在浙江省遂昌县"汤公音乐节"任行政总监助理时,我接触到了几位曾经是非音乐专业的青年演奏家、作曲家,一些是本科没读完就退学重头来过的,一些是本科结束后出国深造的。在声乐领域中,中国的王亢、金聖属于后

---

① 作者:柳醒龙(中山大学艺术学院2020级学生)。

者，这给了一直都没勇气迈出这一步的我极大的信心。在广东省电视台导演组任编导工作的四个多月，我也对于非 live（直播）的节目录制有了更深入的了解，并认清了我最喜爱的依旧是剧场舞台艺术。2018 年的下半年，我在原创音乐话剧《笃行》中出演许求一角，坚定了我从事剧场艺术的决心，而 2018 年中山大学艺术学院的正式成立让我没有理由不在"家门口"实现我多年的梦想。复习备考的个中滋味无法言说，不过皇天不负苦心人，我以总成绩第二名考入并拜入著名男高音歌唱家张喜秋老师的门下，开启了我新的挑战与征程。

回首二十六年的人生之路，好似木舟之于浓雾弥漫的海上漂泊，但当浓雾散去，你真看得到、摸得到、感受得到一切的时候，就能无限地延展边界、疯狂地拓宽视野。即便划得再慢、风浪再大，但彼岸就在看似遥远但触手可及的地方，为何不孤注一掷呢？我就如这一叶孤舟，在面临纷繁复杂选择的十年里，庆幸可以一直遵从本心。诚然，我很羡慕我的同学们毕业之后到大厂去工作，待遇不菲、晋升有望，但我知道那不是我想要的生活；诚然，我也很羡慕音乐世家或是从小就有大量机会接触的人，但是，我也知道经历过抉择期痛苦和迷惘后的思考，才是我这二十余年在人间最宝贵的财富。当然，我也深知一个人的成功离不开个人的奋斗，同时也要考虑时机，而时代所创造的机遇也要靠个人的奋斗去把握和争取。

作曲大师陈其钢先生曾说："音乐，如果你能理解的话，它是宇宙的、空间的、精神上的表述。"这段话一直伴随我到如今，我不断聆听、不断思考，以探求音乐乃至人生中更为高远的意境和大道。忠于内心的选择，是我对人生抉择的理解；实现生命超越，则是我不断追求的艺术真谛。

【案例二】

与同伴"艺"起成长[①]

初到中大军训的第三天，我们艺术学院举办了一次《灯火里的中国》食堂快闪活动。穿着迷彩绿装，伴着刚强军魂，班级里的每位同学都认真参与，积极投入。

从班主任线上会议让同学们集思广益、挑选歌曲，到班委组织同学们发挥各自专业所长、练习曲目；从大家刻苦努力的一遍遍彩排，到默契满

---

① 作者：徐艺凌（中山大学艺术学院学生）。

满的相互配合，同学们团结一致让这次快闪活动得以顺利完成。"灯火灿烂的中国梦，灯火荡漾着心中的歌"，最后一句歌词曲音缓缓而落，耳边回荡，琴音绕梁，与此同时在场的其他同学们掌声四起，对我们的表演表达了赞许。这次快闪活动中，我们和老师交流想法，共同协作、相互鼓励。这种集体荣誉感让我和来自五湖四海的同学们更好地了解了彼此，也让我们在学以致用的艺术实践中得到了充满乐趣的艺术体验。这是我在大学旅程迈出具有重要意义的第一步，也将成为我成长岁月中一段珍藏的回忆。

现今生活节奏加速，人们囿于俗事重压，需要内心对艺术文化的力量感知。美育正当其时，它致力于全面发展塑造平衡人格，培育涵养正确价值观和积极态度。此次快闪活动便是一次好的尝试。作为艺术学院的学生，我认为我们不能单是业务能力强的艺术家，还得是具备极高审美和人文素养的社会主义接班人。活动是表象，更深层次而言，我们这次或往后开展活动是为了纵向、横向均与大众进行人文交流，传递正向能量并给予大众正向精神反馈。多年后，我们中或许有人走上教育道路，艺术教育的艺术感染力具有导向性，并非单纯娱乐。不论育人还是表演，我们所要呈现的，都是充满人性柔情，具有悲悯的人文关怀，是温良地用一个灵魂唤醒另一个灵魂的美感教育。如是，鲜活的艺术精神才能得以涵养，社会的人文发展才能得以赓续。

我愿用自己的巧思、灵动，满含的创意去唤醒身边人的情绪体验，让大家在艺术审美上有更高层次的追求。社会生活并非只有世俗的得失成败，莫不如目光放高远，在艺术活动中涵养"家国情怀"。我也希望自己能成为德才兼备、德艺双馨的好青年，与学院班级的同伴们"艺"齐努力，让我们的艺术氛围潜移默化中感染周围更多的同学，甚至在未来能提升社会大众的审美素养，挖掘民族文化认同心理的艺术思维。

万千灯火里的中国，我们便是祖国未来的一束束光。灯火里的中国，青春婀娜，胸怀辽阔；祖国怀抱里的我们，荡漾梦想，"艺"起成长！

【案例三】

我与电影①

"电影发明以后,人类的生命比起以前至少延长了三倍。"

我与电影的溯源可能与大多数人不尽相同,我不是因为喜欢电影才学电影的,恰恰相反,我是因为学了电影才爱上电影的。从某种意义上来说,电影救赎了我。

从小是姥姥陪着我长大的,所以对我来说,她在哪里,家就在哪里。但是,姥姥的身体状况一直不是特别好,从我懂事开始,害怕失去她的情绪远远大过了日常享受她的爱的真实。所以小时候,我最害怕的就是睡觉,因为睡不着的话,就会开始胡思乱想,这种苦绪让我无人与之可诉说,一直牵绊困扰着我度过了整个少女时代。

后来到了大学,我一头扎入了电影的世界,看了《我们天上见》后,我想是不是拥有过本身就是一种幸福?看了《爱·回家》后,我想一定不要让彼此的爱来得太晚了。看了《寻梦环游记》后,我明白了生的对立面并不是死亡,而是遗忘。我问自己,既然即刻还拥有,为何不就拉着她的手好好享受这一刻呢?

看吧,电影,她似一曲无声春雨,了结了我多少年深埋心底的少女愁绪。于是,慢慢地电影成为我独有的一块精神世界自留地,成为我和自己对话,带我暂时离开纷繁世界的钥匙,而我也尝试着用这把钥匙打开更多的心门。

2018年,我跟着同学一起参加了支教团。每周我都会到祖国边境云南沧源进行义教,除了上课,学生们问得最多的就是"外面的世界"。于是,为了解答这个宏大的问题,我开始在课余给他们放电影。后来,每到周末,我就都幻想自己是一个使者,带着我充满魔力的小盒子,在盘山公路上狂奔,然后风尘仆仆,出现在他们面前,把这个迷人的世界带给他们。从动画电影到真人电影、从中国电影到外国电影,他们拿着电影这把钥匙,看到了前所未有的美好风景。看了《哪吒》后,他们会替小哪吒委屈,高呼"我命由我不由天";看了《千与千寻》后,他们学会了勇敢;看了《何以为家》后,他们替赞恩心酸,也替赞恩流泪。后来他们告诉

---

① 作者:陈曦(中山大学艺术学院学生)。

我，电影使得他们每周六的晚上有别于其他任何的日子。

看吧，电影，使得那一刻与其他时刻再也不会相同。

最后一次放映时，我问同学们，"看了这么久电影你们最大的感受是什么"，一位同学跳起来说，"千丝万缕、千丝万缕"。顿时，其他同学哄堂大笑，因为这是他们今天课文中新学的词。但是，想想又有什么不对呢？千丝万缕、千丝万缕，个体从电影中得到的难道不正是这种既复杂又难以言说的联系吗？我想这位同学要表达的是，看电影，就是妙处难与君说。

后来，我从看电影变成了学电影，也越来越觉得电影不仅仅是艺术，还是工具，是武器，我们用电影理论透视社会，用电影解读人生。我越来越希望好的电影被更多人认可，越来越希望电影不仅仅只是电影。

所以，我始终相信电影拥有拯救的力量！即使只有一个人，我相信不止一个人！

第三节 启迪艺术人生

"神用象通，情变所孕。物心貌求，心以理应。"精神活动结合万物的形象，外界事物也以不同的形貌打动创作者——艺术体验的精髓无不凝练在《神思》中。艺术学院学子的神思漫话也成为鲜活的注脚，启迪艺术人生，带领我们感受艺术的魅力。

【案例一】

春夏秋冬又一春①

十岁的时候，我不知道什么是电影，只是每次看的时候都会指着荧幕，想象自己成为那里面的人，然后一直到十八岁，我很少再看电影。本科报考的我从一堆密密麻麻的专业方向中记起了电影，十岁时候的电影。任性的我想起十岁天真的我，便一路向长江，落在东湖之滨，在一个大家都向往的学校里，学了或许很多人并不了解的电影。后来，从北再向南，电影便顺着江水流到广州，流入海里，也被刻在了我一直挪动的脚底。

---

① 作者：王杨（中山大学艺术学院学生）。

我不懂宇宙科学，但宇宙运动和自然变换总是显得非常神奇。时间运动创造出四季的更迭，它们彼此相连、循环往复。但四季的概念并非局限于自然，反而同样可以影射某些人生阶段。

正如时间与人们玩着极具欺骗性的捉迷藏，告诉大家以短短的经历，也能囊括"春夏秋冬又一春"。

春日，终于一路南下的我，带着胜过恐惧的新奇在江水舒展的土地上安定。就像樱花的含苞待放和盛开时的"阴晴不定"，我也秉持着足够的好奇心去接纳着与电影有关的一切，与此同时，却也无法定下一颗飘忽的心。种子发芽嘛，总是连带着杂草一起的。

炎夏，就这样悄然无声地来了，夏天总是个躁动又欲望膨胀的季节。夏天，什么都想得到，兴致勃勃地想尝试各种事情，有了些让时间拥挤的体验，却也让名为"杂乱无章"的炸弹炸碎了所有主见。各种各样的选择阻碍了痛痛快快向前的路，这样的夏天开始让人烦躁，开了冷气充足的空调也不能消散。

秋风秋雨里，是适合多做思考的。漫漫人生路本来就没有一马平川，多的是弯弯绕绕、磕磕绊绊。去目的地的过程总会因为路线选择而绕远，但只要目的地不变，总会有走到的那一天，想开了这一点，一切也就迎刃而解。

冬，落在广州，于北方人来说，形同虚设。虽然东北白茫茫的雪不能"复制粘贴"到珠三角，但是人迷迷茫茫的状态却从来不受地域的歧视。于是，那些电影主人公的絮语成为自我拆解的问题碎片。

"确切地说，电影系的学生能干什么呢？""这对他们来说太难了，我同情他们。""我不想教学，我想拍电影。""那你不教了吗？""为什么不呢？我也要生活。"洪尚秀的台词填满人心，我的迷茫还未止息。所幸南方的冬天极短，甚至不具有毁灭般的杀伤力，其实真正的冬天确实也还没到，现在的胡思乱想也不过是想给顺利通过冬天的铁栅栏准备好门票。然而，真的到了冬天又如何呢？春天还在等着接班儿见到你。

我不知道，自诩的热爱会走多久。但我知道，不论人生的哪个阶段都不会没有变化。所以，那些关于永远的承诺和誓言也显得很没意思。不过是愿：此后人生，常驻春夏，不惧秋冬。总有电影，有春夏秋冬又一春。

【案例二】

给电影的情书①

  有人创造电影是为了记录，有人热爱电影是爱它的幻想，而我和电影旁若无人、命中注定的相遇则有些抽象，是因为孤独。也不是"为赋新词强说愁"，我的十七八岁的确有着很漫长的、旁人难以想象的灰色日子。那个时候，支撑我身体的好像不是心脏每一秒的跳动，维持我生命的好像也不是氧气，而是印在纸上的每一个文字，从银幕中传出的每一句台词。被现实生活所孤立在那时好像不是什么问题，因为文字建构起的不论是书中还是荧幕中的世界，都是年少的我的秘密基地。我偷听思特里克兰德讲话，溜到达西先生和伊丽莎白的新家，仿佛我活在他们的世界，他们是我真实且真正的朋友。

  是因为孤独而相遇，但相处久了才发现，其实我是在被治愈。大学二年级的时候，我做过一个剪纸定格动画。主人公是一个小女孩，她有一条一直陪在她身边的小狗。但不论她走到哪里，都会被一个黑色的影子所笼罩，她每一天都在挣扎。直到有一天，身后的阴影突然变成了吃人的黑色怪物，几乎将她吞噬。一直陪伴的小狗为了保护她化作利刃，她用它刺向了黑暗，才终于挣脱。也许是形式主义，但是，当亮剑划过黑暗时，当阴影在屏幕中上幻化成彩虹的那一刻时，我过去的灰色好像也淡了许多。

  我现在的生活多了许多色彩。我去了一些地方，交了不少朋友，也拥有了几段算是有趣的经历，所以，电影于我而言，已不仅仅是过去孤独时的陪伴，受伤后的治愈，它也有了新的身份与意义。我理解电影的记录本性，"木乃伊情节"让我共鸣，因为每个人都有深深思念却再也无法相见的人。我也欣赏经典好莱坞电影让观众做的美梦，虽然麻痹人心可某种程度上也抚慰人心。我更坚信，电影具有无限的可能。与其说我想用电影做很多事情，倒不如说，我想和电影一起做一些事情。

  Rick's Cafe 于 2018 年 11 月拍摄于卡萨布兰卡，这个 Cafe 的故事来自电影《卡萨布兰卡》。"I cannot fix on the hour, or the spot, or the words, which laid the foundation. It is too long ago. I was in the middle before I knew that I had begun."（我也不知道究竟是什么时间，什么地点，说了哪句话

---

① 作者：吕睿（中山大学艺术学院学生）。

的时候爱上了你。那是好久以前的事。等我发觉我自己开始爱上你的时候，我已行至半途。）当伊丽莎白问起达西，他是什么时候爱上她时，达西如此回答。如果有一天，电影突然开口同我说话，如果它又恰巧向我问起情从何起，我想这也会是我最真诚的回答。"Of all the gin joints in all the towns in all the world, she walks into mine."（世界上有那么多小镇，小镇里有那么多酒吧，她却偏偏走进了我这一间。）

谢谢电影，让我遇见她。

【案例三】

电影是我生活的答案①

在成长的过程中，我不停地追问与探寻：什么是什么？当我第一次有意识地照镜子时，我对着反射出的那张熟悉却陌生的脸庞问：我是什么？当我历经春夏秋冬日益长大时，我对着泛黄的老照片和滴答向前的钟表问：生活是什么？当我开始读书识字、学练琴棋书画时，我对着超群绝伦撼动人心的艺术作品问：艺术是什么？当我坐在中山大学电影专业硕士研究生的课堂里，我对着崭新的我、翻旧的书、说不尽的经典佳片问：电影是什么？

这里不得不提一位对我意义重大的电影启蒙者——法国新浪潮电影精神之父安德烈·巴赞，他生前将自己的文章结集出版为《电影是什么》。"电影是什么？"这不仅是巴赞对自己的设问，而且是对每个热爱电影、研究电影之人的设问。也许我们可以说ABC…XYZ是电影，但真要对下一个电影"是什么"的疑问，就像人们苦苦追寻"我是谁"的答案一样，或许这个答案就藏在"我"中。

在"电影是什么"的设问下，巴赞第一次在科学的背景下对电影做出本体论的思考。他发现，由于摄影机器自动记录的生产机制，被摄物成像是一个物理化学过程，影像和被摄物具有本体论的同一性，影像即被摄物。摄影的成像过程是被摄体表面的反射光或直射光穿过摄影机的一组透镜，使得在暗箱中负相点上涂有感光化学物质的底片感光，经过洗印后得到被摄体正像。影像是机器的产物，电影在本体论意义上是科学技术的产物。

---

① 作者：王帆（中山大学艺术学院2021级学生）。

同时，巴赞还深入研究了影像的心理学机制，他将摄影的发明归结到某种原型——木乃伊情结。人人都渴望长生不死的永恒，存有和时间抗衡的强烈渴望。古埃及宗教认为肉体不腐即为生命永存，木乃伊便应运而生，造型艺术的产生使得原型初步实现。木乃伊是人类想要降服时间的渴望，战胜死亡的欲望普遍存在却不现实。随着文明的进化，人类用保存形象的方法代替了保存肉体，摄影的发明使得这一古老愿望得到极大的满足，而电影又给摄影添加了时间维度，电影趋近于完整地再现现实，这也意味着木乃伊原型最完满的实现。

巴赞认为，真实性是电影语言的演进趋向。电影应当包括真实的时间流程和真实的现实纵深。电影本体论的美学理想就是注重表现对象的真实，恪守空间的完整统一，保持时间的真实延续，强调叙事的真实，从而创造一个真实的世界幻觉。当然，巴赞也意识到了作为艺术的电影不可能做到与客观现实的完全统一，也不可能实现对客观事件的完全摹写，电影只能是现实的渐近线。他认为，电影的使命就是用世界自身的形象重塑世界，而任何破坏客观世界的电影技巧都应当禁用。

我们常说电影人拍的不是电影，而是他们对所处世界的观照，对精神追求的映射。在巴赞美学中，人道主义精神便是其根本追求。在他心中，意大利新现实主义体现的人道主义是电影最重要的价值："意大利电影之所以令人赞叹，赢得西方各国广大有道德修养的观众的欢迎，正因为影片描绘现实时所遵循的方向。在一个已经经受过、现在仍然经受着恐怖和仇恨困扰的世界中，几乎再也看不到对现实本身的热爱之情，现实只是作为政治的象征，或者被否定，或者得到维护，在这个世界中，唯有意大利电影在它所描写的时代中，拯救着一种革命人道主义。"新现实主义的摄像机对准了底层群众，没有刻意的表演编排，侧重对人性原始状态与自身发酵的本能反应的刻画，于自然的镜头中传达无奈与挣扎。早前的批判现实主义尝试通过个体去指责社会的黑暗，而新现实主义则更注重对人的自我塑造的深入挖掘，通过人自身的转变去反作用于社会。人性的呼唤是那么真实而强烈，埋藏在平静现实之下的电影叙事正积蓄着一种随时爆发的能量。巴赞旗帜鲜明地宣扬电影的特殊使命和道德价值，认为电影应有教化大众的职能，就像医学、法律、宗教、教育和抚养子女一样，因为电影可以以神奇的方式穿越文化、政治、艺术的界域，点燃人的内心激情。在动荡不安的世界中，巴赞真诚希望电影是"高尚"的最后避难之地。

可以说，巴赞带给我的精神引领就在于时刻警醒着自己：在这个虚幻缥缈的世界中把握对真实的度量,在这个娱乐至死的年代里保持对悲剧的思考,在残酷现实的社会中仍存有人性的良知与爱。

  此外,这种"真实感"还体现在个体得以与庞然的影像文本彼此印照并以此确认自身的生存意义中。当德·西卡用冷静克制的镜头复现真实而残酷的社会现实时,当小津用平凡琐碎的家庭生活营造出含蓄隽永的影像风格时,当维伦纽瓦用逼真震撼的视听盛宴打造出星河宇宙的恩怨情仇时,我们真正获得的强烈共鸣来自那份直抵心灵的真实感。贾樟柯的《三峡好人》里夜空中飞逝而过的流星、移民纪念碑突然从地面飞升至太空等特效镜头也并不是对真实的背叛,这些数字技术仍然从属于影片的新现实主义主题,而对情感的探寻和发现的过程才是影片的真正意义所在,那些杰出的影像不断向我们证明,正是情感的共鸣才赋予电影最动人的力量。

  我很喜欢的摄影师森山大道曾说,对他来说不管是活生生的现实,还是被印刷成影像的现实,区分二者之间的界限是没有必要的。他觉得被印刷出来的女人远比现实的女人更具有鲜活性的时候,他就会去拍她,抓住这个感动他的瞬间,"啪"地拍下切片的过程对他而言是最重要的。他认为,不管是现实还是虚拟的东西,对艺术家来说不重要,感知现实的真情实感的那种能力比被摄体是不是真的更重要。用相机拍了自己觉得是现实的东西就是摄影,相反,主观地加工去伪造一张好像是现实的照片,即使是用相机拍的也不是摄影。如果对一个真实的模特没有任何真情实感,即使服化道再华丽,PS(图像处理)技术再高超,这也是一张没有灵魂的"糖水"。

  我的爷爷是语文老师,在我很小的时候,他就抱着我坐在藤椅上给我讲了很多动人的故事。小学二年级,爸妈把我接到城里上学,他们工作忙,我只能自己坐公交车回家。一个人写作业很孤单,我便打开电视,让电视里的角色陪着我。我被小小屏幕里上演的五光十色的故事感动不已,不由自主地发出感叹:要是我也能拍出这样打动人心的作品该多好啊。每天晚上睡觉前,我都会在脑子里拍电影,安排我想象中的人物与自己产生故事,甚至常会因此大哭大笑。长大一点,我就开始写小说,亲情、友情、爱情,虽然笨拙又稚嫩,但这些文字就像兴奋剂一样让我对生活充满了激情和希望。我想总会有一天,我也能拍出自己写下的故事,希望我的光影作品也能带给某个坐在银幕前的小女孩感动与力量。

  横撇捺构成汉字,音符构成音乐,红黄蓝构成画面,点线面构成空间。汉字代入情境有了情感,音乐代入情感引发共振,而当我们与文字、声音、画面、空间等达成精神上的共振时，这种强烈的共情感会带来力量，联结我们与事物本体，联结现实与艺术，联结每颗被琴弦撩拨动了的人心。

人之于宇宙犹如沧海一粟，我们都如此渴望永恒，渴望能在这颗星球上留下存在过的印记，渴望我们孤独的呼唤能得到来自星辰大海的回音，所以我们不停地创造与记录。夹在手账里褪色了的电影票，老旧DV（数码摄像机）机里没导出的视频，信息世界里与日俱增的二进制代码，它们可以代替我们实现永恒的美梦吗？还是说，永恒即是当下，是创造与记录的每一个当下，亦是被感知与共情的每一回当下。

每秒二十四画格的电影，每天二十四小时的人生，或许穷极一生都无法参透其中的真谛，好在我们于真实之上创造了艺术。艺术是我们重建世界和自身处境的避难所，我们在艺术中追寻着真实与自我的意义，而这种意义便是人类灵魂的归宿和生命的原在。

如果一定要对"电影是什么"做个回答，我会笨拙地坚持道："电影就是我生活的答案。"

【案例四】

关于当下艺术创作与市场需求的浅见[①]

艺术创作者的内心追求与市场需求之间并非矛盾对立，而是相辅相成、共同促进的关系。一般来说，只求迎合市场而缺乏创作者灵魂的作品自问世之日起，其生命力便与日渐衰，最终随着市场风向的转变而快速消逝。而完全背离当时社会背景和大众需求的作品，因少有人问津，便无法在社会中兼容并蓄，也无法在作品层面达到整个社会的共鸣，从而缺乏受众基础。所以，艺术作品的创作须在尊重创作者内心的基础上，积极寻找市场需求的契合点，做到求同存异，从而随着社会发展程度的深入最终达到协调统一的状态。

艺术的终极源头必是来源于社会大众的日常生活。广泛流传而又经久不衰的艺术作品不会脱离人民大众而束之高阁。相比之下，脍炙人口的作品流传于世界的可能性更大，因普通大众作为最普遍、最重要的传播媒介，易于被他们接受和喜爱的作品才会引起他们的传播兴趣。另外，对作

[①] 作者：郭惠贤（中山大学艺术学院学生）。

品内容的解读也不是一成不变的。古往今来，那些世代流传于民间的文学作品和艺术篇章往往更具有生命力，并在传世过程中一次次被赋予新的内涵和解读。通过在不同历史时期的人民群众中逐步发展更新，吸收各个社会时期的养分，从而达到与时俱进，并随着历史阶段的更迭拓宽作品本身的底蕴，建立更大的受众群体，成为艺术家生命的延续，最终使作品随着时间的推移具备整个民族的气质。

对于一些完全来源于创作者内心的创作，是与其个体的文化气质与生活态度密不可分的，所以，创作出的作品有时也会有意无意地出现与当时社会背景相脱离的情形。社会是发展的，有的作品或许在当时一个历史时期内不被大众群体所接受和认可，但随着社会发展和人类思想观念的转变，沉寂多年后依然存在被发掘出的可能性，并最终产生深远影响。因此，一个兼具市场与个性的作品是不会被历史湮灭的，反而会历久弥新。

从短期看来，市场的驱动力在很大程度可以决定一个艺术作品的传播深度和广度，那些走在市场前沿、针对市场当下需求创作出的作品，将充分享受到市场经济影响带来的红利，快速建立起品牌效应，并在短期内产生可观的经济效益，反哺于相关作品，并对后续同类作品的顺利突围打下基础，最终产生一条逐渐被大众所喜爱的"作品类型链"，深深根植于一个时期的人民群众心中。它们作为一类被广泛认可和喜爱的艺术形式，在不经意中会促使社会对其他类型的作品产生排斥心理，并作为流行元素进一步扩大受众群体。一般发展到此阶段，同种、单一类型的艺术观念将会依靠大众的广泛接受和传播而达到空前发展的状态。然而，社会某个阶段终将会被突破，最终被新的状态所代替。大浪淘沙，脱离创作者内心、仅靠市场需求建立的艺术高楼终将倒塌，而那些兼具艺术家个人气质与时代特点并被赋予时代新内涵的作品便沉淀并继续传播。

市场需求是艺术创新的不竭动力，不断创新是艺术发展的最佳途径。艺术作品只有根植于人民群众的现实需求中才会保持旺盛的生命力，而创作者的内心世界又是整个作品外在的灵魂，是艺术穿梭时空界限的强大感知力。相信兼具二者内涵的艺术创作必将会在社会发展历史长河中写下浓墨重彩的一笔。